世界武器鉴赏系列

二战尖端武器

鉴　赏

（珍藏版）

《深度军事》编委会　编著

清华大学出版社

北京

内 容 简 介

　　本书是介绍二战尖端武器的科普图书，共分为8章。第1章简明扼要地介绍了战争过程、交战阵营、经典战术、先进科技等知识，第2～7章则分别介绍了海外不同类型武器中的重要型号，涵盖空军战机、海军舰船、装甲战斗车辆、步兵重武器、单兵轻武器、导弹及炸弹等多种类型。我们对这些武器的总体设计、作战性能、服役情况等知识进行了详细介绍，并配有详细的参数表格和精美的鉴赏图片。

　　本书内容翔实、结构严谨，分析讲解透彻，图片精美丰富，适合广大军事爱好者阅读和收藏，也可以作为青少年的科普读物。

图书在版编目(CIP)数据

　　二战尖端武器鉴赏：珍藏版 /《深度军事》编委会编著. —北京：清华大学出版社，2023.4（2024.10重印）
　　（世界武器鉴赏系列）
　　ISBN 978-7-302-63382-2

　　Ⅰ.①二… Ⅱ.①深… Ⅲ.①第二次世界大战—武器 Ⅳ.①E92

　　中国版本图书馆CIP数据核字(2023)第071121号

责任编辑：李玉萍
封面设计：王晓武
责任校对：张彦彬
责任印制：刘海龙
出版发行：清华大学出版社
　　　　网　　　址：https://www.tup.com.cn, https://www.wqxuetang.com
　　　　地　　　址：北京清华大学学研大厦A座　　　　邮　　编：100084
　　　　社 总 机：010-83470000　　　　　　　　　　邮　　购：010-62786544
　　　　投稿与读者服务：010-62776969, c-service@tup.tsinghua.edu.cn
　　　　质量反馈：010-62772015, zhiliang@tup.tsinghua.edu.cn
印 装 者：北京博海升彩色印刷有限公司
经　　销：全国新华书店
开　　本：146mm×210mm　　印　　张：11.125　　字　　数：356千字
版　　次：2023年5月第1版　　　　印　　次：2024年10月第3次印刷
定　　价：69.00元

产品编号：094069-01

丛书序

FOREWORD

国无防不立，民无防不安。一个国家、一个民族，最重要的两件大事就是发展和安全。国防是人类社会发展与安全需要的产物，是关系到国家和民族生死存亡的根本大计。军事图书作为学习军事知识、了解世界各国军事实力的绝佳读物，对增强国民的国防观念，加强青少年的军事素养有着重要意义。

与其他军事强国的军事图书相比，我国的军事图书在写作水平和制作水平上还亟待提高。以全球权威军事刊物《简氏防务周刊》（英国）为例，其信息分析在西方媒体和政府中一直被视为权威，其数据库被各国政府和情报机构广泛购买。而由于种种原因，我国的军事图书在专业性、全面性和影响力等方面都还存在明显不足。

为了给军事爱好者提供一套全面而专业的武器参考资料，并为广大青少年提供一套有趣、易懂的军事入门级读物，我们精心推出了"世界武器鉴赏系列"图书，内容涵盖现代飞机、现代战机、早期战机、现代舰船、单兵武器、特战装备、世界名枪、世界手枪、美国海军武器、二战尖端武器、坦克与装甲车等。

本系列图书由国内资深军事团队编写，力求内容的全面性、专业性和趣味性。我们在吸收国外同类图书优点的同时，还加入了一些独特的表现手法，努力做到化繁为简、图文并茂，以符合国内读者的阅读习惯。

本系列图书内容丰富、结构合理，在带领读者熟悉武器历史的同时，还可以帮助读者提纲挈领地了解各种武器的作战性能。在武器的相关参数上，我们参考了武器制造商官方网站的公开数据，以及国外的权威军事文档，做到有理有据。每本图书都有大量精美的图片，配合别出心裁的排版，具备较强的观赏性和较高的收藏价值。

第二次世界大战（后文简称"二战"）是人类历史上爆发的最大规模的战争，也是伤亡最惨重、破坏性最强的全球性战争。在二战时期，各种规模的战役层出不穷，而在这些战役的背后，是当时各参战国最先进、最顶尖的武器装备。

二战深刻地改变了人类历史。其影响广泛地涉及政治、经济、军事、外交、文化和科技等各个层面。以军事科技的发展为中介，人类的智慧与自然界的能量结合在一起，被极大地释放出来，战争的破坏力空前增大、战争手段空前增多、战争样式空前丰富、战争空间空前广阔。人类的战争活动自此由盲目走向自觉、由浮躁走向理智、由幼稚走向成熟，进入一个新的历史阶段。

二战在客观上推动了科学技术的发展，这次战争带动了航空技术、核能、重炮等领域的发展与进步。本书紧扣军事专业知识，不仅带领读者熟悉武器构造，而且可以帮助读者了解武器的作战性能，特别适合作为广大军事爱好者的参考资料和青少年的入门读物。

本书筛选了大量自第一次世界大战（后文简称"一战"）后，至二战结束期间的划时代高尖端武器和当时各国主力或者具有历史代表意义的武器，其中包括枪械、坦克、舰船、战机等。本书将让你重新认识二战时期的武器，进而了解二战时期这段沉重的历史。为了增强图书的美观性、提升读者的阅读体验，本书还为部分重点武器搭配了高清大图。

本书由《深度军事》编委会创作，参与本书编写的人员有阳晓瑜、陈利华、高丽秋、龚川、何海涛、贺强、胡姝婷、黄启华、黎安芝、黎琪、黎绍文、卢刚、罗于华等。对于广大资深军事爱好者以及有兴趣掌握国防军事知识的青少年，本书不失为颇具价值的科普读物。希望读者通过阅读本书循序渐进地提高自己的军事素养。

本书赠送的阅读资源均以二维码形式提供，读者可以使用手机扫描下面的二维码下载并观看。

目 录

CONTENTS

第 1 章　二战漫谈 ·························· 1

回顾二战 ···2

二战中的尖端技术 ······························4

二战中的经典战术 ······························8

二战的战后影响 ·································13

第 2 章　军用飞机 ·························· 15

德国 Me-262 喷气式战斗机 ····················16

德国 Bf-109 战斗机 ···························17

德国 He-112 战斗机 ···························18

德国 Fw 190 战斗机 ···························19

德国 Ju-86 高空侦察机 ························21

德国 Ar 234 "闪电" 轰炸机 ····················22

德国 Ta-152 战斗机 ···························24

美国 P-26 战斗机 ·····························25

美国 P-38 "闪电" 战斗机 ······················27

美国 P-40 "战鹰" 战斗机 ······················28

美国 P-43 "枪骑兵" 战斗机 ····················30

美国 P-51 "野马" 战斗机 ······················31

美国 F2A "水牛" 战斗机...33

美国 F4F "野猫" 战斗机...34

美国 F4U "海盗" 战斗机...35

美国 F6F "地狱猫" 战斗机...37

美国 F8F "熊猫" 战斗机...39

美国 B-17 "空中堡垒" 轰炸机...40

美国 B-24 "解放者" 轰炸机...42

美国 B-25 "米歇尔" 轰炸机...44

美国 B-29 "超级堡垒" 轰炸机...46

美国 C-46 "突击队员" 运输机...48

美国 C-47 "空中火车" 运输机...50

美国 P-43 "枪骑兵" 侦察机...51

美国 P-47 "雷霆" 战斗机...52

美国 P-61 "黑寡妇" 战斗机...54

美国 SBD "无畏" 式轰炸机...55

美国 TBF "复仇者" 式轰炸机...57

美国 F3F "飞行木桶Ⅱ" 战斗机...59

美国 SB2C "地狱俯冲者" 轰炸机...60

苏联图 -2 轰炸机...61

苏联雅克 -1 战斗机...62

苏联雅克 -3 战斗机...63

苏联雅克 -7 战斗机...64

苏联雅克 -9 战斗机...65

苏联拉 -3 战斗机...66

苏联拉 -5 战斗机...67

苏联拉 -7 战斗机...68

苏联 IL-4 轰炸机...69

苏联佩 -8 轰炸机...70

英国 "喷火" 战斗机...71

英国"无畏"战斗机 ···72

英国"管鼻燕"战斗机 ···73

英国"剑鱼"式鱼雷轰炸机 ···74

英国"蚊"式轰炸机 ···76

英国"暴风"战斗机 ···77

英国"吸血鬼"战斗机 ···78

英国"流星"战斗机 ···79

英国"飓风"战斗机 ···80

法国 MS.406 战斗机 ···81

日本"零"式战斗机 ···82

日本百式司令部侦察机 ···83

日本 Ki-100 战斗机 ···84

第3章　海军舰船···85

战列舰 ···86

美国"科罗拉多"级"西弗吉尼亚"号战列舰 ················86

美国"田纳西"级"加利福尼亚"号战列舰 ·····················88

美国"宾夕法尼亚"级"亚利桑那"号战列舰 ··················89

美国"内华达"级"内华达"号战列舰 ···························90

美国"新墨西哥"级战列舰 ···91

美国"北卡罗来纳"级战列舰 ·······································93

美国"怀俄明"级战列舰 ···94

美国"纽约"级战列舰 ···96

英国"伊丽莎白女王"级战列舰 ····································97

英国"纳尔逊"级战列舰 ···99

英国"复仇"级战列舰 ···100

法国"敦刻尔克"级战列舰 ···101

法国"黎塞留"级战列舰 ···102

德国"俾斯麦"级战列舰 ···103

德国"沙恩霍斯特"级战列巡洋舰 104

意大利"维托里奥"级"利托里奥"号战列舰 106

日本"大和"级战列舰 107

驱逐舰 108

英国"部族"级驱逐舰 108

美国"弗莱彻"级驱逐舰 109

美国"埃瓦茨"级护航驱逐舰 110

美国"艾伦·萨姆纳"级驱逐舰 111

巡洋舰 113

美国"巴尔的摩"级巡洋舰 113

美国"克利夫兰"级巡洋舰 114

美国"奥马哈"级巡洋舰 115

美国"阿拉斯加"级巡洋舰 116

意大利"扎拉"级巡洋舰 117

英国"肯特"级巡洋舰 119

英国"约克"级巡洋舰 120

法国"阿尔及尔"级巡洋舰 121

苏联"恰巴耶夫"级巡洋舰 122

潜艇 124

德国Ⅶ级潜艇 124

德国ⅩⅪ级潜艇 125

美国"巴劳鱵"级常规潜艇 126

英国U级潜艇 127

英国S级潜艇 129

法国"速科夫"号潜艇 129

日本伊－400级潜艇 131

航空母舰 132

美国"约克城"级"企业"号航空母舰 132

美国"长岛"号航空母舰 133

美国"中途岛"级"中途岛"号航空母舰 134

美国"桑加蒙"级航空母舰 135

日本"瑞凤"级航空母舰 135

日本"龙凤"级"龙凤"号航空母舰 136

日本"赤城"级"赤城"号航空母舰 137

日本"大和"级"信浓"号航空母舰 138

英国"大胆"级"大胆"号航空母舰 139

英国"光辉"级"光辉"号航空母舰 140

美国"博格"级航空母舰 141

美国"列克星敦"级航空母舰 142

美国"游骑兵"级航空母舰 143

第4章　装甲战斗车辆 145

坦　　克 146

美国M3"格兰特"中型坦克 146

美国M4"谢尔曼"中型坦克 147

美国M3/M5"斯图亚特"轻型坦克 149

美国M24"霞飞"轻型坦克 150

美国M26"潘兴"重型坦克 152

美国T-28 超重型坦克 153

苏联T-26 轻型坦克 154

苏联T-28 中型坦克 155

苏联T-34 中型坦克 157

苏联T-35 重型坦克 159

苏联T-44 中型坦克 161

苏联T-50 轻型坦克 162

苏联T-60 轻型坦克 164

苏联T-70 轻型坦克 165

苏联IS-2 重型坦克 166

苏联 IS-3 重型坦克 167

苏联 BT-7 快速坦克 168

苏联 KV-1 重型坦克 169

苏联 T-37A 两栖坦克 170

英国 "土龟" 重型坦克 172

英国 "玛蒂尔达" 步兵坦克 173

英国 "谢尔曼萤火虫" 中型坦克 175

英国 "十字军" 巡航坦克 177

英国 "丘吉尔" 步兵坦克 178

英国 "克伦威尔" 巡航坦克 179

意大利 M11/39 中型坦克 180

意大利 M13/40 中型坦克 181

意大利 M14/41 中型坦克 182

意大利 P-26/40 重型坦克 183

德国 "鼠" 式重型坦克 184

德国 "虎" 式重型坦克 185

德国 "豹" 式中型坦克 187

德国 "虎王" 重型坦克 188

德国一号轻型坦克 189

德国二号轻型坦克 191

德国三号中型坦克 192

德国四号中型坦克 193

法国夏尔 B1 重型坦克 195

法国 ARL 44 重型坦克 196

法国 S-35 中型坦克 197

日本九五式轻型坦克 198

步兵用装甲车 199

德国 SdKfz 250 半履带轻型装甲车 199

德国 SdKfz 251 半履带装甲车 200

美国 M2 半履带车 201

美国 M3 装甲侦察车 202

美国 M8 装甲车 203

第 5 章　步兵重武器 205

机　枪 206

美国 M1917 重机枪 206

美国 M1919 A4 重机枪 207

美国勃朗宁 M2 重机枪 208

美国 M1941 轻机枪 209

德国 MG42 通用机枪 210

德国 MG34 通用机枪 211

德国 MG13 轻机枪 212

苏联捷格加廖夫 DP/DPM 轻机枪 214

苏联 RPD 轻机枪 216

苏联 SG-43 重机枪 217

日本九六式轻机枪 219

英国马克沁重机枪 220

英国布伦式轻机枪 221

英国刘易斯轻机枪 222

英国贝莎重机枪 223

英国维克斯机枪 224

捷克斯洛伐克 ZB-26 轻机枪 225

瑞士富雷尔 M25 轻机枪 226

日本大正十一式轻机枪 227

丹麦麦德森轻机枪 228

便携式反坦克武器 229

美国"巴祖卡"火箭筒 229

德国 Panzerschreck 反坦克火箭发射器 230

德国"铁拳"无后坐力炮 231

德国 HHL 磁性吸附雷 233

苏联 PTRS–41 反坦克枪 234

苏联 PTRD–41 反坦克枪 235

英国步兵反坦克发射器Ⅰ型 236

日本九七式反坦克枪 237

步兵用火炮 238

美国 M2 迫击炮 238

美国 M59"长脚汤姆"加农炮 239

美国 T34 希神多管火箭炮 240

美国 M7"牧师"自行火炮 241

美国 M8 自行火炮 242

美国 M12 自行火炮 243

美国 M10 自行火炮 244

美国 M18 自行火炮 245

苏联 SU–85 自行火炮 246

苏联 SU–100 自行火炮 247

德国三号自行火炮 248

德国"灰熊"自行火炮 249

德国"犀牛"式自行火炮 250

德国 sIG33 步兵炮 251

德国 sPzB41 反坦克炮 252

德国 Pak36 反坦克炮 253

德国 Pak43 无后坐力炮 254

英国布莱克尔迫击炮 255

火焰喷射器 256

美国 M2 火焰喷射器 256

日本 100 式火焰喷射器 258

苏联 ROKS–3 火焰喷射器 259

德国 Flammenwerfer 35 火焰喷射器...............................260

德国 Flammenwerfer 40/41 火焰喷射器.......................261

德国 Einstossflammenwerfer 46 冲锋火焰喷射器..........262

第 6 章　单兵轻武器... 263

步　枪..264

美国 M1903 "斯普林菲尔德"步枪..............................264

美国 M1 "加兰德"步枪..266

美国 M1941 "约翰逊"步枪..267

美国 M1918 "勃朗宁"步枪..268

美国 M1 卡宾枪..270

德国 Gew98 步枪..272

德国 Kar98k 步枪..273

德国 Gew 43 步枪..275

德国 StG44 突击步枪..276

德国 FG42 步枪..277

德国 StG45 步枪..279

苏联莫辛 – 纳甘 1891/30 步枪 280

苏联托卡列夫 SVT-40 步枪..281

英国李·恩菲尔德步枪...282

日本三八式步枪...283

冲 锋 枪..284

美国汤普森冲锋枪...284

美国 M3 冲锋枪..286

英国斯登冲锋枪...287

英国斯特林冲锋枪...288

苏联 PPSh-41 冲锋枪..289

德国 MP18 冲锋枪...291

德国 MP40 冲锋枪...292

捷克斯洛伐克 ZK 383 冲锋枪.......................................294

芬兰 M1931 "索米" 冲锋枪 295

澳大利亚欧文冲锋枪 296

手　枪 297

德国鲁格 P08 手枪 297

德国瓦尔特 P38 手枪 299

德国瓦尔特 PP/PPK 手枪 301

德国毛瑟 HSC 手枪 303

德国毛瑟 C96 手枪 305

意大利伯莱塔 M1934 手枪 306

苏联托卡列夫 TT–30/33 手枪 308

美国柯尔特 M1911 手枪 309

美国史密斯 – 韦森 1899 型手枪 310

美国 M1917 左轮手枪 311

美国勃朗宁大威力手枪 312

英国韦伯利左轮手枪 313

英国恩菲尔德 No.2 左轮手枪 314

日本南部 14 式手枪 315

手榴弹 316

德国 24 型柄式手榴弹 316

德国 39 型柄式手榴弹 317

德国 43 型柄式手榴弹 317

美国 Mk 2 手榴弹 318

苏联 F–1 手榴弹 320

苏联 RGD–33 柄式手榴弹 321

英国 "米尔斯" 手榴弹 322

第 7 章　导弹及炸弹 323

德国 V2 火箭 324

德国 BV246 "冰雹" 反辐射导弹 326

德国 X-7"小红帽"反坦克导弹 327

德国"瀑布"地对空导弹 328

德国"莱茵女儿"地对空导弹 329

德国 HS-117"蝴蝶"地对空导弹 330

德国 HS-293 空对舰导弹 331

德国 HS-298 空对空导弹 332

德国 R4M 火箭炮 333

德国 X-4 空对空导弹 334

美国"小男孩"原子弹 335

美国"胖子"原子弹 336

参考文献 337

第 1 章
二 战 漫 谈

20 世纪 40 年代，二战的战火几乎席卷整个世界，将当时的主要军事力量卷入其中，只留下一片腥风血雨和破败不堪的景象，数以千万计的人在这场规模空前的战争中丧命，因此，二战也被认为是历史上最血腥的战争。然而，在这场空前的战争中，催生了许许多多划时代的科学技术。

回顾二战

　　二战是在 1939—1945 年所爆发的全球性军事冲突，整场战争涉及全球绝大多数国家，最终分成了两个彼此对立的军事联盟——同盟国和轴心国。

　　这次战争是历史上最大规模的战争，主要的参战国纷纷宣布进入全面战争状态，几乎将国家自身的经济、工业和科学技术全部应用于战争中。所以，在这次战争中，全球各领域的科学技术飞速发展。

1945 年 5 月 11 日美国海军"邦克山"号航母被日本飞机击中后引发大火

美国陆军部队穿过德国西部边境的齐格菲防线

战斗间隙两名美国士兵靠在坦克旁边吸烟

1943 年塔拉瓦战役中的美国海军陆战队士兵

同盟国

同盟国主要有苏联、英国、法国、美国、中国、加拿大和澳大利亚等国家。原属同盟国的国家主要是由英国和法国主导，并由承诺波兰安全的成员国所组成。后来法国离开了，使得英国成为同盟国的主力国家，其他多是英联邦国家或地区。

1941 年，苏联成为对抗德国的主力，因此，英国接受其进入同盟国。同年，日本偷袭珍珠港之后，美国正式参与了战争，并成为同盟国的一员。在此之前，美国对战争的帮助主要在于补给与运输物资的后勤工作，但是在受到日本的攻击后，美国开始提供武力作战的支援。

轴心国

轴心国主要包括德国、日本和意大利等国家。它们不是一个正式联盟，每个主要国家都以自己的主动性进行作战，彼此不一定互相协助，但有少许的技术或资源分享，以及战略计划上的合作。

随着意大利的崩溃，德国和日本成为完全分散的力量，各自发挥作用，各自在自己的势力范围内（德国在欧洲，日本在太平洋）发动战争。虽然有些更小的势力在轴心国这一方，不过在很大程度上战争仍然主要由德国和日本指挥及发动。

二战中的尖端技术

穿越历史的时空，打开尘封的档案，可以发现，二战中，军事科技进步与武器装备发展的互动主要表现在提高、改造、创新和整体变革四个方面。

第一，它使部分传统武器在大致结构不变的情况下，性能得到了明显提高，功能有了增加，如以活塞式发动机为动力的轰炸机、战斗机得到很大发展和广泛应用。

第二，对部分武器装备进行了脱胎换骨的改造，使其旧貌换新颜。武器装备虽然还是原来的种类，但性能已经有了根本性的变化，如二战时期参战各国对坦克的改进。

第三，完全脱离传统武器装备的设计束缚，借助新的技术来构想和设计过去所没有过的全新武器装备，如德国 V2 火箭等。

第四，整体变革，利用新技术达到一定的广度和深度，以其强劲的渗透力触及武器装备的整体，使武器装备跃上新的台阶，如将电子设备安装在各种武器平台上后，使武器平台的性能得到整体提高。

V2 火箭在德国下萨克森州准备发射

V2 火箭

下面将从海、陆、空三个方面来概述二战中的一些尖端技术,至于其中所提到的武器,请阅读本书相关章节。

海上科技

二战期间，各参战国的海上力量可以说是"你来我往"。德军的 U 型潜艇给盟军带来了不小的打击，而盟军的航空母舰、战列舰和巡洋舰等也让德军不好受。例如，美国的"约克城"级航空母舰、英国的"伊丽莎白女王"级战列舰以及法国的"阿尔及尔"级巡洋舰，这些海上武器，都融合了当时各国的尖端技术，其中包括动力系统、声呐系统、武器火控系统等。

"约克城"级航空母舰

陆地科技

以坦克（这里包含两栖坦克）为主的陆地武器可以说是二战中最主要的作战武器，各国都致力于发展坦克，因此，当时该武器的技术可以说是如日中天。例如，苏联的 T−34 中型坦克，其在 500 米距离上可穿透 69 毫米厚的均质钢板，在 1000 米距离上可穿透 61 毫米厚的钢板，在它刚出现时没有一种德国坦克能够抵挡这样猛烈的火力。

火力，只是坦克技术发展中的一部分，诸如机动性、防护力之类的技术，也在坦克中占有非常大的比重。例如，英国的"蝎"式轻型坦克，其时速可达 80 千米，在当时几乎没有其他坦克能与之相比；又如德国的"虎王"重型坦克，其车身前装甲厚度为 100 ~ 150 毫米，侧装甲和后装甲厚度为 80 毫米，底部和顶部装甲厚度为 28 毫米。炮塔的前装甲厚度为 180 毫米，侧装甲和后装甲厚度为 80 毫米，顶部装甲厚度为 42 毫米。即使在近距离上，同时期内也很少有火炮能摧毁它的正面装甲。

T-34 中型坦克

空中科技

两次世界大战，尤其是二战期间，航空技术得到迅速发展，对能够拥有更多的载弹量，能够更远地深入敌方纵深、拥有更强生存能力的强烈需求，推动了战略轰炸机技术以及与之相配套的远程战斗机技术、投弹技术的不断进步。

1934年，美国研制了 B-17"空中堡垒"轰炸机，之后在该型号基础上不断改进的轰炸机成为二战中美军主要的航空武器，以几百架甚至上千架密集编队对德国进行远程密集轰炸。在欧洲战场，盟军的轰炸机，极大地打击了法西斯德国的军事工业和社会经济，削弱了其战斗力。

B-17 轰炸机

为了减少轰炸机的损失，与德国截击机对抗，盟国大力发展远程战斗机技术。

1943 年 12 月，首次参加护航的 P-51 "野马" 战斗机，终于结束了盟军护航机对德军截击机的劣势。为挽回行将失败的命运，德国在战争结束前夕，研发了世界上独有的喷气式飞机 (Me-262 喷气式战斗机)，但数量太少，并没有对战局产生太大影响。

P-51 "野马" 战斗机

二战中的经典战术

闪电战术

1939 年 9 月 1 日 4 时 45 分，德军以其 6 个装甲师、4 个轻装甲师和 4 个摩托化师为主要突击力量，在波兰西部突破了波军 6 个集团军约 80 万人组成的防线。德国装甲部队与空军构成的快速纵深挺进力量，将陈旧庞大的波军迅速撕裂并合围。9 月 17 日，苏军根据苏德互不侵犯条约的秘密条款入

闪电战术中应用的战机

侵波兰东部，至 10 月 5 日，波兰战役即告结束。德军的闪电战在这场战斗中起了决定性作用。这是德军首次使用这种战术。

闪电战的创始人是古德里安，全名：海因茨·威廉·古德里安。这种战术的核心元素是：速度、奇袭、集中。在军事行动中，这三个要素既是战略，也是战术。战略上整体协同，全局性强，战术上精妙奇特、灵活多变。闪电战术充分利用了现代化战争工具飞机、坦克、装甲车、摩托车的速度优势，以超出对手反应的速度对敌人实行闪电般的打击。但前提是要保有制空权，然而美国参战后，德军遭遇了拥有绝对空中优势的美军航空部队，在美军飞机的攻击下，德军的地面战车都成了活靶子，因此德军损失惨重，无法使用闪电战术。

不过，闪电战术也存在缺陷。随着装甲机械化兵团的快速突击和推进，完成主要的穿插合围、歼灭敌人的任务。这就不可避免地使得自己的补给线过长和兵力太分散。如果在形成合围之时，包围圈内有一支同样强大的装甲机械化兵团对其进行反突击作战，就会不可避免地突破其包围圈。此外，如果对方拥有大的战略纵深，就有足够的能力来吸收和消化其闪电战的进攻动能。

▐▌▶ 人海战术

人海战术，是一种以数量和巨大的消耗换取其他方面优势的战术，包括时间、空间、进攻或防守。在某种意义上可以简单地理解为以多打少、以众欺寡。它的基础是集中优势兵力，以数量增加整体的实力。人海战术可用作包围和消耗对方的有生力量。但它具有地域的局限性、整体兵员素质低下、作战半径短、指挥性弱等缺陷。

人海战术示意图

▌▌▌▶ ★ 狼群战术

　　狼群战术是用多艘潜艇组成小分队，像狼群一样轮番对敌方军舰和运输船发起水下攻击。具体方法一般是行动中要派出数艘舰艇在海上进行游猎，当发现目标后，立即进行水下跟踪。一艘"狼头"舰来指挥"群狼"的统一行动。狼群一般都在夜间攻击，狼群中各艘潜艇从对方护卫舰队的间隙或侧翼隐蔽地穿过去，由于多艘潜艇同时对同一目标发动攻击，这样，提高了命中率，同时可以出现有几枚鱼雷命中同一目标。这样，狼群战术可以取得较大的战斗效果，狼群战术也因此而得名。

　　狼群战术始于一战时卡尔·邓尼兹在潜艇服役时的想法。当时他以一艘潜艇去攻击有护卫舰保护的船团，结果损失惨重并被俘虏。其后他创立以多艘潜艇进攻的概念：首先以单舰、侦察机巡逻，发现船团时先不攻击，而是一边跟踪船团，一边向总部通知船团的航行路线、规模、护航舰数量等资讯，然后再以无线电通知邻近潜艇集结起来埋伏。当船团进入攻击范围内就向其包围攻击。

　　二战初期，鉴于潜艇数量少且无线电通信能力有限，尚不能形成一个有效的群集力量，邓尼兹决定让潜艇单舰巡弋猎杀商船。到了1941年，由于盟军开发了高频定向仪、破解了德军的通信密码，并增加了护航舰及空中反潜力量，盟军损失一度大幅减少，不但避开了"狼群"的集结地，还几度

二战时期的护航船团和反潜机

伏击了德国潜艇。然而邓尼兹敏锐地感觉到异状并更改了密码机。再加上新式潜艇的大量生产，结合狼群战术重获战果。1943年5月，邓尼兹解除潜艇的狼群战术命令，改以单舰巡弋以分散损失。

　　狼群战术到了冷战时期便没落了下来，主要原因是已有单舰战斗能力强的潜艇，有更强的武器、航速和航程，没必要组成一个战斗群。而反潜技术和相关探测和武器技术的改进，如声呐和鱼雷的改进让潜艇拥有水下只靠被动声呐

引导攻击的能力。水下敌我识别成为大问题，狼群战术的协同作战会造成严重的误伤等问题。此后美军则将攻击型潜艇编列一两艘至航空母舰战斗群中或者单独行动，而弹道导弹潜艇则独立出来。然而，随着2003年3月伊拉克战争的爆发，"狼群"一词又被使用于描述美国和英国核潜艇舰队一起行动的场景，它们对伊拉克的军事目标发射战斧巡航导弹攻击。"普洛维顿斯"号是当时第一艘发射导弹的潜艇，也因此得到"红海狼群的巨犬"的绰号。

跳岛战术

跳岛战术是太平洋战争后期以美军为主的同盟国军队为加速进逼日本本土、结束战争并减少损失，而策略性跳过亚太地区某些日军占领岛屿的战术。

跳岛战术的构想源于美国海军上将威廉·哈尔西及其参谋长布朗宁，而在陆军五星上将 D. 麦克阿瑟的支持下获得采纳。1943年6月—1944年7月，美国陆军 D. 麦克阿瑟上将指挥太平洋盟军，多次采取避实击虚、层层深入的方法，跳过日军重兵防守的岛屿，实施纵深两栖登陆作战，夺取了作战的胜利。

美国登陆部队前往新几内亚海岸

实施跳岛战术，须根据任务、敌情、地形和武器装备性能，正确确定兵力规模，科学编组，灵活选择起降地域，合理控制蛙跳距离；周密侦察、选准目标，把握时机、快速机动、猛烈突击、协调配合；视行动规模采取一点集中跳跃、一点多波次跳跃、多点同时跳跃和多点逐次跳跃等方式，隐蔽机动，突然实施。基本方法：根据总的作战意图和担负的作战任务，利用直升机运载突击部队、分队，在其他军种、兵种的密切配合下，对敌方纵深要点实施超越攻击。

完成当前任务后，按预定作战计划，机动至下一个要点，组织第二次突击；依次跳跃式攻击，直至达成作战目的。达成作战目的后，迅速退出战斗或转换作战行动。

随着信息技术、直升机技术及机载武器装备的不断发展，陆军航空兵的空中机动力、突击力将不断增强，跳岛战术将得到进一步发展和完善，并将成为陆军航空兵作战的重要方法。

穿梭轰炸战术

20世纪初，航空战理论的发展对海军的战术革新起了很大的推动作用，这其中又以航空母舰的运用为基础，诞生了许多海军航空战术。

穿梭轰炸是一种非常优秀的航空战术，可以有效地避免轰炸机的作战半径所带来的攻击限制。举例来说，就是轰炸机从空军基地起飞，轰炸第一个目标，然后继续向另一个基地行驶，加油并重新装填，然后起飞再去轰炸第二个目标，并返回自己原来的基地。

这种战术最早被英国人采用，1943年6月20日，英国的轰炸机编队从多佛尔出发，轰炸了德国的腓特烈港后，直飞到阿尔及利亚的基地，并重新补给，在返回途中，顺便轰炸了意大利拉斯佩齐亚的海军基地。

1943年8月17日，美国陆军第8航空队的146架B-17轰炸机从英国基地起飞，经德国城市施韦因富特对雷根斯堡进行密集轰炸，随后向南直飞阿尔及利亚，当德战斗机隐蔽集结在美机返回英国必经

B-17轰炸机的经典密集多层次编队

航线待机攻击时，美机已越过阿尔卑斯山在阿尔及利亚机场着陆。

穿梭轰炸战术应用最著名的还是太平洋的海空大战，最早提出利用岛屿对舰载机实行补给以达到高作战半径的将军是日本的小泽治三郎。小泽治三郎制定的穿梭轰炸战术是"阿"号作战中日本方面的一大战术亮点，这种在敌火力圈之外发起攻击的战术似乎非常符合消灭敌人、保存自己的军事原则，但以日军的状况来看，采用穿梭轰炸战术实际上是无法给敌人造成严重杀伤力的。

穿梭轰炸战术对飞行员的素质有着很高的要求，同时它也是一种以牺牲航空兵为代价保全航母的战术思想。

二战的战后影响

二战中，反法西斯同盟中、苏、美、英、法五国通过大西洋会晤、开罗会议、德黑兰会议、雅尔塔会议和波茨坦会议、敦巴顿橡树园会议等一系列国际会议就维护战后世界和平、促进世界经济发展，达成了一系列协议和谅解，确立了维护战后世界秩序的国际制度。

在二战胜利的鼓舞下，亚非拉地区掀起了争取民族解放斗争的高潮。20 世纪 60 年代以来，亚非拉总共有 104 个民族独立国家，其中新独立国家达 69 个。这一系列斗争的胜利摧毁了帝国主义殖民体系，结束了几百年的殖民统治，深刻改变了世界的面貌，使世界历史进入了一个新时期。

二战改变了世界范围的力量对比，彻底打破了数世纪以来形成的以欧洲为中心的世界政治格局，促使世界历史从一个欧洲列强主宰的时代，逐步过渡到一个两极格局的时代。

二战客观上推动了科学技术的迅速发展。二战期间，为了战争的需要，各国投入了大量的人力、物力和财力发展相应的科学技术，制造新式武器；二战后，这些用于制造作战武器的科学技术为和平事业服务，推动了人类历史文明的进步。

美国陆军第 1 师士兵搭乘登陆艇于奥马哈海滩登陆

苏联军工厂正在加紧赶工制造即将投入前线的 T-34 坦克

第2章
军用飞机

　　空军战机是二战中最重要的武器装备之一。按照今天的话来说，谁掌握了制空权，谁就掌握了战争的主动权。在二战初期，德军之所以势不可当，其主要原因除了战术得当和装甲力量雄厚之外，还有非常重要的一点就是来自空中的支持。

德国 Me-262 喷气式战斗机

Me-262 是德国梅塞施密特飞机公司于二战期间所设计的一款喷气式战斗机，是人类航空史上第一种投入实战的喷气机。

性能解析

Me-262 喷气式战斗机是一种全金属半硬壳结构的轻型飞机，流线型机身有一个三角形的断面，机头集中装备 4 门 30 毫米机炮和机枪。半水泡形座舱盖在机身中部，可向右打开。前挡风玻璃厚 90 毫米，具备防弹能力。近三角形的尾翼呈十字相交于尾部，2 台喷气发动机的短舱直接安装在后掠的下单翼的下方，前三点起落架可收入机内。

服役情况

1944 年 4 月，262 试飞队在巴伐利亚的列希菲德成立。1944 年 7 月，沃尔特·诺沃特尼被任命为 262 试飞队指挥官，262 试飞队易名为诺沃特尼飞行队。1944 年 8 月，飞行队击落 19 架盟军飞机，损失了 6 架 Me-262。德军原本计划利用 Me-262 打击盟军的护航机队，让速度较慢的螺旋桨战斗机攻击轰炸机队，但盟军在战斗机数量上有着压倒性的优势，令 Me-

基本参数	
长度	10.6 米
翼展	12.51 米
高度	3.5 米
最大起飞重量	6400 千克
最大速度	870 千米 / 时
最大航程	1050 千米
实用升限	11 450 米

262 不得不转为打击轰炸机队。由于 Jumo 004 发动机的性能关系，Me-262 要尽量避免与盟军战斗机缠斗。11 月，诺沃特尼被一架 P-51 战斗机击毙，诺沃特尼飞行队解散。1944 年秋天，第 51 轰炸机联队第 1 大队成为首个换装 Me-262 的部队。

1945 年 1 月，第 7 联队成立，成为首个全面配备 Me-262 的战斗机队。同时，自 1944 年 6 月即开始使用 Me-262 进行轰炸行动的第 54 轰炸机联队 (KG54) 第 1 大队也转为战斗机单位，其后在 2 周内损失 12 架 Me-262，只取得很小战绩。

1945 年 2 月，由阿道夫·加兰德中将领导的第 44 喷气战斗机联队成立，加兰德从一些因为缺乏燃料已不能飞行的部队中挑选了很多有丰富经验的飞行员加入联队。

德国 Bf-109 战斗机

Bf-109 是德国梅塞施密特飞机公司设计的一款战斗机。在当时，它的多项特点使它属于新一代的战斗机，其设计被多国飞机设计师所效仿。

性能解析

Bf-109 用到了许多在当时最新、最先进或者说最前卫的技术，包括下单翼、全金属蒙皮、窄机身、可回收起落架、封闭式座舱等。虽然这些技术已经分别在其他机型上得到了验证，但从未被集中起来运用过。毫无疑问，梅塞施密特飞机公司冒着极大的风险，更确切地说，是孤注一掷。

基本参数	
长度	9.07 米
翼展	9.92 米
高度	2.5 米
最大起飞重量	4405 千克
最大速度	686 千米 / 时
最大航程	700 千米
实用升限	10 000 米

火力配置

Bf-109 第一种配备机翼机枪的型号是 C-1，在机翼的间隔内安装 1 挺 MG 17 机枪。在 109F 系列之后，在机翼内不能再装配更长的机枪，唯一的例外就是被阿道夫·加兰德修改过的 Bf-109 F-2。它在机翼内可以配置 1 挺 20 毫米 MG FF/M 机炮，并且在 F-2/U1 上面将 MG 17 机枪提升为 13 毫米 MG 131 机枪，这种武器配置在后来的 109K 系列中的 K-6 可以看到；它在双翼各配置 1 挺 30 毫米 MK-108 航空机炮。

在机翼武器方面，在双翼下挂载一对外挂式 MG 151 20 毫米机炮荚舱，目的是增强战机的火力，让它足以成为盟军轰炸机杀手，但外挂的重量以及风阻让 Bf-109 减弱了与战斗机作战的缠斗力，同时也加强了在飞行时的钟摆振动效应。2 挺外挂式 20 毫米 MG 151 机炮无弹药时重量为 135 千克。Bf-109 的外挂式机炮可击发 135 ~ 145 发炮弹，总重量为 215 千克。

德国 He-112 战斗机

He-112 是德国亨克尔飞机公司设计的一款战斗机，于 1937 年投产，是当时飞得最快的飞机。德国空军自己并未采购该飞机，而是日本、西班牙、罗马尼亚等国采购了一批。

性能解析

He-112 在竞争中的败北确实也有它自身的原因，主要是机体结构太复杂，而且热衷于采用曲线构形，制造起来费工费时，不利于大量生产。虽然德国军方没有采用该机，但其在欧洲的其他国家及日本赢得了一些合同，日本订购了 30 架，西班牙订购了 19 架，另外有 30 架卖给了罗马尼亚。

基本参数	
长度	9.22 米
翼展	9.09 米
高度	3.82 米
最大起飞重量	2248 千克
最大速度	510 千米 / 时
最大航程	1150 千米
实用升限	9500 米

总体设计

He-112 机身截面为两侧较扁平（尤其是在引擎部分）的蛋形，前部机身的线条比较平直，但后机身却收缩得很厉害。如果我们沿着座舱罩画一条水平线的话，可以看到在靠近机尾的地方，整架飞机的背脊几乎已经降到了这条线以下。

He-112 采用有着半圆形翼尖的长方形机翼。内翼段与机身水平，约占总长 1/3 的外翼段则向上折起，看起来有点儿像倒鸥翼。内翼段较厚，前后缘基本平行，不过外翼段的机翼前缘却有点儿后掠，而后缘又明显有个前掠角，整个形状更接近梯形。襟翼布置在内翼段的后方，副翼则被安排在外翼段的后缘，从外翼段的 1/2 处一直延伸到翼尖。He-112 的座舱罩类似于后期型"喷火"所使用的"马尔康"型泡泡座舱。座舱罩的中间部分可以向后滑动到座舱后部的固定段上，前方的风挡设计则显得浑圆饱满，只有正前方为了安装瞄准仪而留下了一个平面。主起落架可以向内侧收入机翼中段。尾轮在飞行时同样可以收起并完全覆盖，整架飞机的气动外形称得上是无懈可击。

德国 Fw 190 战斗机

Fw 190 是德国二战期间所使用的一款战斗机，也是德国二战期间最好的战斗机之一。直到二战结束，它都是其他竞争对手追逐的对象。

性能解析

Fw 190 战斗机采用了当时螺旋桨战斗机的常规布局：全金属下单翼、单垂尾、单发布局，全封闭玻璃座舱，可收放后三点式起落架。因其采用的十四汽缸 BMW 801 发动机容易过热，外加机械增压器的技术不足，故而 Fw 190 的高空性能不佳，始终无法取代 Bf-109 的地位。

基本参数	
长度	9 米
翼展	10.51 米
高度	3.95 米
最大起飞重量	4900 千克
最大速度	656 千米 / 时
最大航程	800 千米
实用升限	11 410 米

服役情况

Fw 190 在 1942 年开始投入所有战线，并使 Bf-109 在德国空军成为标准辅助战斗机。Fw 190 的生产量超过 20 000 架，其中包括约 6000 架战斗轰炸机。生产时间为 1941 年开始直至战争结束，在此期间这架飞机不断改良。它后期的型号保留了优良特性，与盟军战斗机不相上下。因此，Fw 190 被视为二战期间最优秀的战斗机之一。1942 年 2 月，Fw 190 参与了由阿道夫·加兰德所领导的海峡冲刺空军掩护计划，总计出动了 JG 1、JG 2、JG 26 与位于法国韦利济 – 维拉库布莱的战斗机学校麾下总计 252 架 Bf-109 与 Fw 190 战斗机，为了能在天色昏暗时提供空中掩护，还动员 30 架 Bf-110 夜战机。但在该次作战中，Fw 190 所能出动的数量仍为少数，大部分皆为 Bf-109 战斗机。2 月 12 日，由于德军计划详细，英军发现太晚、反应太慢，以至于勉强赶到海峡的攻击部队受到德国空军的强力阻击，一无所获。德国空军总计损失 17 架飞机，其中还包括第 9 中队的 3 架 Fw 190。英国皇家空军则损失了 17 架战斗机和 20 架轰炸机。

德国 Ju-86 高空侦察机

Ju-86 是德国容克飞机公司设计并生产的一款高空侦察机（也可做轰炸机），它在二战期间将柴油机的性能发挥到了极致。

▌▌▌▶ 性能解析

Ju-86 是一款多用途双螺旋桨飞机，具有军用轰炸机和民用运输机等多种用途，乘员 4 人，使用 2 台 Jumo 205C-4 柴油发动机，最高航速 385 千米/时，最大航程为 1500 千米，配备 3 挺 MG42 式 7.92 毫米机枪，可装载炸弹 800 千克。该机使用的柴油发动机和较弱的火力配置是它的最大软肋。

基本参数	
长度	17.87 米
翼展	22.5 米
高度	5.06 米
最大起飞重量	8200 千克
最大速度	385 千米/时
最大航程	1500 千米
实用升限	5900 米

▌▌▌▶ 服役情况

Ju-86 侦察机真正在二战中发挥作用的是 Ju-86P 型高空侦察机。它于 1940 年投入使用，在 D 型机的基础上加大了翼展，取消了尾部机枪塔，安装了新的双座加压座舱，使用 Jumo 207A-1 型六缸柴油发动机。这种发动机专为高空设计，加装了涡轮增压器，为发动机提供增压进气以及为驾驶舱加压。

P 型机有两种型号：P-1 高空轰炸机、P-2 高空侦察机。两种飞机上都不携带自卫武器，因为德军认为 P 型机的飞行高度能使它免受任何盟军战斗机的攻击。1941 年 6 月 22 日前，P 型机频繁地对苏联纵深地带进行侦察。在地中海前线，P 型机也对埃及的英军进行频繁侦察，从未失手。1942 年 8 月 24 日，P 型机不可能被击落的神话被一架最新型号的"喷火"V 型战斗机打破。在地中海上 12 800 米的高空，"喷火"将一架 P 型机击落。德军对此事件的反应仅限于在 P 型机尾部增加尾部机枪。随着新型"喷火"大量出现，P 型机已不能毫无危险地飞越敌国上空，不久即退役。在 P 型机的基础上，进一步延长翼展，在发动机上加装必要时可向发动机气缸内喷注硝化物以在短时间内加大发动机功率的 GM-1 型装置，使升限达到 14400 米，形成 R 型机。R 型机在 1944 年 7 月也从德国空军退役。

德国 Ar 234 "闪电" 轰炸机

　　Ar 234 "闪电" 是德国阿拉多飞机制造厂于二战期间设计的一款轰炸机，是世界上首款实用化的喷气式轰炸机。但它参战很迟，未能充分发挥作用。

性能解析

　　Ar 234 "闪电" 轰炸机与 Me-262 喷气式战斗机的发展几乎同步，采用类似的喷气发动机，也都经历了量产时起落架的布置与原型机完全不同的设计变更，但前者的载油量超过后者 2 倍，体形也大很多。作为轰炸机，Ar 234 "闪电" 的速度超越了当时盟军的飞机。除期待其发生机械故障而损失飞行高度及速度外，盟军拿它毫无办法。

基本参数	
长度	12.63 米
翼展	14.1 米
高度	4.3 米
最大起飞重量	9850 千克
最大速度	742 千米 / 时
最大航程	1100 千米
实用升限	10 000 米

德国 Ta-152 战斗机

Ta-152 是德国在二战末期从 Fw-190 战机发展而来的一款高空战斗机，其性能非常优秀，与 P-51"野马"、"喷火"一起被誉为终极活塞式战斗机。

性能解析

Ta-152 是德国活塞式战斗机之王，其性能接近活塞式战斗机的极限，仅在最高时速、爬升率上略逊于同时期的另一款活塞式战斗机的巅峰之作 P-51H。如果战争后期能大量出现于空战中，那一定会使盟军大伤脑筋，然而 Ta-152 的产量一直偏低，始终不能大规模投入战场。Ta-152 战斗机在中低空的格斗战中非常优秀。装备了 Ta-152 战斗机的德国 JG301 联队在战争最后的两个月里，面对盟军的绝对空中优势取得了不凡的成绩。

基本参数	
长度	10.82 米
翼展	14.44 米
高度	3.5 米
最大起飞重量	5217 千克
最大速度	760 千米 / 时
最大航程	1200 千米
实用升限	14 800 米

总体设计

此款战斗机的特点是，以 Fw 190 D-9 型为基础，强化了其超高空的飞行性能。与 Fw 190 D-9 型主要的区别是，换装了针对高度特化的发动机、增压座舱，以及大纵横比的机翼；同时为了加强武装，更是第一次在 Fw 190 系列的机体螺旋桨轴内装备机炮。

美国 P- 26 战斗机

P–26 是美国陆军航空军所使用的第一款单翼战斗机，由波音公司设计并生产。虽然大多数部署于美国境内的 P–26 在珍珠港事件之前都已经退出第一线，但在其他国家中仍有小批量在使用。

性能解析

P–26 采用单翼，可是在机翼的上下方仍有与机身连接的支撑钢线，以维持机翼的结构与刚性。这样的做法虽然能避免机翼结构在飞行下扭曲，然而外露的钢线会产生多余的阻力，在结构强度不够的情况下，算是一种折中的设计。

机动性能

基本参数	
长度	7.18 米
翼展	8.5 米
高度	3.04 米
最大起飞重量	1524 千克
最大速度	377 千米 / 时
最大航程	580 千米
实用升限	8350 米

P–26 使用普惠公司的 R–1340 气冷式发动机。该发动机的外侧有包覆外罩，但是这个外罩并没有减阻的设计，也未将整个发动机包住并与外界隔离。

火力配置

P–26 的武装是在机鼻两侧各安装了 1 挺 7.62 毫米勃朗宁 M1919 机枪，这也是 20 世纪 30 年代的标准武器。此外，机翼与机身下方都可以携带炸弹。

美国 P-38 "闪电" 战斗机

P-38 "闪电" 是二战时期由美国洛克希德公司研制的一款亚音速战斗机。

性能解析

P-38 战斗机具有航程远、载弹量大、速度快、爬升率高及火力密集的特点，且用途十分广泛，可执行多种任务，包括远程的拦截、制空及护航、侦察、对地攻击、俯冲轰炸、水平轰炸等。它的前三点式起落架能使它在条件简陋、跑道长度有限的前线机场拥有更安全的操作性与起降性能，比需要长跑道的 P-47 战斗机更能适应

基本参数	
长度	11.53 米
翼展	15.85 米
高度	3.91 米
最大起飞重量	9798 千克
最大速度	666 千米/时
最大航程	5300 千米
实用升限	13 000 米

太平洋战场的前线环境需求。如果由高素质的飞行员驾驶，它更是一种可怕的截击机和攻击机。

服役情况

P-38 总产量共约 10 000 架，它是仅有的几种在整个二战期间都在生产的战机之一。1942 年 5 月 29 日，25 架 P-38 开始在美国阿拉斯加州的阿留申群岛执行任务。但阿留申群岛不适合测试新式战机的实战性能，最终因恶劣天气和其他原因而坠毁的 P-38 比被敌机击落的都多。P-38 在欧洲战场执行高空任务并不太成功，有部分原因是它的发动机会在高度高于 6000 米时出现故障。1944 年 9 月，第 8 空军所有装备 P-38 的飞行大队已经全部换装了 P-51。

美国 P-40 "战鹰"战斗机

　　P-40 "战鹰"是由美国柯蒂斯－莱特飞机公司设计并生产的一款战斗机，在太平洋战争爆发初期，它是美国陆军航空军的主力机种。

性能解析

　　P-40 "战鹰"战斗机的前身 P-36 乃是同期世界各国战机中最均衡的杰作。但 P-40 的设计仅是将 P-36 的发动机由风冷改为液冷，在登场的时间点已属陈旧，本身性能与设计特征并无突出之处。总体来说，P-40 仅能在中低空凭借当时还算突出的火力以及强横结构、适度装甲等取得优势。

基本参数	
长度	9.66 米
翼展	11.38 米
高度	3.76 米
最大起飞重量	4000 千克
最大速度	547 千米/时
最大航程	1100 千米
实用升限	8840 米

服役情况

　　P-40 战斗机于 1938 年首飞，1944 年 11 月停产，共生产了 13 738 架。P-40 战斗机于整个 1942 年和 1943 年间在北非与德国人和意大利人作战，而另一些则在阿拉斯加、澳大利亚、爪哇、夏威夷、新几内亚和所罗门等地上空同日本交锋。最后 1 架 P-40 战斗机于 1958 年在巴西退役，而现今世界上仍有 19 架 P-40 战斗机可以飞行，其中包括 1 架仅存的 P-40B。

美国 P-43 "枪骑兵" 战斗机

P-43 "枪骑兵" 是由美国共和飞机公司在二战时期设计的一款单发战斗机。

性能解析

P-43 战斗机的整体性能在二战时期并不出众，但它拥有良好的高空机动性且配有供氧系统，所以对于侦察，尤其是在高空侦察，有着较大的优势。P-43 装备了普惠 R-1830-57 星型气冷十四汽缸活塞发动机，涡轮增压器安装在机身后下方，通过贯穿机身下方的管道与发动机连接。在发动机的驱动下，该机最大速度能够达到 573

基本参数	
长度	8.7 米
翼展	11 米
高度	4.3 米
最大起飞重量	3838 千克
最大速度	573 千米 / 时
最大航程	1046 千米
实用升限	10 970 米

千米 / 时。P-43 战斗机配备的新设计、新科技也为 P-47 战斗机的成功打下了基础。

服役情况

美国陆军航空部队虽然采购了 P-43，但只部署了 3 个大队，即：密歇根州的第 1 驱逐机大队、波特兰的第 55 驱逐机大队、加利福尼亚州的第 14 驱逐机大队。美军在 1942 年将从一线单位退役但尚可用的 P-43 全改装为侦察机，将它比轴心国战机优越的高空性能物尽其用，这批侦察机在 1942 年 8 月提供 6 架供皇家澳洲空军使用，直到 P-38E 的侦察型 F-4 服役后才退出侦察任务。

美国 P-51 "野马" 战斗机

P-51 "野马" 是北美航空公司设计并生产的一款战斗机，是美国陆军航空队在二战期间最有名的战斗机之一，有多种型号，其中包括 P-51B、P-51C 和 P-51D 等。

性能解析

P-51 "野马" 战斗机的整体布局没有特别之处，但它将航空新技术完美地结合于一身，采用了先进的层流翼型，高度简洁的机身设计，合理的机内设备布局。这使它的气动阻力大大下降，并且在尺寸和重量与同类飞机相当的情况下，载油量增加了 3 倍。

基本参数	
长度	9.83 米
翼展	11.29 米
高度	4.17 米
最大起飞重量	5262 千克
最大速度	703 千米 / 时
最大航程	2092 千米
实用升限	12 696 米

总体设计

P-51 的机身设计简洁精悍，拥有超越 12G 重力的机身冗余度，符合当时美国陆航的强度标准。五段式襟翼则缓解了层流翼低速下升力不足与失速特性严峻的问题 (其中第一段至第二段能作为战斗襟翼使用，在不损失回旋率的同时减小回旋半径)。随着战局演进，该机也改进了副翼与升降舵等控制面，使低速到高速都有良好且均质的操控品质。北美航空公司对前线使用者的一切要求做了回应，使 P-51 系列进化到拥有绝佳的飞行性能。冷却器安装在机腹，依据当时最先进的气动外形理论，进气口随发动机的换装历经了数次改变，以抗破片蒙皮包覆的冷却器外罩曲线则顺势由机翼下方向后过渡延伸至机尾。其独特的曲线也随着后续型号发展逐次变化，这也成了 P-51 系列最大的外形特征之一。

　　由于不像喷火式等机种将冷却器半埋分置在两翼下，因此 P-51 获得较充分的翼根空间以安装大容量自封油箱，拥有较一般战机更大的燃油酬载。辅以前述的层流翼低阻设计，P-51 从最早的实战生产型 NA-73 开始便具备几乎 2 倍于同量级欧洲战机的航程。早期的 P-51 配备低空性能杰出的美制艾利森 V-1710 一级增压发动机，后获得英国授权生产美版梅林 V-1650 系列引擎。自此脱胎换骨的 P-51，其总体空战性能与战局影响力突飞猛进，为北美公司挣得大量该机的订单，并在 1943—1944 年赶上盟军最重要的长程护航需求，继承 P-38 和 P-47 的战果并将之迅速扩大，快速扭转了欧陆上空的战力天平，终于为其赢得"史上最伟大战机"的美名。

▌▌▌▌▶ 机动性能

　　早期"野马"(NA-73、NA-83、NA-91、A-36A、P-51A) 采用艾利森 V-1710 发动机。由于本系列发动机仅具备一级一速机械增压器，当飞行高度超过 3657.6 米之后，输出功率快速下降，使得高空性能不佳。之后的"野马"成功换装了由英国劳斯莱斯公司授权美国派卡德公司生产的梅林发动机 (V-1650)。该发动机具备两级两速的机械增压器，充分改善了在 4570 米甚至 6100 米以上高度的功率输出，这造就了后来著名的 P-51B/C/D/K。最终型号 P-51H，其高性能依旧是源自劳斯莱斯实验型发动机 RM.14.SM 发展而来的 V-1650-9。

美国 F2A "水牛" 战斗机

F2A "水牛" 是太平洋战争爆发前美军装备的主力舰载战斗机之一，也是美国海军第一种实用的单翼可收放起落架舰载战斗机。

性能解析

F2A "水牛" 战斗机采用的是中单翼设计，机身呈圆桶状，结构为全金属半硬壳设计，只有控制面是以布面蒙皮构成，可伸缩起落架收起时缩入机身两侧，位于机翼前方的位置。其动力装置为莱特公司 R-1820-22 气冷式发动机，机身上装有 4 挺 12.7 毫米的航空机枪，另外可以在机翼下携带 2 枚 45 千克的炸弹。

基本参数	
长度	8.03 米
翼展	10.67 米
高度	3.66 米
最大起飞重量	3247 千克
最大速度	517 千米 / 时
最大航程	965 千米
实用升限	10 119 米

服役情况

F2A "水牛" 战斗机的第一架原型机于 1937 年 12 月试飞，军方的操作测试于 1938 年 1 月展开。该年 6 月，美国海军正式提交了第一份 54 架 F2A-1 的订单，隔年 6 月量产型出厂，进入美国海军 "萨拉托加" 号航空母舰服役。不过到了 1941 年，F2A 的性能已经过时，被先前击败之后改为单翼机设计、卷土重来的对手 F4F 取代。二战时期，实际使用 F2A 参战的单位是美国海军陆战队，而且主要在中途岛战役中出现过，只是完全被日本的 "零" 式战斗机以压倒性的性能优势击败。

美国 F4F "野猫" 战斗机

F4F "野猫" 是美国格鲁曼航空航天公司设计的一款舰载战斗机，在二战爆发之际是美军最主要的舰载战斗机之一。

性能解析

F4F "野猫" 战斗机为全金属半硬壳，应力蒙皮以铆钉接合。中单翼内有两条主梁，方形翼端，翼剖面采用 NACA 23015 系列。起落架以人力操作的方式收起于机身两侧、机翼前缘的下方；尾轮为固定式，不可伸缩。飞行员座舱为密闭式，位于机翼的中央，在机翼下方两侧各有 1 个观测窗。

基本参数	
长度	8.76 米
翼展	11.58 米
高度	2.81 米
最大起飞重量	3604 千克
最大速度	533 千米 / 时
最大航程	1239 千米
实用升限	12 010 米

服役情况

法国是 F4F 的第一个客户，它于 1939 年年初订购了 100 架，命名为 G-36A。在飞行测试后，美国海军也于 1939 年 8 月订购了 78 架。它们在 1940 年 12 月进入现役，命名为 F4F-3，绰号为 "野猫"，在 VF-7 中队和 VF-41 中队服役。1940 年年初，VF-42 中队、VF-71 中队和海军陆战队的 VMF-121 特遣队、VMF-211 特遣队和 VMF-221 特遣队都配备了 "野猫"。此时，格鲁曼飞机制造厂已转为生产 F4F-4 型，它吸取了英国皇家海军使用、出口法国的 G-36 "欧洲燕Ⅰ型" 的战斗经验。英国皇家海军航空兵从 1940 年起直到欧洲战争胜利日，一直使用 F4F 的各种变种机型。F4F-4 (生产了 1169 架) 的武器装备是 4 ~ 6 挺 12.7 毫米的机枪，装有自封油箱，机翼可折叠。在 1942 年的珊瑚海战役和中途岛战役以及顽强的瓜达卡纳尔岛自卫反击战中，"野猫" 的表现证明它是对抗日本 A6M "零" 式战斗机的有力武器。尽管 F4F 不是 "零" 式战斗机的对手，但生存能力还是较强的。由于它坚固的结构和质量，使飞行员在危机中往往能安然逃脱。

美国 F4U "海盗" 战斗机

F4U "海盗" 是美国西科斯基飞机公司设计的一款舰载战斗机，在太平洋战场上，它与 F6F "地狱猫" 并为美国海军主力战斗机，同为日本战斗机的强劲对手。

性能解析

F4U "海盗" 战斗机在参数方面都与当时的飞机有很大差别。首先，它的机翼采用了倒海鸥翼的布局；其次，它采用了当时功率最大的活塞发动机——普惠公司 R-2800，功率达到1490 千瓦，而同时期的军机多数的引擎功率只有 745 千瓦。

基本参数	
长度	10.2 米
翼展	12.5 米
高度	4.5 米
最大起飞重量	6654 千克
最大速度	717 千米 / 时
最大航程	1633 千米
实用升限	11 247 米

总体设计

F4U 战斗机使用了沃特发明的 "平铆钉" 和海军飞机工厂的 "点焊" 工艺，机身表面非常光滑。为了完全符合空气动力学标准，飞机上一点凸出物都没有。1940 年 10 月 1 日，原型机 XF4U-1 在一次测试飞行中就创下了当时一项飞行速度纪录，达到 652 千米 / 时，成为第一款超越 640 千米 / 时的美国战斗机，后续量产型号的最大速度达到了 717 千米 / 时。

美国 F6F "地狱猫" 战斗机

F6F "地狱猫"是格鲁曼航空航天公司设计的一款舰载战斗机，二战期间凭着优秀性能逐渐取代了 F4F "野猫"战斗机，成为美军的主力舰载机。

性能解析

与 F4F "野猫"战斗机相同的是，F6F "地狱猫"的设计特点也是方便生产及保持强稳机体结构。F6F "地狱猫"原本采用柯蒂斯－莱特飞机公司的 R-2600 引擎，但为了提升战斗力，格鲁曼航空航天公司装上了普惠公司的普惠 R-2800 双黄蜂引擎，功率提升到 1490 千瓦，整体动力提升了 25%。而且该发动机任意一个气缸被击中后，仍可通过其他气缸运作保持飞行。

基本参数	
长度	10.24 米
翼展	13.06 米
高度	3.99 米
最大起飞重量	6990 千克
最大速度	621 千米／时
最大航程	2462 千米
实用升限	11 370 米

服役情况

F6F 总共生产了 12 275 架，其中的 11 000 架是在 2 年之间生产的，而最后一架 F6F 则于 1945 年 11 月交付。直到今日仍有不少 F6F 存放于世界各地博物馆，部分仍然能够飞行。在二战中期，F6F 凭借优秀性能逐渐取代了 F4F 并成为美军的主力，共为美军击落了 5171 架战机（其中 8 架在法国南部击落）。服役于皇家海军的 F6F 也击落了 52 架战机。战后 F6F 仍为美军使用至 1954 年，美军飞行中队独立装备了夜间战斗机后，才完全退役，在其他国家的服役时间则相应更久。

美国 F8F "熊猫" 战斗机

F8F "熊猫"是美国格鲁曼公司在二战末期研制的一款舰载战斗机。

▎▎▎★ 性能解析

F8F 作为舰载战斗机，其机翼可以向上折起，早期的机翼翼端有断裂点，此断裂点会断开以免机翼结构受损，飞机在左翼或右翼翼端断开后仍可控制飞机降落。后来证明此设计是多此一举而把断裂点取消，现有飞机用铆钉加固此断裂点。此外，该机有着良好的短距离起飞能力，当时新规定舰载机起飞时要用弹射器弹射起飞，但 F8F 却无须使用弹射器就能自行在航空母舰的飞行甲

基本参数	
长度	8.61 米
翼展	10.92 米
高度	4.22 米
最大起飞重量	6105 千克
最大速度	732 千米/时
最大航程	1778 千米
实用升限	12 400 米

板滑行起飞而且距离比用弹射器时更短。为求轻量化，F8F 初期只在机翼装备 4 挺 M2 重机枪，之后的型号将机枪更换为 20 毫米机炮，火力大幅上升。

▎▎▎★ 服役情况

1945 年 8 月 6 日，载着 VF-19 中队的 F8F-1 的"兰利"号航空母舰起程前往太平洋战区，但 F8F 并没有在二战中出场。二战后，F6F 退役而令 F8F 成为美国海军唯一的格鲁曼制螺旋桨战斗机，美国海军陆战队也使用 F8F-2，美国海军舰载战斗机队使用 F8F 至 1951 年，之后改为用于飞行训练和作为靶机控制机至 1955 年，退役后 F8F 曾用于美国蓝天使特技飞行表演队，也有一些被改装成为比赛机。

美国 B-17 "空中堡垒" 轰炸机

B-17 "空中堡垒" 是美国波音公司于 20 世纪 30 年代为美国陆军航空队研发的四发重型轰炸机，是二战初期美军的主要轰炸机，后由更为强大的 B-29 "超级堡垒" 轰炸机替代。

性能解析

在长距离护航战机出现以前，B-17 "空中堡垒" 轰炸机仅仅依赖所装备的 M2 重机枪进行自我防卫。之后，波音公司针对这一局面不断地改良 B-17，增加其防卫火力及装甲，致使它拥有的重机枪数目达 13 挺。看似火力异常强大，但无形之中增加了飞机本身的重量，因此它没有很好的机动性。

基本参数	
长度	22.66 米
翼展	31.62 米
高度	5.82 米
最大起飞重量	29 710 千克
最大速度	462 千米 / 时
最大航程	3219 千米
实用升限	10 850 米

服役情况

B-17 在 1941 年开始出现于二战的战场上空。在欧洲，英国皇家空军操纵 B-17 对欧陆的目标进行日间轰炸任务，但其初期的表现却不是十分理想。同年，在太平洋的西侧，美国陆军也使用 B-17 在菲律宾对抗日本的进袭。由于国际情势紧张，美国第 19 轰炸机团在珍珠港事变前几个星期被派驻至菲律宾的克拉克基地，这也是太平洋战场上首批进驻的重型轰炸机部队。

1942 年 7 月，第一架 B-17 飞往英格兰，加入第 8 航空队的作战行列。同年，另外两批 B-17 飞抵阿尔及利亚，加入第 12 航空队在北非的作战任务。

在这些战场上，B-17大多负担对德军目标进行日间战略轰炸的重责，它们针对的目标极为广泛，涵盖码头、潜艇基地、仓库、机场与生产工厂，期望能借轰炸削弱德国的军事行动能力。在准备反攻法国期间，B-17与B-24对德国的飞机制造工厂展开大规模的袭击行动，并直接面对德国空军轰炸机队的猛烈袭击。在二战中，B-17在海外一共装备了32个轰炸机团。它的数量在1944年8月达到高峰，共有4574架B-17活跃于美国陆军航空军之中。B-17在欧洲战场上一共投下了640 036吨弹药，而同一时间B-24解放者轰炸机则投下了452 508吨弹药。

美国 B-24 "解放者" 轰炸机

　　B-24 "解放者" 是由团结飞机公司于二战时期研制的一款轰炸机，是当时美军生产最多、使用最多的轰炸机。

性能解析

　　B-24 "解放者" 采用大展弦比机翼，机翼上装有 4 台气冷 R1830 型活塞发动机，单台功率 883 千瓦。该飞机有一个实用性超强的粗壮机身，上下、前后、左右均设有自卫枪械，构成一个强大的火力网。机头有一个透明投弹瞄准舱，其后为多人制驾驶舱，再后便是一个容量很大的炸弹舱，可挂载各种炸弹。

基本参数	
长度	20.6 米
翼展	33.5 米
高度	5.5 米
最大起飞重量	29 500 千克
最大速度	470 千米/时
最大航程	3400 千米
实用升限	8500 米

总体设计

　　B-24 因有一个能装载 3600 千克的炸弹舱而令它有着大而宽的机身，远看甚至有点像飞艇。它的炸弹舱被翼梁分成前后两部分，其间有利用机体结构形成的通道连接。炸弹舱门并非一块向下打开的坚固铝板，而是薄薄的铝片，投弹前会像拉开窗帘布般拉起。机翼为了令机身有着最大结构强度，采用高肩翼；为了有良好的低速稳定性并能装载最多燃料，其机翼很细长；其尾翼采用 H 形设计，未加装防卫机枪，后来才在实战型加上。总的来说，虽然 B-24 的防卫机枪设计五花八门，但也同样问题多多，而且也没有像 B–17 般有效。

B–24 的航程比 B–17 更远，承载能力也更强，因此 B–24 更适合作为远程轰炸机。B–24 的原型机并无装甲和自封式油箱，这要到实战型才加装。但总的来说，B–24 的装甲防护比 B–17 要差。和 B–17 乃至其他同时代的飞机不同的是，B–24 采用前三点式起落架，因此即使停在地面，B–24 仍然是水平的而非斜向后方。

B–24 的飞行性能不算好，速度慢而且操纵不灵活。由于燃料管道设计的问题，在其机翼中段的燃料箱中的燃料会渐渐沿着燃料管道流到炸弹舱而有可能导致火灾。其高肩翼设计令其一旦在地面上坠毁时机身会被机翼的重量压碎：当在海上坠毁，其炸弹舱门的薄铝片会首先被撞破，然后整架 B–24 就会像被撞破船底的船般很快沉没。再加上 B–24 的乘员紧急逃生设备设计不妥，令 B–24 的乘员死亡率高于 B–17。

B–24 在二战时除了用于空军轰炸机之外，也用于海军反潜巡逻机，因此也加装上各种反潜和反舰攻击的装备；除了 H 形双垂直尾翼之外，也有生产过单垂直尾翼。

美国 B-25 "米歇尔" 轰炸机

B-25 "米歇尔" 是美国北美航空公司于二战期间设计的一款轰炸机，以 "米歇尔" 命名是为了纪念一战中美国指挥官威廉·米歇尔。

性能解析

B-25 "米歇尔" 轰炸机在太平洋战争中有许多出色的表现。例如，它参与了使用了类似鱼雷攻击的 "跳跃" 投弹技术，即飞机在低空将炸弹投放到水面上，而后炸弹在水面上跳跃着飞向敌舰，这提高了投弹的命中率，并且炸弹经常在敌舰吃水线以下爆炸，杀伤力增大。

基本参数	
长度	16.13 米
翼展	20.6 米
高度	4.98 米
最大起飞重量	15 910 千克
最大速度	438 千米/时
最大航程	2174 千米
实用升限	7378 米

总体设计

像其他二战中的美国轰炸机一样，B-25 的发展也是遵循着更多武器、更多装甲、安装自封油箱这条路线来发展的，因此造成了飞机越来越重，发动机最终不堪重负，导致性能受到影响。机鼻火力不足，机炮舱设计不合理，就像发生在其他轰炸机身上的问题一样，这些都考验着 B-25 的设计师。B-25A 配备了飞行员座舱装甲和自封油箱。B-25B 安装了不实用的广遭批评的 Bendix 腹部机枪舱。

从 1941 年 12 月到 1943 年 5 月间，北美制造了 1619 架 B-25C 轰炸机，这是第一种大批量生产的型号。C 型的武备和性能与 B 型相仿。在武器方面，机鼻中的 1 挺 7.62 毫米机枪改成 2 挺 12.7 毫米机枪，1 挺在舱顶，1 挺位于机身右侧。

美国 B-29 "超级堡垒" 轰炸机

B-29 "超级堡垒" 是美国波音公司设计的一款轰炸机，是美国陆军航空部队在二战战场的主力战略轰炸机。它不单是二战时各国空军中最大型的飞机，同时也是当时集各种新科技于一身的最先进武器之一。

性能解析

B-29 "超级堡垒" 轰炸机各方面都比 "空中堡垒" 轰炸机更上一层楼，9000 千克的载弹量、6000 千米的航程、10 200 米的实用升限，是二战中名副其实的 "超级堡垒" 轰炸机。当时轴心国大部分战斗机都很难爬升至 B-29 "超级堡垒" 这种飞行高度。

基本参数	
长度	30.2 米
翼展	43.1 米
高度	8.5 米
最大起飞重量	60 560 千克
最大速度	574 千米/时
最大航程	6000 千米
实用升限	10 200 米

总体设计

B-29 的结构十分传统。除了控制翼面是织物蒙皮外，机身使用铝质蒙皮。除了威奇塔早期交付的 B-29 涂上了传统的橄榄绿和灰色涂装之外，其他生产商的批次统统未涂装。每个起落架配备双轮，尾部有 1 个可伸缩的缓冲器，在飞机进行高姿态着陆和起飞时保护尾部。机组编制预计 10 ~ 14 名，一般为 12 名，包括正副驾驶员、领航员、投弹手、机械师、无线电报员、雷达操作员和 5 个炮手。投弹手与投弹瞄准具和射击瞄准具一起被安置在机鼻最前方，正副驾驶员并排坐在投弹手后面，周围有防弹钢板和防弹玻璃的保护；机械师、无线电报员和领航员紧挨着驾驶舱后面。后段的增压舱是 4 个炮手和雷达操作员的位置，都有装甲隔板保护；尾炮手坐在尾部单独的增压舱中，只有在非增压飞行时才能进出尾部小舱。B-29 机腹有前后 2 个炸弹舱，每个弹舱有独立的舱门，可装载 907 千克炸弹。投弹时有一个定时器控制投放顺序，使炸弹在 2 个弹舱中交替释放以保持飞机重心。

火力配置

由于 B-29 的作战飞行高度通常接近万米，外界气温为 -50℃，再加上全增压乘员舱设计，无法使用人操炮塔，所以采用了遥控炮塔系统。原型机机身上一共安装了 5 个炮塔，机身背部前后各 1 个，腹部前后各 1 个，最后 1 个是尾炮塔，每个炮塔装备 12.7 毫米机枪 2 挺，尾炮塔再增加 1 门 20 毫米 M2 炮。4 个遥控炮塔和尾炮塔中的 12 挺 12.7 毫米机枪，每挺携弹 1000 发，早期型号的尾炮塔中还有 1 门 20 毫米 M2 炮 B 型，带弹 100 发。

B-29 驾驶舱内景

美国 C-46 "突击队员"运输机

　　C-46 "突击队员"是美国柯蒂斯公司设计的一款运输机，二战期间被当作军用运输机，战争结束后被改造成了客运飞机，至今仍在一些地方服役。

性能解析

　　1940 年秋，C-46 "突击队员"运输机开始装备美国陆军航空队，在 "火炬行动"（二战中美国、英国和加拿大在 1942 年 11 月 8 日至 11 月 10 日登陆北非的军事行动）中，将作战人员和装备运送到北非战场，证明了自身的远程飞行性能。

总体设计

基本参数	
长度	23.27 米
翼展	32.9 米
高度	6.63 米
最大起飞重量	22 000 千克
最大速度	433 千米/时
最大航程	1931 千米
实用升限	8410 米

　　C-46 运输机由曾生产过著名的 "飞虎队" 前期的主战装备 P-40 战斗机的柯蒂斯公司生产。和客机出身的 C-47 运输机相比，这是真正为美国陆军设计的军用货运机。它甚至能装下整辆吉普车、整架 L-19 联络机、整艘小型巡逻艇。当然，也能运输人员和物资，尤其是运送不可拆卸的大型部件，如飞机发动机、发电机、医疗设备等。C-47 需要 2 架飞机运输的物资，C-46 往往 1 架就能运走。

美国 C-47 "空中火车" 运输机

C-47 "空中火车" 是由美国道格拉斯飞机公司于二战期间设计的一款运输机，是当时盟军广泛采用的机种之一，并一直使用至 20 世纪 50 年代，时至今日仍然服役于少数国家。

性能解析

C-47 "空中火车" 运输机在二战时为盟军提供了高机动性的空中运输能力，在各场战役中被广泛采用，如诺曼底、市场花园作战等。二战末期，大量 C-53 "空骑兵"(Skytrooper，C-47 衍生型) 在欧洲战事中担负空投伞兵及牵引军用滑翔机的任务。

服役情况

C-47 运输机在二战时期被广泛应用，直至二战末期，该机一直担任运送美军士兵回国的主要运输机。在英国及英联邦, C-47 被命名为 "达科塔"，在欧洲战事时又称其为 "信天翁"。

二战后，美国海军把早期的 R4D 进行结构改良，成为 R4D-8，而在战后成立的美国空军战略空军司令部也在 1946—1947 年采用

基本参数	
长度	19.43 米
翼展	29.11 米
高度	5.18 米
最大起飞重量	14 000 千克
最大速度	360 千米 / 时
最大航程	2600 千米
实用升限	8050 米

C-47。直至越战，美国空军仍然继续采用 C-47，包括其衍生型 AC-47 炮艇机及 EC-47 侦察机。加拿大皇家空军在 20 世纪 40 年代至 50 年代也采用 C-47 作为搜救行动的机种。世界各地共 97 个国家都曾经装备 C-47 系列机种。

美国 P-43 "枪骑兵" 侦察机

P-43 "枪骑兵" 是美国共和飞机公司设计的一款侦察机，于 1940 年开始在美国陆军航空部队服役，主要用于高空侦察。

性能解析

P-43 "枪骑兵" 是一款单引擎、全铝合金、低主翼的侦察机，整体性能在当时并不出众，但拥有良好的高空机动性且配有供氧系统，所以对于侦察，尤其是在高空侦察，有着较大的优势。

总体设计

P-43 侦察机的原型为 AP-4 战斗机。AP-4 使用全收放起落架、平头铆钉制造工艺，动力为普惠 R-1830-SC2G 发动机 (输出功率 895 千瓦)。AP-4 最大的技术改进是在机腹装设了通用电气开发的涡轮增压器。涡轮增压器在 B-17 轰炸机研发搭配成功后，

基本参数	
长度	8.7 米
翼展	11 米
高度	4.3 米
最大起飞重量	3837 千克
最大速度	573 千米 / 时
最大航程	1046 千米
实用升限	10 970 米

受到许多飞机制造厂商的青睐，装备后的飞机高空性能得到前所未有的突破，而美国陆军航空队也在积极物色装备涡轮增压器的战斗机。因此，AP-4 得到美国陆军航空队的资助，AP-4 完工后以民用机身份测试，机身编号 NX-2597。AP-4 在外观上的最大特色是机首因为测试气动力构型而配备了大型螺旋桨桨罩与特殊的发动机整流罩，以确定大型尺寸的空冷活塞发动机在实际运用时空气动力细节。1939 年 3 月 22 日试飞时，因更换较紧致的整流罩后导致引擎发生散热不良现象，最后发动机起火，飞行员跳伞逃生，AP-4 因此坠毁。尽管这样，美国陆军航空部队对 AP-4 的印象仍相当正面；在 1939 年 5 月美国陆航选定下一代拦截机时，共有多款机种入选美军评估之列：洛克希德 XP-38、贝尔 XP-39、柯蒂斯 XP-40，AP-4 也入选了。1939 年 5 月 12 日，美国陆军航空队在检阅共和飞机公司提供的评估报告后，决定加订 13 架改良型进行进一步评估，也就是后来的 YP-43。

美国 P-47 "雷霆" 战斗机

P-47 "雷霆" 是美国共和飞机公司于二战期间研发的一款战斗机，是美国在二战中后期的主力战斗机之一。

性能解析

P-47 "雷霆" 战斗机的设计理念是马力大、火力强、装甲厚，为此它装上了功率达到 1490 千瓦的普惠 R-2800 型发动机，这令其有充沛的动力，发动机排气还会带动机身上的涡轮增压器，以保证其即使在高空，发动机仍拥有巨大输出。该飞机采用由共和飞机公司研发的 S-3 高速翼，翼型是椭圆形，机翼前方是由液压操作的开缝式小翼，机翼后方的电动襟翼可帮助从俯冲中拉起。P-47 "雷霆" 战斗机在俯冲中能达到极快的速度，且强韧的结构也能保证机身不解体，这令它擅长采取高速俯冲的战术。

机动性能

基本参数	
长度	11 米
翼展	12.42 米
高度	4.47 米
最大起飞重量	7938 千克
最大速度	697 千米/时
最大航程	1290 千米
实用升限	13 100 米

P-47 战斗机最大的优势是采用了新型的 R-2800 型气冷活塞发动机、废气涡轮增压系统、发动机注水等技术。R-2800 型发动机的最大功率为 1490 千瓦，瞬时应急功率可达 1715 千瓦。专门配备的这种涡轮增压系统，不像一般的增压器那样与发动机直接传动，而是在机身座舱下方单设 1 个涡轮机，用发动机排出的废气来驱动，再由涡轮机带动增压叶片工作。空气经过增压后，可大大提高压缩比，为在气缸内燃烧提供更有利的条件。而工作过的废气则由专门的排气管排出机身外。在 P-47D 型飞机上，还采用了一种特殊的发动机注水技术，即向气缸内加注易汽化的液体（水或水和其他液体的混合物），用以加大燃气流量。这样能在短时间内，大幅度提高发动机的功率，改善了飞机的爬升和高空机动性能。

美国 P-61 "黑寡妇" 战斗机

P-61 "黑寡妇" 是世界上第一种实用的夜间战斗机，也是美国陆军航空队在二战时期起飞重量最大的战斗机。

性能解析

作为美国第一种为夜间作战设计的战斗机，P-61 的大小接近中型轰炸机，装有 2 台 1490 千瓦的普拉特-惠特尼 R-2800-10 "黄蜂" 发动机，双方向舵装在尾部支撑桁架上，

起落架为前三点式。中央机舱有机头雷达、驾驶舱（驾驶舱内还有 1 个坐在飞行员后上方的雷达员）和末端的射击员舱。可伸缩的副翼使襟翼有可能延伸至机翼后线的全长。

P-61 是世界上第一种用玻璃钢做雷达罩的飞机，也是世界上第一架乘员为 3 人的重型战斗机。武器系统由装在机身下突出部分的共带 600 发炮弹的 4 门 20 毫米机炮和装在顶部遥控操纵炮塔内的共带 1600 发子弹的 4 挺 12.7 毫米机枪组成。这 4 挺机枪像机炮一样，通常由飞行员向前射击，但射击员也能开锁、瞄准，作为飞机上半球活动防御武器。

基本参数	
长度	14.9 米
翼展	20.2 米
高度	4.47 米
最大起飞重量	14 700 千克
最大速度	594 千米 / 时
最大航程	982 千米
实用升限	10 100 米

作战经历

P-61 正式生产后，很快装备了部队。1943 年 1 月至 1944 年 6 月，美军先后组建了 15 个 P-61 夜战中队，并相继被派往各个战区。尽管 "黑寡妇" 问世较晚，但却取得了很好的战果。在欧洲战区，德国后期投入使用的 JU88 型、DO217 型战斗机共计被 "黑寡妇" 击落 237 架。在欧洲战区夜间作战中，美国陆军航空队的 P-61 型飞机损失率仅为 0.7%。在二战的最后一年，"黑寡妇" 成为美国陆军航空队的标准夜间战斗机，经常独自出动去伏击各个敌方袭击者。

美国 SBD "无畏"式轰炸机

　　SBD "无畏"式是道格拉斯公司研发的舰上俯冲轰炸机，主要于二战时期活跃于太平洋战场上。它与F4F "野猫"及TBD "破坏者"组成二战开战时美国三大主力舰载机。

▌▌▌◇ 性能解析

　　相较于美国同时期的鱼雷轰炸机而言，TBF的性能有着大幅的提升。SBD的金属蒙皮技术更为成熟，使用了与SBC相同的穿孔式空气刹车襟翼，兼顾了结构强度与俯冲时机身稳定性，不像德国JU-87与日本九九式舰载轰炸机，必须额外加装维持稳定的副翼与固定式起落架才能维持稳定。此外，SBD的收藏式起落架比起前

基本参数	
长度	10.09 米
翼展	12.66 米
高度	4.14 米
最大起飞重量	4853 千克
最大速度	410 千米 / 时
最大航程	1244 千米
实用升限	7780 米

两者减小了更多的风阻。虽然飞机重量高于国外同级产品，但仍能维持相同速度。

▌▌▌◇ 作战经历

　　在珊瑚海海战与中途岛海战中，SBD创下了空前战绩，尤其是击沉了日本引以为傲的海上主力：赤城、加贺、苍龙、飞龙4艘航空母舰。至1944年，由于后继机种SB2C "地狱俯冲者"的服役，才逐渐退居二线。1944年，SBD也加入了英国皇家海军的行列，在北海对抗德军的U型潜艇。同时SBD也以A-24之名加入美国陆军航空队，在地中海战场上打击德国与意大利的装甲部队。

总体设计

　　SBD 装有 2 挺 12.7 毫米机枪，布置在风挡前的机身上方，机枪的拉机柄伸入机身内，一旦发生卡壳，飞行员可以进行手动清理。SBD 的无线电报员座位上配有 1 挺装于活动枪座上、可向后射击的 7.62 毫米机枪。飞机的主要武装为挂在机身中心线下方的 1 枚不超过 1600 磅（约 726 千克）的重磅炸弹和每侧机翼下的各 1 枚 100 磅（约 45 千克）炸弹或深水炸弹。机腹炸弹悬挂在一个 A 字形挂架上，投放时，挂架向下伸出，以防止炸弹在下落时撞到旋转的螺旋桨。

美国 TBF "复仇者"式轰炸机

TBF "复仇者"式为格鲁曼公司开发的舰上鱼雷轰炸机，与 SBD 一样活跃于太平洋战场上。

性能解析

比起 TBD，TBF 的性能有着大幅的提升。除了加大马力的发动机外，新设计的流线型座舱配备防弹玻璃，机身的防弹装甲也前所未有的坚固。而机翼能够向上折起的长度比起其他舰载机也长了许多，更减少了在航空母舰机舱内所占的位置。

基本参数	
长度	12.48 米
翼展	16.51 米
高度	4.7 米
最大起飞重量	8115 千克
最大速度	442 千米 / 时
最大航程	1610 千米
实用升限	9170 米

TBF 的攻击能力比日本的九七舰更强悍，除了搭载 1 枚 Mark 13 航空鱼雷之外，还可装载 1 个 907 千克或 4 个 227 千克的炸弹。而襟翼配备减速板设计加上刹车减速板，更让 TBF 可以拥有和俯冲轰炸机一样的俯冲攻击能力。

作战经历

最早的 TBF-1 型于 1942 年中途岛海战时登场，不过只有 6 架，再加上人员操作的不熟练，所以当时并未建立任何战功。在性能低下的 TBD 普遍被日本"零"式战斗机当成标靶的状况之下，在中途岛战役过后，海军便全面将所有的航舰换装上 TBF。于同年 8 月的第二次所罗门海战，它便击沉了日本的轻型航空母舰"龙骧"号，紧接着 11 月的瓜达尔卡纳尔海战也重创"比睿"号战舰。

1943 年，新型的 TBF-3 服役，换装威力更强的新型 Mark 15 航空鱼雷，也加大了炸弹挂载量与动力更强的发动机，同时也搭载了水面及反潜雷达，开始执行大西洋战场的猎杀德国 U 型潜艇任务；而同时搭载对空及对海搜索雷达的机型，也成为可于夜间或雨天出击的全天候攻击机。

服役情况

1942 年 3 月，因格鲁曼必须同时生产 F4F"野猫"战斗机与 F6F"地狱猫"战斗机，为了减小生产压力，便授权通用汽车公司制造 TBF，而通用汽车公司生产的 TBF 则被称为 TBM。

美国 F3F "飞行木桶Ⅱ" 战斗机

F3F "飞行木桶Ⅱ" 战斗机是美国海军航空母舰上的最后一款双翼飞机。

▌▌▌▶ 性能解析

F3F 由格鲁曼 F2F 战斗机改进而来，加长了机身，增大了翼展并采用功率更大的普惠发动机 (F3F-1) 或者莱特"龙卷风"发动机 (F3F-2/3)。F3F 在陆地和航母（装备了"约克城"号、"萨拉托加"号、"游骑兵"号和"企业"号4艘航母）上短暂的服役表现充分证明了格鲁曼公司设计的战斗机坚固耐用，机动灵活。

▌▌▌▶ 服役情况

第一批生产出来的 F3F-1 于 1936 年 1 月 29 日送抵安那格斯蒂亚海军航空站，装备 CV-4 "突击者" 号航空母舰上的 VF-5B 中队和 CV-3 "萨拉托加" 号航空母舰上的 VF-6B 中队。1937 年 1 月，海军陆战队 VF-4M 中队接收了最后 6 架飞机。

F3F-2 系列于 1937—1938 年间交付。在这笔订单完成后，美国海军和海军陆战队的所有驱逐机中队都装备了格鲁曼生产的单座战

基本参数	
机身长度	7.06 米
机身高度	2.84 米
翼展	9.75 米
乘员	1 人
空重	1490 千克
最大起飞重量	2157 千克
最大速度	425 千米/时
最大航程	1600 千米
实用升限	10 120 米

斗机。格鲁曼还对 1 架返厂维护的 F3F-2 气动外形做了改进，这就是 XF3F-3。其他的显著改变还包括更大直径的螺旋桨等。1938 年 6 月 21 日，由于新式单翼机布鲁斯特 F2A "水牛" 和格鲁曼 F4F "野猫" 开发工作的延误，海军订购了 27 架改进型 F3F-3。1941 年年底，所有的 F3F 都退出了现役，但仍有 117 架被用于训练和勤务。美国陆军航空兵也装备了少量 F3F 用作教练机。同时有民用双座改型机 G-22A 于 1938 年投入使用，归海湾石油公司航空部门名下。

美国 SB2C "地狱俯冲者" 轰炸机

SB2C 是柯蒂斯公司研制的一款俯冲轰炸机，被称为 "地狱俯冲者"。

性能解析

　　SB2C 俯冲轰炸机装有 2 门 20 毫米炮，1 挺 12.7 毫米机枪。该机是历史上最重的俯冲轰炸机，其炸弹舱可携带 1 枚 450 千克炸弹或 725 千克炸弹，外加机翼 2 个 45 千克炸弹。当 SB2C 时速在 145 千米以内的时候，操纵性很差。由于航母降落的进场速度为 137 千米 / 时，因此飞机很容易失控。在高速飞行，特别是在俯冲轰炸的时候，SB2C 的副翼会变得很沉，使得飞行员很难控制飞机对准目标。这个问题加上飞机减速装置造成的飞机震动，使得 SB2C 的轰炸精度低于旧式的 SBD。

基本参数	
服役时间	1943—1945 年
机身长度	11.18 米
机身高度	4.01 米
翼展	15.17 米
乘员	2 人
空重	4794 千克
最大起飞重量	7553 千克
最大速度	475 千米 / 时
最大航程	1876 千米
实用升限	8870 米

服役情况

　　1940 年 12 月 18 日，原型机在纽约州的布法罗组装完成并进行了首飞。生产型 "地狱俯冲者" 于 1942 年 11 月抵达海军，它们被分配给 VS-9 中队，但是因为确定飞机配置造成的延迟使 "地狱俯冲者" 于次年 11 月才在腊包尔(Rabaul——巴布亚新几内亚北港城市) 首次亮相现役，从 "邦克山" (Bunker Hill，又译碉堡山) 号航空母舰的甲板上起飞。尽管无数的战机飞行员不喜欢该战机，但是 "地狱俯冲者" 负责摧毁的日本目标还是比其他任何美国俯冲轰炸机都多。战后，该机进入预备役，一直服役到 20 世纪 40 年代末。

苏联图 - 2 轰炸机

图 -2 是苏联于二战时期装备的一款轰炸机，由安德烈·图波列夫设计，该飞机参与了德苏战争中后期的主要战役，包括柏林攻防战。

性能解析

图 -2 轰炸机主要用于对敌工事设施、坦克、装甲车辆等实施战术轰炸，其装有 2 台气冷活塞式航空发动机，单台功率为 1360 千瓦，两侧机翼各有 1 门航空机炮，还有 3 挺机枪用于自卫，最大载弹量为 3000 千克，也可携带鱼雷攻击海上目标。

基本参数	
长度	13.8 米
翼展	18.86 米
高度	4.13 米
最大起飞重量	11 768 千克
最大速度	521 千米 / 时
最大航程	2020 千米
实用升限	9000 米

苏联雅克 - 1 战斗机

雅克 –1 是苏联在二战初期最优秀的战斗机之一，并且后来被改良成雅克 –3 和雅克 –9，成为苏联螺旋桨战斗机中产量最多的雅克系列的始祖。

性能解析

雅克 –1 使用三点收放式起落架和三叶螺旋桨，和其改良型不同的地方是，它使用流线型而非气泡座舱。该飞机使用 1 台 M–105R 液冷 V 形十二汽缸发动机，装有 1 门 20 毫米机炮、2 门 12.7 毫米机枪，并可挂 100 千克炸弹或 6 枚空用火箭。

基本参数	
长度	8.5 米
翼展	10 米
高度	2.64 米
最大起飞重量	2394 千克
最大速度	592 千米 / 时
最大航程	700 千米
实用升限	10 050 米

总体设计

雅克 –1 是悬臂式下单翼、起落架可收放的单座战斗机；发动机支架为钢管焊接结构；发动机罩为金属结构；后部机身的上下为胶合板覆盖，侧面用织物涂漆覆盖；机翼为木质双盒式承力结构，外覆 2.5 ~ 5 毫米厚的航空胶合板；座舱盖为三段式有机玻璃结构，中段向后滑移；飞行员座椅有 8 毫米厚的装甲板保护。

服役情况

1942 年秋天，雅克 –1 成为苏联空军装备量最大的战斗机，1/3 的战斗机飞行团由该机装备。不少苏联飞行英雄的战机都是雅克 –1，苏联女飞行员 Lilya.litvyak 和 Valeyia Khomyakova 也使用雅克 –1，前者被称为 "斯大林格勒的白玫瑰"，后者是第一个击落敌机的女飞行员。雅克 –1 一共制造 8667 架，1944 年 4—7 月后逐渐改为生产雅克 –3，一直服役到二战结束。

苏联雅克-3战斗机

雅克–3是苏联在二战后期具有最优空中性能的战斗机，常被认为是整个二战中最灵活最敏捷的战斗机，还是被改造成苏联第一种量产的喷气式战斗机雅克–15的母体。

性能解析

雅克–3一出现就战果惊人，在1944年7月14日，刚编成的本机中队共18架迎战30架Bf–109，一共击落15架敌机而本队无一损失。在此次交战中，雅克–3证明了自己的价值，并在随后接受了多次改装，共计生产了4111架。该款战斗机最大飞行速度为660千米/时，主武器包括1挺20毫米ShVK机炮和两挺12.7毫米的UB航空机枪。

基本参数	
长度	8.5米
翼展	9.2米
高度	2.4米
最大起飞重量	2650千克
最大速度	660千米/时
最大航程	650千米
实用升限	10 700米

苏联雅克 - 7 战斗机

雅克 –7 战斗机最初是在雅克 –1 战斗机基础上研发的双座教练机，后来被改成单座战斗机。

性能解析

1941 年年底，首批雅克 –7 开始出厂，在军事工业举国东迁后撤的艰难岁月里，雅克飞机制造厂令人难以置信地在西伯利亚伏尔加河畔一家农机厂里重新建起了生产流水线。

1942 年 2 月，部分拉 –3 的生产设施、场地已让位给更好的雅克 –7。不久，又发展了夜

基本参数	
长度	8.5 米
翼展	10 米
高度	2.75 米
最大起飞重量	3370 千克
最大速度	586 千米 / 时
最大航程	643 千米

间战斗机改型雅克 –7A 和双座教练机雅克 –7B。二战中，雅克 –7 各型共生产出 6399 架。雅克 –7 的改进型曾参加过斯大林格勒保卫战，战果非凡。

总体设计

雅克列夫在雅克 –7 型飞机驾驶舱后面的机身上制作了一个折叠式的空间，这是训练机留下来的设计。这一部分用途很多，可载运货物、调动部队人员，或放置 100 千克的备用燃料，使雅克 –7 的功能更多。

苏联雅克 - 9 战斗机

雅克 –9 是苏联在二战时期的主力战斗机型之一，是产量最多的，共生产超过 16 000 架。

性能解析

雅克 –9 的设计极为成功，各种改型不断产生。为了增加飞机的航程，一款改型增加了附加油箱并使得燃料容量达到 675 升而航程达到了 1400 千米，这就是雅克 –9D，这里 D 表示 Dalnosty，意为"远程"。雅克 –9D 于 1943 年春投入服役参加战斗。

基本参数	
长度	8.5 米
翼展	9.74 米
高度	3 米
最大起飞重量	3117 千克
最大速度	591 千米 / 时
最大航程	1360 千米
实用升限	9100 米

苏联拉-3 战斗机

　　拉-3是苏联在二战中生产和使用的一款单座单发活塞战斗机，于1939年开始设计，1942年3月试飞成功。从1941年开始提前进入批量生产，直至1942年，共计生产6258架。到1942年冬季大反攻时，该机已成为苏联第一线主力机种。

性能解析

　　作为德军入侵时苏联拥有的较为现代化的战斗机之一，拉-3以结实可靠著称。但在发动机性能和机动性上都比不上德军装备的Bf-109F/G和Fw 190A战斗机，这两种飞机都曾给拉-3以沉重的打击。

基本参数	
长度	8.81 米
翼展	9.8 米
高度	2.54 米
最大起飞重量	3190 千克
最大速度	575 千米 / 时
最大航程	1000 千米

总体设计

　　拉-3战斗机前机身线条流畅，外形修长。下单翼带上反角，三角形尾翼匀称地装在机身后端，后三点式起落架可全部收放，飞机外观比较美观。因战时资材紧缺，全机采用木质构造，蒙皮也选用新型胶合层板，但外表照样加工得相当光滑。

苏联拉 - 5 战斗机

拉 –5 是苏联拉沃奇金设计局设计的一款战斗机，是苏联在二战中后期的主力战斗机之一。

性能解析

最开始的拉 –5 战斗机使用 1177 千瓦的 M–82 发动机，于 1942 年 5 月完成测试，2 个月后进入生产，到 1942 年年底已有 1182 架完成。1943 年 3 月，第二个主要生产型拉 –5FN 进入量产，其装有 1 台 1340 千瓦的 M–82FN 发动机，武器有 2 门 20 毫米机炮及 4 枚 82 毫米 RS–82 火箭弹。

基本参数	
长度	8.67 米
翼展	9.8 米
高度	2.54 米
最大起飞重量	3402 千克
最大速度	648 千米 / 时
最大航程	765 千米
实用升限	11 000 米

总体设计

拉 –5 结构很像拉 –3 战斗机，是由木结构为主以塑料填充和连接着单座单发式螺旋桨战斗机，最大特色是首创了前缘襟翼的构造，使用后三点式收放式起落架，配三叶式螺旋桨和气泡式座舱，有外露式的无线电天线。

苏联拉-7战斗机

拉－7是拉－5的改良型，是拉沃奇金设计局研制的一款活塞式战斗机。它于1943年投入使用，是20世纪40年代中后期苏军的主力战斗机，是二战中欧洲战场上的最佳歼击机之一，共生产5753架。

性能解析

拉－7性能可靠、火力强大、速度快，从地面松开刹车起飞到达5000米高度，只需4分30秒。二战后，西方国家都不得不承认，拉－7是战时欧洲上空当之无愧的最优秀的战斗机之一。

基本参数	
长度	8.9米
翼展	9.8米
高度	2.6米
最大起飞重量	3400千克
最大速度	680千米/时
最大航程	990千米

总体设计

拉－7主要结构仍是木材，机身主梁和各舱段隔板为松木。蒙皮为薄胶合板和多层高密度织物压制而成，厚度由机头至机尾为3.5毫米至6.8毫米，其强度要比拉－5高。机头由于要镶上发动机和弹药舱等，故采用铬钼合金钢管焊接的支架。驾驶舱也采用金属钢管焊接的支架结构。座舱玻璃为厚55毫米的有机玻璃。座舱罩可向后拉，以便飞行员进出。

苏联 IL- 4 轰炸机

IL-4 是苏联伊留申设计局设计的一款轰炸机，是二战时期苏联的主力中型轰炸机之一。

性能解析

IL-4 轰炸机采用双气冷发动机、双发三叶螺旋桨，驾驶舱为 3 座或 4 座，呈单垂尾低单翼构造，使用后三点式起落架。其初期型采用 M-85 发动机，功率可达 559 千瓦；后期型采用 M-88 发动机，功率可达 612 千瓦。该飞机可载弹 2700 千克，自卫武器通常是 2 挺 7.62 毫米机枪和 1 挺 12.7 毫米机枪。

基本参数	
长度	14.76 米
翼展	21.44 米
最大起飞重量	9470 千克
最大速度	410 千米 / 时
最大航程	3800 千米

苏联佩-8 轰炸机

佩-8（或称 TB-7 及 ANT-42）为苏联空军二战中唯一生产的四发重型轰炸机。

性能解析

佩-8 由于缺乏强力且可靠的发动机，所以佩-8 的高空性能十分差劲，后来设计师在其炸弹舱安装了一台由 M-100 发动机为主体的 ATsN-2 增压系统，将引擎的动力催动机械增压器来制造加压空气，并提供给其他 4 台主引擎使用。佩-8 一直存在机体超重的问题，后来换装了 Charomski 生产的具有足够动力的 M-40 柴油引擎，但其具有极差的机械可靠性，导致佩-8 因机械故障而坠毁的数量不少于被敌机击毁的数量。

基本参数	
长度	23.2 米
翼展	39.13 米
高度	6.2 米
最大起飞重量	33 500 千克
最大速度	553 千米 / 时
最大航程	3700 千米
实用升限	9500 米

服役情况

佩-8 投产后，仅装备在少数部队，即 432 特别轰炸机团以及补充用的 433 团。之后，这两个单位分别被改编为 746 以及 890 轰炸机团。在作战记录上，佩-8 比较显著的战斗记录为 1941 年 8 月 11 日对柏林的轰炸。二战后，残余的佩-8 于战争结束后转用运输业务并服役到 20 世纪 50 年代末期退役。

英国"喷火"战斗机

"喷火"是英国在二战中最重要也最具代表性的战斗机,曾转战欧洲、北非、亚洲等战区,担负着维持制空权的重大责任。

性能解析

"喷火"战斗机的设计成功之处在于采用了大功率的活塞式发动机(如梅林 63 型发动机,功率为 1275 千瓦)和良好的气动外形设计。半纺锤形机头,有别于当时大多数飞机的平秃粗大机头,整流效果好,阻力小。发动机安装在支撑架后的防火承力壁上,背后便是半硬壳结构的中后部机身。机翼采用椭圆平面形状的悬臂式下单翼,虽制造工艺复杂,费工费时,但气动特性好,升阻比大。

基本参数	
长度	9.1 米
翼展	11.2 米
高度	3.9 米
最大起飞重量	3397 千克
最大速度	652 千米 / 时
最大航程	1830 千米
实用升限	12 192 米

服役情况

"喷火"战斗机是二战时英国皇家空军及部分同盟国使用的单座位战斗机。整个二战期间共生产了 20 300 架喷火战斗机。它是由维克斯拥有的超级马林公司设计。首架"喷火"战斗机(原型机)在 1936 年 3 月 5 日于英国南部的南安普敦试飞。英国政府即时下订单制造 310 架,以准备应付紧张的欧洲时局。"喷火"战斗机在不列颠空战中名声大噪,与英国皇家空军另一主力战斗机"霍克飓风"捍卫英国本土。当中"喷火"战斗机虽然数量较少,但因为它的性能较佳,是与德军的护航战斗机 Bf 109 作战的主力,也成为此后(直至二战结束)英国皇家空军的主力战斗机。

英国"无畏"战斗机

"无畏"是英国普顿保罗飞机公司设计并制造的一款战斗机。

性能解析

"无畏"战斗机采取液压动力推动，在紧急情况下可以摇柄驱动。机枪手由炮塔后面的小舱门出入飞机，机身下的另一个舱门则用于装填机枪弹药。炮塔后方机身上的整形盖板以压缩空气驱动。非战斗状态下，盖板会放下以减少炮塔飞行阻力，在战斗时缩入机身，以提供炮塔360°全方位射角。炮塔有四联装布朗宁机枪，采用电动发射的射击同步装置，保证机枪手不会因为恶劣的战斗环境而击中自己的螺旋桨或尾翼。

基本参数	
长度	10.77 米
翼展	11.99 米
高度	3.45 米
最大起飞重量	3901 千克
最大速度	489 千米 / 时
最大航程	748 千米
实用升限	9400 米

受碍于驾驶舱，机枪手正前方的射角只有19°。空战快速进行时，机枪手很难在短时间内看清楚目标，且驾驶员没有专用瞄准具。

服役情况

1939 年 12 月，第一支装备"无畏"MK.I 型战斗机的皇家空军 264 中队成立，并于 1940 年 5 月 12 日首次执行作战任务。1940 年 5 月 13 日，6 架"无畏"MK.I型战斗机被德国 Bf 109 攻击。由于德国人从机头发起攻击，而非英国人预想的尾部，导致"无畏"战斗机被击落 5 架。1942 年，"无畏"战斗机正式退役，部分改造后转用于二线的训练、拖靶、电子战和海上救援等。

英国"管鼻燕"战斗机

"管鼻燕"是英国费尔雷公司在二战时期研制的一款双座战斗机。

性能解析

"管鼻燕"战斗机的操控性与续航力不错，而且牢固可靠。虽然空战性能不及第一线单座战机，但与意大利交战，或是为商船提供空中保护时都有不错的表现。尽管"管鼻燕"的设计及配置与当时陆基战斗机类似，但后座并没有配备武装，因此，"管鼻燕"战斗机的主要任务是执行观察、导航及无线电操作。

基本参数	
长度	12.24 米
翼展	14.12 米
高度	4.27 米
最大起飞重量	4627 千克
最大速度	438 千米 / 时
最大航程	1260 千米
实用升限	8300 米

服役情况

二战期间共有 600 架"管鼻燕"被生产出来，除了少量装备英国皇家海军，绝大部分都在舰队航空兵中服役。让人惊讶的是，舰队航空兵在二战中有近 1/3 的击落战果是由"管鼻燕"而取得的。

英国"剑鱼"式鱼雷轰炸机

"剑鱼"式鱼雷轰炸机于 1936 年开始投入使用，是二战时期英国皇家海军航空兵使用的主要机型之一。

性能解析

"剑鱼"的主武器为鱼雷，但由于是慢速的双翼飞机，从而在攻击时需要一段较长的直线路径用于俯冲投射鱼雷，这样就使它很难准确地攻击到防空火力强以及速度快的军舰。但是 1940 年 11 月 11 日的塔兰托战役中，由英国皇家海军"杰出"号航空母舰上起飞的"剑鱼"式轰炸机却立下了汗马功劳。

基本参数	
长度	10.87 米
翼展	13.87 米
高度	3.76 米
最大起飞重量	3406 千克
最大速度	222 千米 / 时
最大航程	1658 千米
实用升限	3260 米

服役情况

在服役初期，其装备于航母作为鱼雷轰炸机使用，而到了战争中后期，"剑鱼"式鱼雷轰炸机被改装为反潜机和训练机。尽管"剑鱼"式鱼雷轰炸机设计于 20 世纪 30 年代初期，但它仍然使用到 1945 年二战在欧洲地区战火熄灭。

英国"蚊"式轰炸机

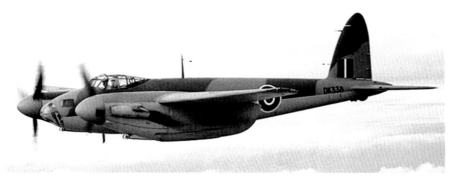

　　"蚊"式轰炸机在二战期间创造了英国空军轰炸机作战生存率的最佳记录。它是英国人的骄傲，更是充满了传奇色彩的一代名机。

性能解析

　　"蚊"式轰炸机有几大奇特之处：一是采用全木结构；二是改型多，三是生存性好。这种集轰炸、战斗、侦察、教练、联络、反潜于一身的木头飞机曾活跃在地域广阔的欧亚战线上，是当时闻名四海的飞机。

总体设计

　　"蚊"式轰炸机不再安装自卫武器的炮塔，

基本参数	
长度	13.57 米
翼展	16.52 米
高度	5.3 米
最大起飞重量	8549 千克
最大速度	589 千米/时
最大航程	1400 千米
实用升限	8839 米

机组人员从 6 人减到 2 人。"蚊"式轰炸机采用特殊的木质结构，这是德·哈维兰公司最具深谋远虑的决定，充分预见战时英国的铝合金将出现匮乏，掌握飞机金属结构制造技术的工人也将十分短缺。木质的飞机能够由任何技术熟练的木匠进行生产，英国的钢琴厂、橱柜厂、家具厂都能投入飞机的生产。

英国"暴风"战斗机

　　"暴风"为英国空军最先进的活塞式战斗机，配属英国驻海外的部队，如德国、塞浦路斯、巴勒斯坦、摩加迪沙、印度、伊拉克、新加坡等地。

▐▐▌► 服役情况

　　1944 年 1 月，RAF 的第 486 中队装备"暴风"，随后第 3 中队也开始装备。4 月，第 3 中队在肯特郡的 Newchurch 开始战斗值班。6 月 8 日，第 3 中队的 9 架"暴风"首次在诺曼底登陆场上空执行巡逻任务并和德军的 5 架 Bf–109 相遇，"暴风"击落了 3 架 Bf–109，自己无一损失。

　　1944 年 6 月 13 日，德国开始用 V–1 导弹对英国腹地的目标尤其是伦敦进行大规模袭击。"暴

基本参数	
长度	10.24 米
翼展	12.49 米
高度	4.09 米
最大起飞重量	6123 千克
最大速度	700 千米 / 时
最大航程	1319 千米
实用升限	10 972 米

风"作为英国飞得最快的中低空战斗机，承担了截击 V–1 的任务。6 月 16 日，"暴风"首次击落 13 枚 V–1。在接下来的战斗中，飞行员总结了经验，利用"暴风"速度上的优势 (V–1 通常飞行高度为 457 ~ 610 米，飞行速度为 650 千米 / 时) 从后部接近 V–1，在 274 米距离上开火，可以准确无误地击落 V–1，而且可以避免 V–1 被击爆后伤及自己，击落 V–1 的数量迅速提高。

英国"吸血鬼"战斗机

　　"吸血鬼"是英国皇家空军装备的第二款喷气式战斗机，计划安装德·哈维兰公司开发的"小妖精"小型涡喷发动机。这种早期喷气式发动机推力实在过小，为此设计团队采用了双尾撑布局以使造成超重的尾喷管长度最小。事实证明这种改进很有效，"吸血鬼"的原型机成为当时西方国家首款时速超过804.7千米的飞机。

性能解析

　　"吸血鬼"战斗机装备英国哈弗德公司的H1型喷气发动机（德·哈维兰公司成批仿造型易名为"丑妖"），采用极富特色的双尾梁气动布局。继承了大战中"蚊"式飞机传统的木制驾驶舱连同机头下4门20毫米机炮及发动机都装在一个中央短舱之内的设计，而2个尾梁居其左右，由1副小后掠角梯形中单翼将三者串联在一起。

基本参数	
长度	10.51 米
翼展	11.59 米
高度	1.88 米
最大起飞重量	5060 千克
最大速度	886 千米 / 时
最大航程	1370 千米
实用升限	12 696 米

　　驾驶舱和发动机都安装在中央短舱。发动机的进气口则开在左右机翼的根部夹层中。这样的设计使得该机的进气口和喷气口都变得很短，使得推力的损失减到最小。

英国"流星"战斗机

"流星"战斗机是盟国方面在二战时唯一能进行实战的喷气式飞机。二战后，"流星"持续生产到 1954 年，共计生产 3900 架。除了英国空军外，澳大利亚、加拿大、比利时等国空军都装备过该机。

性能解析

1942 年 2 月，英国空军正式向格罗斯特公司订购 12 架"流星"战斗机。1942 年 7 月，装 W.2B 涡轮喷气发动机的首架原型机进行地面滑行试验。1943 年 3 月 5 日，第五架原型机装 HalforsH.1 进行首次试飞。1944 年 1 月 12 日，20 架生产型 MK.I，装 W.2B/23 发动机，开始出厂。首架 MK.I 被送到美国，交换 1 架贝尔公司的 YP-59(美国第一架试验喷气式战斗机) 样机，其余交付 RAF616 中队，于 1944 年 6 月交付完毕。

总体设计

"流星"战斗机采用全金属机身，前三点式起落架布局和传统平直翼，以及抗扰流的安定面，2 台涡喷引擎埋入机翼中段。"流星"战斗机的第一个版本，也就是"流星 F.1"，除了一些细微的改进，气动结构几乎就是在跑道上做滑跑实验的 F9/40 加装了引擎和武器而已。总体而言，"流星"战斗机的设计相当传统。尽管采用了当时革命性的喷气引擎，但并没有像同时代的"飞燕"战斗

基本参数	
长度	13.59 米
翼展	11.3 米
高度	4.22 米
最大起飞重量	6257 千克
最大速度	958 千米 / 时
最大航程	1610 千米
实用升限	12 190 米

机那样采用诸如后掠翼等利用空气动力学特性的设计，虽然两者皆具备早期喷气机共同的问题。即使是经过大范围重新设计，"流星 F.1"仍旧在跨音速飞行中出现非常不稳定的情况：大尺寸的安定面舵面设计，使得高速飞行时舵面周遭空气产生边界层分离现象，也使得摇杆阻力增大，从而导致蛇形自持性偏航、不稳定性等问题。而双座版本的 T.7 教练机，则因其修长的机身而显著降低了很多"流星 F.1"的缺陷导致的空气动力学的不稳定性。

英国"飓风"战斗机

"飓风"是英国于 20 世纪 30 年代设计的战斗机。在不列颠空战期间，皇家空军取得的战果大都由"飓风"战斗机获得，是英国胜出不列颠空战的最大功臣。

性能解析

当二战爆发后，"飓风"作为英军最先进的战斗机之一，被派驻欧洲大陆，担任前线空中打击部队 (A.A.S.F.) 的主力。但战果大大出乎英国人的预料：1940 年 5 月 8 日至 18 日短短的十天里，"飓风"即被击落 250 架；在掩护敦刻尔克大撤退的空战行动中，又损失了近 150 架。在法国战役中，一天英军 3 个中队共 36 架"飓风"战斗机正在编队飞行，突然发现约 10 架 Bf-109

基本参数	
长度	9.84 米
翼展	12.19 米
高度	4 米
最大起飞重量	3950 千克
最大速度	505 千米 / 时
最大航程	740 千米
实用升限	10 970 米

钻云而出，从机群的侧后方扑过来。英军带队长机立即率领机群转向迎击德机，但笨拙的转向还没完成一半，德军战斗机已咬住排在编队最后的英军战机开火了。转眼间，在击落英军 4 架战机后，德机消失得无影无踪。整个战斗过程中，英军未有机会发射一发子弹，有的飞行员甚至连敌机都没看见。在 1940 年 8 月的不列颠空战中，人们的注意力都被性能更好、足以和 Bf-109 匹敌的"喷火"式战斗机所吸引，因此"飓风"战斗机的功绩往往被忽视。实际上，当时英军空中"飓风"战斗机共有 32 个中队，而"喷火"式战斗机只有 19 个中队，"飓风"式仍然是英军战斗机部队的主力。当"喷火"与德军护航的 Bf-109 纠缠时，"飓风"则乘虚攻击笨重的德军 Bf-110 战斗机和轰炸机。

服役情况

"飓风"战斗机于 1936 年开始量产，到 1944 年年末共生产 14 000 架"飓风"和"海飓风"战斗机，并在二战各个主要战场服役。

法国 MS.406 战斗机

MS.406 战斗机是法国战役开始时，法国空军装备数量最多的战斗机，达到上千架。该飞机和二战初期法国其他战斗机一样，都源自 20 世纪 30 年代法国空军航空技术服务部提出的"C1 要求"。

性能解析

在"奇怪战争"（德国人称之为"静坐战争"）期间，MS.406 只参与了少数的接触战斗，主要是对付德国的侦察飞机和梅塞施米特 Bf-109D 战斗机。实战证明，MS.406 战斗机这种早期的单翼战斗机，性能上逊于速度较快的 Bf-109D 战斗机。该机的 1 门 20 毫米机关炮射速太慢，而 2 挺 7.5

基本参数	
长度	8.17 米
翼展	10.62 米
高度	2.71 米
最大起飞重量	2480 千克
最大速度	486 千米 / 时
最大航程	1000 千米

毫米机枪威力又太小。尽管如此，法国飞行员依然顽强地驾驶这种战斗机和德国的 Bf-109D 战斗机对抗。但是随着 1939 年年底速度更快、性能更出色的 Bf-109E 战斗机的上场，法国空军的形势更加恶劣了。在"静坐战争"期间，法国就认识到了该飞机的弱点，开始对其加以改进，主要着眼点在麻烦不断的可卸式散热器和火力配置上。新改型更换为固定式散热器，机枪也由弹鼓供弹改为弹链供弹。新飞机于 1940 年上天，命名为 MS.410。新飞机还试验了新的排气装置，由于发动机散热效率大大改善，最大速度增加到了 509 千米 / 时。

总体设计

MS.406 为单翼螺旋桨单座战斗机，有封闭的座舱和收放式起落架，使用液冷式活塞发动机，冷却器在机头下方。机体由木头、钢骨和帆布构成，只有前机体硬壳式是金属机身。机炮是在螺旋桨中轴，2 挺机枪在翼中。

日本"零"式战斗机

"零"式战斗机是日本二战期间的主力舰载飞机，整个太平洋战区都可以见到它的踪影，堪称日本海军在二战时最著名的战斗机。

性能解析

"零"式战斗机是日本飞机设计的重要里程碑，它实现了多个第一。例如，首次采用全封闭可收放起落架、电热飞行服、恒速螺旋桨、超硬铝承力构造、大视界座舱和可抛弃的大型副油箱等。在二战初期，"零"式战斗机以爬升率高、转弯半径小、速度快、航程远等特点压倒美军战斗机。但到战争中期，美军使用新型战斗机捕获它之后，其弱点被研究出——装甲薄弱，因此美军飞行员戏称其为"空中打火机"。

基本参数	
长度	9.06 米
翼展	12 米
高度	3.05 米
最大起飞重量	2410 千克
最大速度	660 千米/时
最大航程	3105 千米
实用升限	10 000 米

机动性能

"零"式战斗机采用了 708 千瓦的气冷发动机，虽然相比于欧美同期产品并不出众，但由于机体较轻，空重 (21 型) 仅 1680 千克，时速达到了 660 千米。"零"式战斗机性能优势的最大来源就是轻，翼载极小，完全弥补了发动机动力的不足，而且保证了 2200 千米的超大航程。同时由于轻，"零"式战斗机还获得了 900 米/分的爬升速度。

日本百式司令部侦察机

百式司令部侦察机是日本三菱重工业设计并制造的一款飞机，是日本陆军二战期间的主要侦察机之一。

性能解析

百式司令部侦察机的防风镜与机体合二为一，这种流线型外表在当时相当先进，但也因此容易反光，影响视线，而且由于当时航空玻璃制作技术不成熟，挡风玻璃也常龟裂。虽然该飞机的速度在当时的日本军队中是最快的，但美国的新型飞机还是能超越它，不过这并不是因为其本身速度性能不足，而是两国使用的航空燃油品质有差距。

基本参数	
长度	11 米
翼展	14.7 米
高度	3.88 米
最大起飞重量	5800 千克
最大速度	604 千米 / 时
最大航程	2474 千米
实用升限	10 720 米

日本 Ki-100 战斗机

　　Ki-100 是战争末期日军实际投入使用并对美军构成严重威胁的战斗机之一，但这款战机并非是专门设计的，其实是 Ki-61 的改型。

性能解析

　　由于在地震和美军轰炸中川崎明石发动机厂被毁，新研制的 HA140 液冷发动机停产。当时一批准备安装 HA140 液冷发动机的 Ki-61 已经完成了机身，但无发动机可供装配，于是川崎公司用一批闲置的 HA112-2 空冷 970 千瓦发动机来取代 HA140 液冷发动机。1945 年 2 月 1 日试飞，结果发现使用空冷发动机后由于机体更轻，

基本参数	
长度	8.82 米
翼展	12 米
高度	3.75 米
最大起飞重量	3495 千克
最大速度	580 千米/时
最大航程	2200 千米

操纵性能和机动性得到了很大改善，格斗性能大大提高，速度也没有受到太大影响。于是日军将装 HA112 发动机的 Ki-61 称为 Ki-100 型，并给予"5式战斗机"的称号立即投产，1945 年 3 月至 8 月共生产了 396 架。

服役情况

　　Ki-100 在冲绳战役中首次参战，为神风队护航，在冲绳作战时日军仅 1 个装备 Ki-100 的中队，击落美军 F6F 战斗机 14 架，自身无一损失。看到 Ki-100 的实战表现，日军先是感到震惊，大喜之后则又懊恼无比，开始加速生产 Ki-100，但为时已晚。战争结束时，仅陆陆续续造出了 396 架，大约有 300 架交付给了部队。至于完成训练参战的数量不详，估计最多 200 架，所以没有对战局造成太大的影响。战后测试表明，Ki-100 对美军战机有很大的优势，只有"野马"在高空采取一些特殊的战术还可以抗衡 Ki-100，但对 Ki-100 也难以构成威胁。

第3章
海军舰船

　　战争形势的变化也促进了武器的发展，一战时期坦克发展迅猛，二战时期则主要集中在海上武装和军用飞机上。与坦克相比，海上舰船既能适应海上作战环境又具有更强的火力和防护能力，飞机又具有更好的机动性能和高度优势。

　　因此，以战列舰和航空母舰为主的水面战舰，以潜艇为主的水下战舰，在这一时期都得到了前所未有的发展。尤其是航空母舰，由一战时的从属地位逐渐取代战列舰成为现代远洋舰队的主力，在太平洋战场上起了决定性作用。战争期间，廉价的小型护航航空母舰也被大量建造，投入反潜护航作战中。

战列舰

战列舰又称战斗舰，是一种以大口径火炮的攻击力与厚重装甲的防护力为主要诉求的高吨位海军作战舰艇。这种军舰自 19 世纪 60 年代开始发展，直至二战中末期一直是各主要海权国家的主力舰种之一，因此在过去又一度被称为主力舰。

 美国"科罗拉多"级"西弗吉尼亚"号战列舰

"西弗吉尼亚"号于 1920 年 4 月开工，1921 年 7 月下水，1923 年 12 月开始服役。它属于"科罗拉多"级战列舰。

性能解析

"西弗吉尼亚"号参加了硫磺岛和冲绳岛的两栖作战。在这几场战斗中，"西弗吉尼亚"号的主要威胁是日本的"神风"自杀式飞机。1945 年 4 月，"西弗吉尼亚"号在冲绳海域的战斗中就曾被"神风"自杀飞机击中。在战争结束的前3天(1945年8月12日),"西弗吉尼亚"号还被日本的"回天"自杀鱼雷击中,但损伤并不严重。战争结束后,"西弗吉尼亚"号进入了东京湾,随后参加了运送士兵回国的任务。

服役情况

"西弗吉尼亚"号在1920年于纽波特纽斯造船厂建造,于1921年下水,在1923年服役。接着"西弗吉尼亚"号以训练为主,并参与多次舰队解难演习。1941年日本海军偷袭珍珠港,"西弗吉尼亚"号遭受重创,并沉没于港内。1942年海军打捞"西弗吉尼亚"号,将之带回美国维修,并顺便作现代化改装。1944年"西弗吉尼亚"号返回前线作战,并先后参与莱特湾海战、仁牙因湾战役、硫磺岛战役及冲绳战役,然后协助盟军在日本投降后占领当地,最后返国待命。1947年"西弗吉尼亚"号退役,并在1959年除籍出售拆解。

基本参数	
舰身长	190.2 米
舷宽	29.7 米
吃水深度	11.6 米
标准排水量	32 500 吨
航速	21 节
续航距离	8000 海里
舰员	1500 人

美国"田纳西"级"加利福尼亚"号战列舰

"加利福尼亚"号战列舰 (USS California BB–44) 是美军在 1921—1947 年间所使用的海上武器，在二战中共获得 7 枚"战斗之星"勋章。

性能解析

1940 年随着太平洋局势的升级，"加利福尼亚"号随太平洋舰队一起移驻珍珠港。1941 年 12 月 7 日，珍珠港事件爆发，"加利福尼亚"号被 3 枚鱼雷击中舰体，一颗炸弹引爆了舰上高射机枪的弹药舱。由于当时"加利福尼亚"号的水密舱没有完全关闭，致使舰艉沉入水中，但舰艏和上层建筑仍在水面上。此次袭击造成舰上 98 人丧生。

基本参数	
舰身长	190.3 米
舷宽	29.7 米
吃水深度	9.2 米
标准排水量	32 300 吨
航速	21 节
续航距离	9700 海里
舰员	1500 人

服役情况

"加利福尼亚"号在 1916 年于马尔岛海军造船厂建造，于 1919 年下水，在 1921 年服役。接着"加利福尼亚"号以训练为主，并参与多次舰队解难演习。1941 年日本海军偷袭珍珠港，"加利福尼亚"号遭到日军飞机重创，在数日后沉入港内。1942 年"加利福尼亚"号被重新打捞，然后返回美国本土维修，同时进行现代化改建。改建后"加利福尼亚"号先后参与马里亚纳群岛及帕劳战事和莱特湾海战，并在仁牙因湾战役中因遭"神风"特攻队自杀飞机击中，而要返国维修。1945 年"加利福尼亚"号短暂参与了冲绳战役，然后转道中国东海协助扫雷作业。战后"加利福尼亚"号参与盟军占领日本，然后返国待命。1947 年"加利福尼亚"号退役，并在 1959 年除籍出售拆解。

美国"宾夕法尼亚"级"亚利桑那"号战列舰

　　"亚利桑那"号战列舰 (USS Arizona BB-39) 于 1916 年 10 月服役。之后，它交替作为美国海军第 2、4、9 战列舰队的旗舰往返于美国东西海岸、加勒比海以及夏威夷之间实施训练任务。在 1941 年 12 月 7 日的珍珠港事件中，其不幸中弹沉没。

性能解析

　　1941 年，随着太平洋局势的紧张，太平洋舰队也不断加强训练。1941 年 12 月 4 日"亚利桑那"号与"内华达"号（"内华达"级战列舰一号舰）、"俄克拉荷马"号（"内华达"级战列舰二号舰）一起进行夜战训练。12 月 5 日，"亚利桑那"号返回珍珠港后停泊在"贞洁"号维修船内侧，12 月 7 日遭到日本舰队偷袭并沉没。

基本参数	
舰身长	185.3 米
舷宽	32.4 米
吃水深度	10.2 米
标准排水量	40 605 吨
航速	21 节
续航距离	7310 海里
舰员	1358 人

美国"内华达"级"内华达"号战列舰

　　"内华达"号（USS Nevada BB-36）是"内华达"级战列舰的一号舰，在二战中有着突出的表现。

性能解析

　　1927—1930 年，"内华达"号战列舰在诺福克海军造船厂进行了一次大规模的现代化改装。在这次改装中，它的整个上层建筑几乎全部重建，采用了新的三脚桅杆。原先设置在舷侧的10 门主炮被移到露天甲板上，前后各 5 门，还在舰桥、前桅杆两侧布置了 8 门 127 毫米高炮，后桅杆两侧也布置了 2 门 76 毫米高炮。船尾增加了飞机弹射器，舰宽加大到 33 米。

基本参数	
舰身长	177.8 米
舰宽	29.6 米
吃水深度	9.9 米
标准排水量	27 500 吨
航速	20 节
续航距离	15 700 海里
舰员	1300 人

服役情况

"内华达"级战列舰第一号舰"内华达"号于 1912 年 12 月开工，1914 年 7 月下水，1916 年 3 月服役。二号舰"俄克拉荷马"号于 1912 年 10 月开工，1914 年 3 月下水，1916 年 5 月服役。1930 年两舰进行中期改装，加宽舰体增加浮力和改善对鱼雷和水雷的防御能力，彻底改造舰桥和前后主桅，改装三脚主桅并增设桅楼。1941 年 12 月 7 日，日本海军偷袭珍珠港，"俄克拉荷马"号至少承受了 5 枚鱼雷和数枚小型炸弹的攻击，致使该舰倾覆沉没。而"内华达"号是港中唯一得以开动的战列舰，企图驶出港口，在日军第二波进攻中成为主要目标。为避免在港口出口沉没抢滩搁浅，其后在西海岸进行现代化改装，改建上层建筑，撤去全部旧式副炮，改装高平双用炮。战争中"内华达"号往来于太平洋和欧洲战区之间，参加了诺曼底战役、硫磺岛战役和冲绳岛战役。战争结束后，"内华达"号 1946 年参与比基尼岛原子弹的试验。1948 年 7 月作为靶船被击沉。

美国"新墨西哥"级战列舰

"新墨西哥"级是美国于 1914 年开始建造的战列舰，同级舰共 3 艘，分别是"新墨西哥"号 (New Mexico BB-40)、"密西西比"号 (Mississippi BB-41) 和"爱达荷"号 (Idaho BB-42)。

性能解析

与"宾夕法尼亚"级相比，"新墨西哥"级战列舰进行了一些较大的改进，采用飞剪形舰艏，提高在大浪中行驶时的稳定性（后来这种舰艏成为美国海军舰船的一种特征）。改用蒸汽轮机——发电机驱动电动机的动力装置，动力系统虽然有改进，但航速提高有限。改用 50 倍口径身管的 356 毫米主炮，主炮炮塔的布局与"宾夕法尼亚"级相同。

基本参数	
舰身长	190.3 米
舷宽	32.4 米
吃水深度	10.4 米
标准排水量	35 000 吨
航速	22 节
续航距离	12 750 海里
舰员	1930 人

服役情况

"新墨西哥"级战列舰同级舰有 3 艘，于 1917 年至 1919 年陆续服役。"新墨西哥"级战列舰在 20 世纪 30 年代改装中，拆除笼式主桅改建塔式舰桥，改良动力系统，并拆除部分旧式副炮，加装防空火炮。二战爆发时"新墨西哥"级均在大西洋舰队服役，1941 年"新墨西哥"号开始参加中立巡逻。珍珠港事件后，"新墨西哥"级战列舰于 1942 年先后调动到太平洋战区，1943—1944 年进行现代化改装。该级舰参加了太平洋战区的数次两栖作战，包括苏里高海峡夜战。"新墨西哥"号曾在冲绳岛战役中接任美国海军第五舰队司令雷蒙德·斯普鲁恩斯的旗舰。战争结束后，"密西西比"号 1946 年开始作为火炮、导弹靶船，1956 年退役后被拆毁。该级其他各舰于 1947 年被拆毁。

美国"北卡罗来纳"级战列舰

  "北卡罗来纳"级是美国海军根据第二次伦敦海军条约于 1937 年完成设计的一种新型战列舰。同级舰共 2 艘:"北卡罗来纳"号和"华盛顿"号。

性能解析

  1942 年 8 月,美军在瓜达尔卡纳尔岛登陆,"北卡罗来纳"号成为当时为美国快速航空母舰舰队护航的唯一一艘战列舰。1942 年 11 月 14 日,"华盛顿"号在第二次瓜达尔卡纳尔海战中,利用雷达的引导攻击日本海军"雾岛"号战列舰,命中其 9 枚 406 毫米炮弹,迫使其自沉于瓜岛水域。1944 年,"华盛顿"号在一次碰撞事故中舰艏被撞毁并更换了新舰艏。

基本参数	
舰身长	222 米
舷宽	32.98 米
吃水深度	11.6 米
标准排水量	35 000 吨
航速	25 节
续航距离	16 320 海里
舰员	1880 人

服役情况

太平洋战争爆发后，1942 年"北卡罗来纳"级两舰相继加入美国海军太平洋舰队。1942 年 8 月美军在瓜达尔卡纳尔岛登陆，"北卡罗来纳"号成为当时为美国快速航空母舰舰队护航的唯一一艘战列舰。1942 年 11 月 14 日，"华盛顿"号在第二次瓜达尔卡纳尔海战中，利用雷达的引导攻击日本海军"雾岛"号战列舰，命中其 9 枚 16 英寸炮弹，迫使其自沉于瓜岛水域（也有记录称"雾岛"号是因为无法控制进水而被击沉）。1944 年"华盛顿"号在一次碰撞事故中舰艏被撞毁并更换了新舰艏。在太平洋战争期间，"北卡罗来纳"级两舰参加了大部分重大战斗，主要为航空母舰舰队提供防空火力保护，以及沿岸炮击行动。

"北卡罗来纳"号于 1947 年退役，并在 1960 年除籍。在民间组织筹募足够经费后，海军在 1961 年将"北卡罗来纳"号捐赠到北卡罗来纳州威尔明顿作为博物馆舰。"华盛顿"号也于 1947 年退役，并在 1960 年除籍，最后于 1961 年出售拆解。

美国"怀俄明"级战列舰

"怀俄明"级是二战中美国海军现役最老旧的一级战列舰（训练舰除外），共建 2 艘："怀俄明"号、"阿肯色"号。

性能解析

"怀俄明"级安装 12 门 305 毫米主炮，6座炮塔采用成对背负式的方式布置，使得暴风对舰体上层建筑影响较小。当时，英国已经开始建造"超无畏"级战列舰，美国海军曾考虑是否安装 356 毫米主炮，但由于从未装备过这种口径，需要重新设计、试验，最后经过慎重考虑，还是按照原计划安装 305 毫米主炮，并加强了防御装甲。

基本参数	
舰身长	171.29 米
舷宽	28.4 米
吃水深度	8.4 米
标准排水量	26 000 吨
航速	20.5 节
续航距离	14 000 海里
舰员	1100 人

服役情况

"怀俄明"级战列舰在 1910 年于费城的克雷普父子造船厂建造，于 1911 年下水，在 1912 年服役。接着"怀俄明"级主要在大西洋执勤，并在 1914 年支援美国在坦皮科事件后入侵韦拉克鲁斯。美国参与一战后，"怀俄明"级被派到英国海域，加入英国本土舰队，主要负责护航任务。

战后"怀俄明"级恢复日常训练，并参与多次舰队解难演习。1930 年"怀俄明"级按伦敦海军条约解除大部分武装，并在同年退役，改装为训练舰。1931 年"怀俄明"级改装完毕后，继续参与海军演习及训练。1941 年美国正式参与二战后，"怀俄明"级安装了不同种类的火炮，并频于切萨皮克湾训练炮手，为海军培训了大量优秀兵源。1945 年 6 月"怀俄明"级再次进入船厂改装，拆除剩余的 12 门舰炮，然后调给威利斯·李中将在美国设立的特遣舰队，研发反神风特攻队战术。日本投降后，"怀俄明"级则改为火控系统的测试平台。1947 年"怀俄明"级退役除籍，并在同年出售拆解。

美国"纽约"级战列舰

"纽约"级是美国海军在"怀俄明"级的基础上改进而来的新型战列舰，共建 2 艘："纽约"号 (New York BB-34) 和"得克萨斯"号 (Texas BB-35)。

性能解析

20 世纪初期，美国"怀俄明"级战列舰装备的是 305 毫米主炮，而当时世界主要海军强国的战列舰都已经装备更大口径的主炮。这使美国海军感到不安，于是决定用新式 356 毫米主炮装备建造中的"纽约"级。因此，尽管"纽约"级的主炮炮塔 (中部) 比"怀俄明"级少 1 座，但全舰火力更强。

基本参数	
舰身长	174.4 米
舷宽	32.4 米
吃水深度	9.6 米
标准排水量	27 000 吨
航速	21 节
续航距离	9605 海里
舰员	1314 人

服役情况

"纽约"号在 1911 年于布鲁克林造船厂建造，于 1912 年下水，在 1914 年服役。接着"纽约"号支援美国在坦皮科事件后入侵韦拉克鲁斯。美国参与一战后，"纽约"号被派到英国海域，加入英国本土舰队，主要负责护航任务。

战后"纽约"号恢复日常训练，并参与多次舰队解难演习，又曾在 1925 年进行现代化改建。1941 年美国参与二战前，"纽约"号已参与到欧洲的中立巡航任务，掩护商船前往英国。美国对日宣战后，"纽约"号曾在北非战役中负责炮火支援，但大部分时间均在北大西洋及地中海海域进行护航。1945 年"纽约"

号调到太平洋舰队，并先后参与硫磺岛战役及冲绳战役，期间曾遭神风特攻队自杀飞机击中。战后"纽约"号参与魔毯行动，运载美军返国。1946 年 7 月"纽约"号被编入十字路口行动核试的靶舰，虽在 2 次核试中损伤轻微，却遭到严重的辐射污染。同年 8 月"纽约"号退役，并在 1948 年 7 月被海军用做靶舰被击沉。

英国"伊丽莎白女王"级战列舰

"伊丽莎白女王"级是英国皇家海军中最为出众的战列舰，共建造了 5 艘："伊丽莎白女王"号、"厌战"号、"巴勒姆"号、"刚勇"号和"马来亚"号。该级舰在两次世界大战中都屡立功勋，尤其是"厌战"号，可以说是英国最为著名的战列舰。

性能解析

为了巩固在战列舰火力方面的优势地位，英国皇家海军在"伊丽莎白女王"级上安装 381 毫米主炮，取代原先的 343 毫米主炮。由于主炮重量较大以及威力提升，所以"伊丽莎白女王"级比以往英国建造的"无畏舰"减少了主炮数量，双联装主炮炮塔采用艏艉对称布置。减少 1 座主炮炮塔节省下来的舰体空间和重量，被用来加强动力系统、提高防御装甲的厚度。

服役情况

"伊丽莎白女王"级各舰在 1915—1916 年间相继服役。二战中该级舰被广泛使用，战争前期该级舰长期在地中海海域作战。尤其是"厌战"号多次受创伤而最终安然无恙，成为二战中英国海军的传奇战舰。即使是现代化改装项目较少的"马来亚"号也曾经阻挡过德国"沙恩霍斯特"号和"格奈森瑙"号对英国舰队的袭击。

基本参数	
舰身长	195 米
舷宽	27.4 米
吃水深度	9.2 米
标准排水量	32 468 吨
航速	25 节
续航距离	8600 海里
舰员	1124 人

1940 年 7 月，"厌战"号在地中海卡拉布里亚海战中，命中 26 400 码外的意大利战列舰，这是经确认的战列舰最远距离炮击命中纪录。1941 年 3 月马塔潘角海战中，以"厌战"号、"刚勇"号、"巴勒姆"号为首的英国舰队夜战中击沉了意大利 3 艘重巡洋舰。1941 年"马来亚"号、"厌战"号先后受创，根据租借法案开往美国（美国尚未参战）修理。"巴勒姆"号 1941 年 11 月在地中海被德国潜艇发射 3 枚鱼雷击中沉没。

在太平洋战争爆发后，1942 年 1 月"厌战"号一度加入英国远东舰队成为旗舰。1941 年 12 月，"伊丽莎白女王"号和"刚勇"号在亚历山大港内遭到意大利海军袭击坐沉海底，打捞修复后于 1943 年先后加入英国远东舰队参加对日本作战。1943 年"厌战"号、"刚勇"号参加了在西西里岛与意大利本土的登陆战役，9 月"厌战"号在萨莱诺被无线电遥控滑翔炸弹击中丧失了战斗力。1944 年 6 月，"厌战"号、"马来亚"号参加了诺曼底登陆战役。

战争结束之后，"伊丽莎白女王"级战列舰于 1947—1948 年相继退役解体。

英国"纳尔逊"级战列舰

"纳尔逊"级是英国于1927年开始建造的战列舰,共建造了2艘:"纳尔逊"号、"罗德尼"号。前者以英国海军上将、特拉法尔加海战的英雄霍雷肖·纳尔逊命名,后者以英国海军上将乔治·布里奇斯·罗德尼命名。

性能解析

"纳尔逊"级采用平甲板舰型,不再是以往英国战舰常用的艏楼舰型。根据日德兰海战的经验教训着重提升装甲防护水平,首次采用倾斜布置水线装甲带,是当时舷侧装甲最厚的战舰。

服役情况

基本参数	
舰身长	216.5 米
舷宽	32 米
吃水深度	10 米
标准排水量	33 950 吨
航速	23 节
续航距离	7000 海里
舰员	1640 人

2艘"纳尔逊"级战列舰于1927年完工。"纳尔逊"级战列舰与日本的2艘"长门"级战列舰、美国的3艘"科罗拉多"级战列舰等7艘拥有最大口径火炮的战列舰,被各国海军人士称为"七巨头"。二战时,除"罗德尼"号参加了围歼德国"俾斯麦"号战列舰的海战外,该级舰大多是执行护航和为登陆行动提供火力支援的任务。1944年"纳尔逊"号参加了诺曼底登陆战役。1945年"纳尔逊"号开赴印度洋参加针对日本的作战行动,"纳尔逊"号见证了日军在印度尼西亚群岛的受降行动。战后,2艘"纳尔逊"级战列舰先后退役拆解。

英国"复仇"级战列舰

　　"复仇"级是英国于1913年开始建造的战列舰,最终建成5艘:"复仇"号、"皇家橡树"号、"君权"号、"决心"号和"拉米利斯"号。

性能解析

　　在布局和武备上,"复仇"级与"伊丽莎白女王"级基本相同,舰体长度缩短,防护略有改进,采用单烟囱,出于对战时石油供应的担忧,动力系统在设计阶段改回燃煤型锅炉,此举遭到1914年重新担任海务大臣的费舍尔的强烈反对,虽然重新修改,但锅炉舱空间设计狭窄,致使航速相对"伊丽莎白女王"级减低。此外,"拉米利斯"号在建造过程中舰体首次安装了附加防鱼雷隔舱。

基本参数	
舰身长	190.3 米
舷宽	31.2 米
吃水深度	9.2 米
标准排水量	28 150 吨
航速	21.5 节
续航距离	7500 海里
舰员	940 人

服役情况

　　"复仇"级在一战中相继服役,"复仇"号、"皇家橡树"号参加了日德兰海战。由于经费的限制,在两次世界大战之间"复仇"级未如"伊丽莎白女王"级那样的大规模现代化改装,到二战爆发前只进行了小规模的改装。1939年10月"皇家橡树"号在斯卡帕湾锚地被潜入的德国U47号潜艇击沉。1942年"复仇"级编入英国海军东方舰队抵御日本海军在印度洋的发动攻势。"拉米利斯"号在马达加斯加岛遭日本微型潜艇攻击而搁浅，后被修复。1944年由于战争局势缓和"复仇"级转为预备役。"拉米利斯"号用于火力支援任务参加了诺曼底登陆。"君权"号1944年租借给苏联，改名"阿尔汗格尔斯克"号，1949年归还英国。战争结束后于1948—1949年相继退役解体。

法国"敦刻尔克"级战列舰

"敦刻尔克"级是法国于1926年开始建造的一款战列巡洋舰，同级舰2艘：
"敦刻尔克"号和"斯特拉斯堡"号。

性能解析

"敦刻尔克"级的主炮是2座四联装330毫米火炮，全部布置在舰桥之前。这种布局减小了主炮塔总重量和重装甲防护区域，舰艏面对敌舰时可发挥全部主炮火力。但后方火力非常薄弱，火力损失概率较大。而且会导致船体重心前移，影响船型设计。舰体尾部布置了四联装副炮以及舰载飞机机库。这是首次在设计战舰时计划携带飞机以及存放飞机的机库。

基本参数	
舰身长	214米
舷宽	33米
吃水深度	9.6米
标准排水量	26 500吨
航速	29.5节
续航距离	7500海里
舰员	1430人

服役情况

"敦刻尔克"号1931年12月开工，1937年4月完工。"斯特拉斯堡"号1934年11月开工，1938年12月完工。二战中法国战败后，英国为了防止法国舰队被轴心国利用，对法国舰队发动攻击。1940年7月在阿尔及利亚的米尔斯克比尔港，"敦刻尔克"号被英国海军重创并搁浅在港内，"斯特拉斯堡"号则躲过英国海军的攻击，逃抵法国土伦港。经过维修，"敦刻尔克"号于1941年2月返回土伦港。1942年11月27日，"敦刻尔克"号与"斯特拉斯堡"号为避免被德国占领军俘获，全部在土伦港内自沉。

法国"黎塞留"级战列舰

　　"黎塞留"级是法国于 20 世纪 30 年代末期建造的战列舰，共 3 艘："黎塞留"号、"让·巴尔"号和"克莱蒙梭"号。

性能解析

　　"黎塞留"级战列舰，其作战思想就是在地中海能与意大利主力舰或者英国地中海分舰队决战，同时能进行护航、破交和对陆火力支援、压制任务。基于此，它在设计上具有以下特点：具有高航速，但续航力不作过高要求；具有足以对付意大利新型战列舰的主炮；具有较强的水平装甲带，还有较强的对空防护能力。

基本参数	
舰身长	248 米
舷宽	33 米
吃水深度	9.9 米
标准排水量	38 500 吨
航速	32 节
续航距离	5000 海里
舰员	1670 人

服役情况

　　"黎塞留"号于 1935 年动工，"让·巴尔"号于 1936 年动工，德国入侵法国时只有"黎塞留"号基本建成，"让·巴尔"号还在舾装阶段，仅安装了 1 个主炮塔，"克莱蒙梭"号建造进度更是只有 10%，最后则被盟军炸毁。法国战败投降时两舰均驶往法属北非的港口。"黎塞留"号在法国维希政府海军服役，屡遭盟军攻击，后 1942 年 11 月盟军攻占北非，"黎塞留"号加入盟军，1943 年驶抵美国进行改装，装备大量的美制高炮。1944 年加入英国远东舰队参加对日本的作战行动至战争结束，期间还参加了日本投降签字仪式。战后，1960 年退役并在 1967 年除籍解体。"让·巴尔"号 1942 年 11 月在卡萨布兰卡港被美国海军"马萨诸塞"号战列舰及俯冲轰炸机重创，战后返回法国继续建造。1950 年完工，是世界上最后完工的战列舰。1956 年参加英、法占领苏伊士运河的军事行动为英法联军提供火力支援。最后在 1970 年除籍解体。

 # 德国"俾斯麦"级战列舰

　　"俾斯麦"级是德国建成的最大的主力战列舰，同级舰 2 艘："俾斯麦"号和"提尔皮茨"号。

性能解析

　　"俾斯麦"级设计上的主要瑕疵是防空火力不足。这主要是因为德国人在高平两用炮的研制上进展缓慢，因此不得不在"俾斯麦"级上安装大量的152.4 毫米副炮及 105 毫米高炮，占用了很大甲板空间。而同时期英国人建造的战列舰上使用了 127 毫米高平两用炮，既可用于水面作战，也可用于防空，这样可以节省空间以安装更多的高炮。

基本参数	
舰身长	251 米
舰宽	36 米
吃水深度	9.6 米
标准排水量	41 700 吨
航速	31.5 节
续航距离	8525 海里
舰员	2092 人

服役情况

　　1941 年 5 月 19 日，新服役的"俾斯麦"级"俾斯麦"号首次出航，前往大西洋破坏英国海运航线。皇家海军调遣"胡德"号战列巡洋舰和"威尔士亲王"号战列舰拦截。战斗仅仅进行了 7 分钟，"俾斯麦"号的穿甲弹幸运地击中并且穿透了"胡德"号的舰尾"Y"主炮的弹药舱，引发了大爆炸，"胡德"号舰体迅速爆炸进而断裂沉没。"威尔士亲王"号随后受到"俾斯麦"号火力重创，导致航速下降、燃油流失、舰桥人员大部分死伤。英国随后调遣皇家海军的近一半舰只前来围击。5 月 27 日，"俾斯麦"号被英国"皇家方舟"号航空母舰的舰载鱼雷机打坏船舵，无法操舵。由英王"乔治五世"号及"罗德尼"号战列舰组成的本土舰队次日赶到，群起围攻。"俾斯麦"号在战斗中被大量 406.4 毫米及 355.6 毫米穿甲弹击中。该舰的上层结构几乎全被摧毁，但船体仍大致完好。英国"多塞特郡"号重巡洋舰向"俾斯麦"号发射了鱼雷。"俾斯麦"号随后沉没于距法国布雷斯特以西 400 海里的水域。坐镇指挥"俾斯麦"号的德国海军上将刚瑟·吕特晏斯随舰阵亡。

自从 1942 年"俾斯麦"级二号舰"提尔皮茨"号建成后就一直隐藏在挪威的峡湾中，严重威胁盟军北极航线并吸引了盟国大量的海军兵力。1942 年，"提尔皮茨"号带领 1 艘重巡洋舰和 10 艘驱逐舰对 PQ17 护航队（包括 40 艘商船、12 艘护航巡洋舰和驱逐舰，以及在后方掩护的 1 艘航空母舰和 2 艘战列舰）的攻击时，英国海军在得到"提尔皮茨"号出击的消息后下令船队解散，护航战舰全数撤退。致使 PQ17 护航队遭到毁灭性打击，75% 以上船只和物资沉没。后英国海空军动用重型轰炸机、袖珍潜艇、航空母舰舰载飞机多次发动袭击都未能将其击沉。直到 1944 年 11 月 12 日被英国皇家空军使用重型轰炸机携带专门研制的 5500 千克的"高脚柜"重型炸弹将其炸沉。

德国"沙恩霍斯特"级战列巡洋舰

"沙恩霍斯特"级是德国设计并建造的一款大型主力战列巡洋舰，同级舰2艘："沙恩霍斯特"号和"格奈森瑙"号。

性能解析

1942年，"沙恩霍斯特"级2舰同"欧根亲王"号重巡洋舰一起通过英吉利海峡返回德国，但相继被水雷炸伤。之后，其中"沙恩霍斯特"号修复后北上挪威海域，1943年12月25日，"沙恩霍斯特"号出航攻击盟国的护航运输队，却遭到英军集中攻击，被击沉。而"格奈森瑙"号修理完毕，准备出海前往挪威，但英国轰炸机使其再次受创。该舰只好长时间待在船厂，最后变成了一艘毫无用处的废船，被作为障碍船沉没于格丁尼亚港。

基本参数	
舰身长	235 米
舷宽	30 米
吃水深度	9.93 米
标准排水量	31 500 吨
航速	32 节
续航距离	10 100 海里
舰员	1968 人

服役情况

"沙恩霍斯特"级2艘军舰均在1935年开工建造，在1936年年末下水，在1939年早期进入纳粹德国海军服役。"沙恩霍斯特"号和"格奈森瑙"号姊妹舰在二战前期一起执行过多次行动，包括对英国商船队的一系列攻击和入侵挪威的行动。在行动期间，两舰曾与英国皇家海军"声望"号战列巡洋舰交战，并于1940年6月8日击沉英国皇家海军"光荣"号航空母舰，在对"光荣"号的攻击中，该级军舰创下了在最远距离上击中敌舰的纪录。在1942年，"沙恩霍斯特"级2舰同"欧根亲王"号重巡洋舰在"瑟布鲁斯"行动中一起通过英吉利海峡返回德国。

在1942年后期，"格奈森瑙"号在盟军袭击基尔港的行动中严重受损。在1943年早期，"沙恩霍斯特"号在挪威与"俾斯麦"级战列舰"提尔皮茨"号一同袭击了盟军给苏联运送物资的补给线。在北角海战中，皇家海军"约克公爵"号战列舰击沉了"沙恩霍斯特"号战列巡洋舰。与此同时，"格奈森瑙"号的大修工作也开始进行。但是，在其姊妹舰被击沉后，该舰的修复工作也被搁置。最终，"格奈森瑙"号被当作封锁用船舶凿沉于格丁尼亚港。

意大利"维托里奥"级"利托里奥"号战列舰

"维托里奥"级是意大利建造的一款战列舰，同级有"维托里奥·维内托"号和"利托里奥"号。另外,还有2艘改进型:"罗马"号和"因佩罗"号(未完工)。

性能解析

"维托里奥"级战列舰续航力相对较小，安装了大功率动力装置使航速可以达到30节。舰体舷侧主装甲带采用倾斜布置，特别设计了水下舷侧防护系统——"普列塞系统"(一种圆筒形的防鱼雷系统)。3座三联装主炮塔，在舰体前部呈背负式安装2座，舰体后部安装1座。装备50倍口径381毫米主炮，具有射程远和威力大的特点，但是主炮身管容易磨损严重，寿命比较低。

基本参数	
舰身长	240.7 米
舷宽	32.9 米
吃水深度	10.44 米
标准排水量	41 177 吨
航速	30 节
续航距离	3920 海里
舰员	1960 人

服役情况

"维托里奥"级首舰"维托里奥"号于1934年始建，1940年建成服役。1940年11月11日在二战中英国海军空袭塔兰托，"利托里奥"号遭重创搁浅。1941年3月马塔潘角海战，"维托里奥"号被英国海军的鱼雷击伤。1942年之后由于燃油危机，"维托里奥"号及其姊妹舰一直待在港口里，直到意大利投降。意大利投降以后，"利托里奥"号改名为"意大利"号，被西方盟军接收。1943年9月9日驶往盟军控制的马耳他岛的途中，被德国空军使用弗里茨X无线电制导炸弹击伤。同行的"罗马"号也被弗里茨X无线电制导炸弹命中，弹药库发生爆炸而沉没。幸存的"维托里奥"级战列舰战后被拆毁。

日本"大和"级战列舰

"大和"级是日本于 20 世纪 40 年代初期建造的战列舰，是该国海军中最著名的战列舰，也是二战中最大的战列舰。

▶ 性能解析

"大和"级以其装备的 9 门 460 毫米巨型主炮闻名于世，是当时口径最大的战列舰主炮，主炮炮弹单枚重 1460 千克。三联装主炮炮塔的旋回部分重约 2700 吨，相当于当时驱逐舰的排水量。三联装 155 毫米副炮是最上级巡洋舰改装时拆卸下来的。

基本参数	
舰身长	263 米
舷宽	38.9 米
吃水深度	10.4 米
标准排水量	65 000 吨
航速	27 节
续航距离	10 000 海里
舰员	2300 人

"大和"级重视防护，是当时装甲最厚重的战列舰，侧舷水线装甲厚度 410 毫米，拥有 20° 的倾斜角，2 层水平装甲厚度合计超过 250 毫米，炮塔正面装甲厚度 650 毫米，要害部位的装甲防护极强。

"大和"级安装 4 座蒸汽轮机，蒸汽压力 25 千克/平方厘米，蒸汽温度 325℃，最高输出功率 112 407 千瓦，最高航速 27.46 节(试航状态)，最大续航力 10 000 海里(16 节)(最大重油装载量 6300 吨)。"大和"级还装有 8 座发电机，总功率为 4800 千瓦。"大和"级动力系统的效率甚至都比不上"翔鹤"级航空母舰采用的主机。但是正如前所述，由于球鼻形舰艏的缘故，该舰阻力小，因而达到了设计所要求的 27 节航速。

驱逐舰

在二战中，驱逐舰虽然在作战用途上还不是非常的重要，也未被交战国过多地重视。但是在战争中，它们也发挥了不少作用。

英国"部族"级驱逐舰

"部族"级是二战中英国海军最著名的一级驱逐舰，其设计目的是对抗其他国家的大型驱逐舰，如日本的"吹雪"级。

性能解析

虽然"部族"级比以前建造的舰队驱逐舰体积更大、武备更强，但在实际使用时和普通驱逐舰的做法没什么两样。"部族"级驱逐舰自 1938 年开始服役，长年奋战在艰苦的第一线。在英国海军中服役的 16 艘"部族"级，战争结束时只剩下 4 艘。

"部族"级驱逐舰舰桥顶部设有标准的驱逐舰型指挥控制塔 (DCT)，主要用作对海 / 陆火力指挥。该塔同时也装有测距仪，在对海 / 陆攻击时，测距仪仅仅用作测距，而在对空射击时则同时担负测距和瞄

基本参数	
舰身长	115.06 米
舷宽	11.13 米
吃水深度	3.34 米
标准排水量	1959 吨
航速	35.5 节
舰员	190 人

准射击工作。动力装置为 3 座海军型三锅筒式锅炉，分装在 3 个锅炉舱中。锅炉舱之后隔着一重防水，隔壁是机舱，2 台帕森斯齿轮传动式蒸汽轮机能够为两轴螺旋桨提供 32 810 千瓦的功率，使军舰达到设计的 36 节最高航速，在最恶劣的海况下航速也能达到 32.5 节左右。

美国"弗莱彻"级驱逐舰

　　"弗莱彻"级是美国二战中最著名的驱逐舰，它组成了二战中后期美国海军驱逐舰队的主力。

性能解析

　　为了与航母、巡洋舰编队一起活动，"弗莱彻"级驱逐舰采用 4 台"考克斯"式重油焚烧锅炉和 2 台通用电气公司生产的高性能汽轮机，优于当时日、德、英等国使用的产品，总功率 44 130 千瓦，最高航速 37.8 节，实际使用中最高为 35 节，续航力 3750 海里 (14 节)，燃料搭载量 492 吨。

基本参数	
舰身长	114.76 米
舷宽	12.04 米
吃水深度	5.5 米
标准排水量	2500 吨
航速	35 节
续航距离	3750 海里
舰员	353 人

服役情况

　　"弗莱彻"级于 1942 年服役，在二战中共损失 25 艘，其中 19 艘被击沉，另 6 艘损坏过于严重难以修复。在退役后，许多"弗莱彻"级经过现代化改装，继续在盟国海军执行勤务，最后退役的一艘是墨西哥海军"Cuitláhuac"号，于 2001 年退役，于 2010 年解体。

美国"埃瓦茨"级护航驱逐舰

"埃瓦茨"级驱逐舰是美国海军在二战期间建造的护航驱逐舰。

性能解析

"埃瓦茨"级的主炮为 3 门 76.2 毫米单管炮，防空武器包括 1 门四联装 27.9 毫米防空炮（或 1 门双联装 40 毫米博福斯机关炮），9 门 20 毫米厄利空单管机关炮。反潜武器为 2 座深水炸弹投掷槽，8 座深水炸弹投掷器，1 门刺猬弹发射炮。由于蒸汽轮机供不应求，因此，"埃瓦茨"级改用柴油机作为动力。

服役情况

"埃瓦茨"级同时在美国海军和英国皇家海军开始服役，但英国皇家海军将其重新定级为护卫舰，而非原来的护航驱逐舰。该级舰有很高的干舷，不易上浪，而且不很灵活，因而加剧了横摇。战争结束后，在英国服役的"埃瓦茨"级除已沉没的外全部归还美国。

基本参数	
服役时间	1943—1945 年
同级数量	97 艘
满载排水量	1360 吨
全长	88.2 米
全宽	10.7 米
吃水深度	2.7 米
最高航速	21.5 节
续航距离	4350 海里
舰员	156 人

美国 "艾伦·萨姆纳" 级驱逐舰

"艾伦·萨姆纳" 级驱逐舰是 "弗莱彻" 级驱逐舰的增大型，堪称美国在二战中建造的最好的驱逐舰。

性能解析

"艾伦·萨姆纳" 级的战斗半径比以往任何一级驱逐舰都大。该级原计划建造 70 艘，其中有 12 艘在建造过程中改为快速布雷舰，还有 3 艘是在二战结束后才完工的。"艾伦·萨姆纳" 级驱逐舰装有 3 门 Mk32 双联装 127 毫米高平两用炮，2 座五联装 533 毫米鱼雷发射管（部分舰只减少为 1 座）。

服役情况

基本参数	
服役时间	1943—1975 年
同级数量	58 艘
满载排水量	3515 吨
全长	114.8 米
全宽	12.5 米
吃水深度	5.8 米
最高航速	34 节
续航距离	11 100 海里
舰员	363 人

"艾伦·萨姆纳" 共建造 70 艘（其中 12 艘在建造过程中改为快速布雷舰），当中有 3 艘是在战后才完工的。20 世纪 60 年代初，有 33 艘 "艾伦·萨姆纳" 级进行了现代化改装，可搭载反潜直升机。1975 年，该级全部退役，有一大部分转入其他国家的海军。

巡洋舰

巡洋舰是战舰大家族中较为古老的舰种，但是因为其防护能力和火力配置，其在二战中并未发挥主要的作用，但是作为一款武器总会有其用武之地。

美国"巴尔的摩"级巡洋舰

"巴尔的摩"级是美国海军在二战中建造的重型巡洋舰，也是美国摆脱海军军备条约限制后最先建造的、在武装和防护上比较合理的重型巡洋舰。

由于战争初期美军对轻型巡洋舰的需求更为紧迫，本级舰的建造有少许拖后。直到 1943 年 4 月，第一艘"巴尔的摩"级才入役，装备有 3 座三联装 203 毫米主炮，并安装了服役不久的双联装 127 毫米副炮和无线电近爆引信 (VT) 炮弹。受益于其庞大的舰体和充足的火力，本级舰的防空能力仅次于快速战列舰。因此本级舰服役后，多半用于快速航母舰队的护航。

基本参数	
舰身长	205.3 米
舰宽	21.6 米
吃水深度	7.3 米
标准排水量	14 500 吨
航速	33 节
续航距离	7900 海里
舰员	1085 人

 服役情况

　　"巴尔的摩"级完工后大多服役于太平洋战场，并参加了二战后期的大部分战役。14艘同级舰中仅"堪培拉"号在1945年的台湾冲航空战中被一条航空鱼雷命中而受伤。其中"昆西"号多数于欧洲海域服役，参加了支援法国北部和南部的登陆，并承担了运送富兰克林·罗斯福总统前往欧洲参加两次重要会议的任务。二战后，该级舰大多于20世纪50年代退役，少数服役到20世纪80年代。

美国 "克利夫兰" 级巡洋舰

　　"克利夫兰"级是美国海军在二战前设计的轻型巡洋舰，并参与了二战开战，是美国在此次战争中参战最多的巡洋舰。

性能解析

　　在舰体结构方面，"克利夫兰"级巡洋舰使用了先进的独立防水隔舱，舷部隔舱宽度小、容积小，没有专门贯通全舰的电缆通道。这样在舰体破损后海水向全舰范围内的漫延速度和范围就会大大缩小，舰体水密性较好，对鱼雷的防护能力比较好。另外，该级舰有较高

基本参数	
舰身长	186 米
舷宽	20.2 米
吃水深度	7.5 米
标准排水量	11 800 吨
航速	32.5 节
续航距离	11 000 海里
舰员	1258 人

的干舷，所以有较大的储备浮力。同时水平方面的防护效果也比较理想，再加上火力强大，综合作战能力很高，因此得到了很大发展，生产了大量同型舰。

 服役情况

"克利夫兰"级使用了先进的独立防水隔舱，因而在对鱼雷、水平的防护方面比较优秀，再加上火力强大。因此，该级舰经常作为快速航母编队的成员参加战斗。该级舰没有击沉记录，战后于 1979 年 12 月全部退役。

美国"奥马哈"级巡洋舰

"奥马哈"级是美国于一战后设计并于战后制造的巡洋舰，它的主要使命是作为主力（战列舰）舰队的先遣舰，率领驱逐舰进行战前侦察行动，以便为主力舰队提供可靠的情报。

 性能解析

"奥马哈"级巡洋舰标准排水量大约 7162 吨，使用大马力的发动机，使其拥有 34 节以上的航速，这可以使它与驱逐舰部队密切配合。"奥马哈"级巡洋舰有庞大的储油量，使它有持久的作战能力。而它所装备的 152 毫米火炮、533 毫米鱼雷，足可应付任何阻止其行动的敌方驱逐舰。当太平

基本参数	
舰身长	167.8 米
舷宽	16.9 米
吃水深度	6.1 米
标准排水量	7162 吨
航速	34 节以上
续航距离	8460 海里
舰员	800 人

洋战争爆发后，"奥马哈"级巡洋舰虽然是旧式舰，但性能良好，经过现代化改装，也能上战场杀敌。

服役情况

"奥马哈"级巡洋舰全部参加了二战，由于多数没参加一线作战，所以没有一艘被击沉。多数用来执行海岸巡逻、运输、护航等任务。珍珠港事件中，有两艘"奥马哈"级巡洋舰在珍珠港停泊："底特律"号 (CL-8 Detroit) 和"罗利"号 (CL-7 Raleigh) 均在港里，而"罗利"号被一条鱼雷击中，险些沉没，后经修理重新投入使用。所有"奥马哈"级巡洋舰都在战后退役并拆毁。

美国"阿拉斯加"级巡洋舰

"阿拉斯加"级是美国于 20 世纪 30 年代开始建造的一款巡洋舰。二战爆发后，它在战场上起到了不小的作用。

性能解析

"阿拉斯加"级配备了强大的防空火力，包括 56 门 40 毫米四联装博福斯高炮以及 34 门 20 毫米厄利空高炮，组成了严密的防空火力网，同时还可以向其他军舰提供防空火力支援。此外，"阿拉斯加"级还搭载 4 架柯蒂斯 SC-1 水上飞机，作为侦察机和弹着点观测机使用。

基本参数	
舰身长	246.3 米
舷宽	27.6 米
吃水深度	9.2 米
标准排水量	27 000 吨
航速	33 节
续航距离	11 350 海里
舰员	1517 人

总体设计

"阿拉斯加"级是战列舰和重巡洋舰的混合体，采用了平甲板舰型和球鼻首，中甲板为强力甲板，具有战列舰式的指挥塔，而水上飞机机库位置却还是巡洋舰形式的。

机动性能

"阿拉斯加"级巡洋舰的主动力装置重达 3533 吨，包括 4 台通用电气公司生产的柯蒂斯复速级冲动式高温高压蒸汽轮机和 8 座 B & W 单烟道燃油锅炉；

为了增强军舰的抗沉性，每座锅炉和轮机都布置在独立的水密隔舱内，且锅炉舱和轮机舱交错布局，进一步提高了动力系统的生存力。推进装置 4 轴 4 桨、单平衡舵。在 1944 年 11 月的试航中，依靠主机发出 127 836 千瓦的强大功率，33 678 吨的"阿拉斯加"号达到了 33.148 节的最大航速。辅机是 4 台单台功率 1250 千瓦、工作电压 450 伏的三相交流汽轮发电机组，另有 4 台单台功率 850 千瓦的应急柴油发电机组。

装甲防护

"阿拉斯加"级的防护装置全重 4796 吨，侧舷主装甲带厚 241 毫米，并有 10° 倾斜角；露天甲板敷设有 35 毫米高强度钢板，主水平装甲厚 82 毫米，内侧有 1 层 25 毫米防破片隔板；指挥塔侧面和顶部分别厚 228 毫米和 102 毫米。

 ## 意大利"扎拉"级巡洋舰

"扎拉"级是意大利在二战中建造并服役的一级重型巡洋舰，该级共 4 艘："扎拉"号、"阜姆"号、"波拉"号和"戈里齐亚"号。

性能解析

"扎拉"级的动力设备是意大利巡洋舰中最有特色的。该级一共安装了 5 台大型锅炉、3 台小型锅炉（"阜姆"号安装了 8 台亚罗式，其余 3 艘安装的都是桑尼克罗夫特式）和 2 台帕森斯式主机，分别设置在 8 个空间大小一样的独立锅炉室和 2 个主机舱内。

锅炉和主机都提升了性能。锅炉输出过热蒸汽压力 25 千克／平方厘米，工作温度 283℃。虽然蒸汽性状提高，但采用 2 台主机，总输出功率只有 6987 千瓦。尽管在测试中曾取得 35.23 节的速度，但这是改变测试条件获得的，按标准条件航速在 32 ～ 33 节，而满载后最大航速一般只有 29 节。

服役情况

基本参数	
舰身长	182.7 米
舷宽	20.6 米
吃水深度	5.9 米
标准排水量	11 870 吨
航速	32 节
续航距离	5230 海里
舰员	841 人

完工后的"扎拉"号、"阜姆"号和"波拉"号编入第 1 战队第 1 巡洋舰分队。"戈里齐亚"号编入第 2 巡洋舰分队，1934 年 12 月 31 日调入第 1 巡洋舰分队。此后直到 1940 年意大利参战为止，4 舰一直在该分队。期间由于战列舰集体升级改造，暂时退出序列。

1933 年 9 月 1 日至 1937 年 9 月 15 日，"扎拉"号担任第 1 战队旗舰。巡洋舰分队的旗舰由"阜姆"号、"戈里齐亚"号、"波拉"号轮流担任。1936—1937 年西班牙内战期间，"阜姆"号、"戈里齐亚"号、"波拉"号在西班牙水域活动。1939 年 4 月，"阜姆"号和"波拉"号参与入侵阿尔巴尼亚。

1941 年 3 月 28—29 日，在马塔潘角海战中，"波拉"号、"阜姆"号和"扎拉"号被英军击沉。仅存的"戈里齐亚"号在 8 月和 9 月参与阻截英军"肉馅行动"和"战戟行动"，同时掩护北非的交通线。11 月 20 日，在那不勒斯港遭到英军空袭受伤。1941 年 12 月和 1942 年 3 月分别参与第一次和第二次锡尔特湾海战。5 月 26 日，在墨西拿遭到空袭受轻伤，但在 6 月拦截英军"鱼叉行动"和"有力行动"。8 月参与拦截"支座行动"。1943 年 4 月 10 日，在马达莱纳水域遭到美国陆军航空队空袭，于 13 日撤往拉斯佩奇亚，随后进坞修理。9 月 9 日，因意大利政府向盟军投降而被德军控制。1944 年 6 月 26 日，英国和意大利组成的联合特战队潜入拉斯佩奇亚，将其炸沉。

英国"肯特"级巡洋舰

"肯特"级是英国于20世纪20年代中期开始建造的一款重型巡洋舰,是英国第一款装备203毫米主炮的巡洋舰。

性能解析

"肯特"级巡洋舰与一些同类的条约型巡洋舰相比,在攻击力和防护力上显得非常不足,但却在续航力上却胜出许多。由于英国海军的主要任务是维护自地中海、非洲到亚洲的殖民地和海外贸易航线的完整,而不是和敌方舰队进行大洋决战,因此"肯特"级的轻装甲和低航速是可以体谅的。

基本参数	
舰身长	162 米
舷宽	20.9 米
吃水深度	5 米
标准排水量	10 055 吨
航速	32.5 节
续航距离	10 400 海里
舰员	685 人

总体设计

"肯特"级在基本设计时打算装备8～9门203毫米火炮,最后确定选用Mark VIII型203毫米火炮8门,分装在4座Mk I型双联炮塔内。这种炮的炮弹单发重116千克,在仰角45°时最大射程28 030米,由于其最大仰角达70°,发射率达5发/分,可兼用于对空射击,4座炮塔在船体中轴线前后各2座梯次配置。船体采用高干舷的平甲板船型以改善航海性能并增加舰内空间,船体水线下两侧有占船长2/3的防雷突出部。

动力系统的8座海军部型燃油锅炉集中安排在船身中部,3个细高的略向后倾的烟囱和高干舷平甲板船体一样成为其外形最显著的特征。4 座布朗·柯蒂斯式蒸汽轮机在后面机舱内，总功率为 5884 千瓦，驱动 4 个螺旋桨，最大航速 31.5 节。为了控制排水量又要考虑各种性能的平衡，只好在防御上做出牺牲，其水线装甲带仅厚 25 毫米。由于在建造中严格控制重量，在竣工时标准排水量 9750 吨，比计划还少 200 吨。"肯特"级充分体现了为保护漫长海上生命线的英国巡洋舰的传统，具有良好的居住性和续航力，舰上的 3400 吨燃油可保证以 12 节航速航行 13 300 海里。

英国"约克"级巡洋舰

"约克"级是英国海军最后一级重型巡洋舰（英国海军对轻重型巡洋舰的区分是看搭载的火炮口径而非排水量）。该级舰是英国海军一战后第一次对建造的非条约型重巡洋舰的尝试。

性能解析

"约克"级全舰装甲最厚处只有 121 毫米。不但如此，这样的主装甲带还不能覆盖全舰，只覆盖了战舰锅炉舱和动力舱这一块，差不多只有全舰 1/3 的面积。该级舰安装有 8 台燃油锅炉、4 台帕森斯齿轮减速蒸汽轮机，总功率达到 5884 千瓦，最高航速 32.3 节，采用 4 轴 4 桨推进，在 15 节航速时航程达到 6200 海里。

基本参数	
舰身长	175.25 米
舷宽	17.37 米
吃水深度	6.17 米
标准排水量	8250 吨
航速	32.3 节
续航距离	6200 海里
舰员	628 人

总体设计

"约克"级重巡洋舰的设计是建立在"郡"级的基础上，而本舰的设计也基于 2 年前订购的"约克"号的实战经验。由于在"约克"号上已知 8 英寸 (203

毫米)Mk.II 炮塔的顶部强度不足以设置飞机弹射器,故本舰舰桥改为完全封闭式设计,位置较"约克"号更靠近 B 号炮塔,高度则降低到 16 米,不过可以满足观测主炮弹着点的需要。锅炉室后移,因此原本在"约克"号上为避免影响舰桥视野而从下部延伸的倾斜式烟囱改为直立式,前后桅杆也相应地改为直立,使整舰外观显得端正。火力方面,原本设计高平两用的 Mk.II 炮塔在对空射击时易出现故障,故本舰搭载的是改装过的 Mk.II 炮塔,仰角高度限制在 50度以下,不再具有对空射击能力。相比原来"约克"号上的 1 具弹射器,再增设 1 具,均位于右舷烟囱后面,朝向外侧。

法国"阿尔及尔"级巡洋舰

"阿尔及尔"级是法国于一战结束后所研制的一款重型巡洋舰,并在二战中有着一定作为,同级舰共有 7 艘:"挑战者"号、"突击者"号、"征服者"号、"复仇者"号、"终结者"号、"无畏者"号和"掠夺者"号。

作战历史

二战爆发后,"阿尔及尔"级担任第一巡洋舰队旗舰。1940 年 3 月,它在土伦改装后,与"布列塔尼"号战列舰一起派往加拿大,运送 3000 箱法国黄金。4 月返回地中海,此时意大利已经对法国宣战,"阿尔及尔"级在 6 月炮击了热那亚。在法国投降前,"阿尔及尔"级的最后一个任务便是为运输队护航。

基本参数	
舰身长	186.2 米
舷宽	20 米
吃水深度	6.15 米
标准排水量	10 500 吨
航速	31 节
续航距离	8700 海里
舰员	748 人

服役情况

1940 年法国战败后,"阿尔及尔"级舰继续为法国服务,"阿尔及尔"级的基地设在土伦。"阿尔及尔"级为法国海军执行的唯一一个任务就是为逃出奥兰的战列舰"普罗旺斯"号护航，将其送回土伦。1941年，"阿尔及尔"级的副炮和防空火力得到了加强，在1942年，加装了雷达。

"阿尔及尔"级一直驻扎在土伦，直到德国于1942年11月27日入侵所谓的自治区，"阿尔及尔"级同其他的法国战舰一起凿沉在土伦。当时舰上被放置了炸药，德国人试图阻止并告诉法国人凿沉战舰将违反停战协定。它的舰长通知德国人让其等待，他将请示上级，并同时点燃了燃料。当拉克鲁瓦将军赶到时，他下令疏散船员。当德国人准备登船时，他告诉他们这艘巡洋舰将要爆炸。最终该舰被炸毁并燃烧了20天。

1943年3月18日，意大利人将它打捞起来，但发现损伤过于严重已无法修复，遂将其拆解。

苏联"恰巴耶夫"级巡洋舰

"恰巴耶夫"级是由苏联列宁格勒的海军上将造船厂、列宁格勒的波罗的海造船厂等合力打造的一款轻型巡洋舰。

性能解析

舰上装备12门B-38型57倍口径152毫米舰炮，装在4座MK-5型三联装炮塔里，舰艏和舰艉的常规炮位上各有2座。B-38型舰炮单门重17.5吨，MK-5型炮塔重239吨，火炮全长8.95米，射速6.5发/分，最大射程23.7千米，身管寿命450发，俯仰角-5°至45°，最大俯仰瞄速13

基本参数	
舰身长	199米
舷宽	18.7米
吃水深度	6.9米
标准排水量	11 130吨
航速	33.4节
续航距离	6360海里
舰员	1184人

度/秒，最大水平瞄速 7 度/秒。

总体设计

"恰巴耶夫"级水线装甲带厚 100 毫米，主装甲甲板厚 50 毫米，主炮塔装甲厚 175 毫米，司令塔侧面装甲厚 130 毫米。标准排水量 11 130 吨，满载排水量 14 100 吨；舰长 199 米，宽 18.7 米，吃水 6.9 米；动力系统由 6 台蒸汽锅炉和 2 台蒸汽轮机组成，总输出功率 9164 千瓦，另外还有 5 台涡轮式发电机；采用双轴双桨推进，最高航速 33.4 节，经济航速 17 节，续航力 6360 海里，最大海上自持力 30 天，乘员编制为 1184 人。

潜艇

潜艇是二战海上战争中一种非常重要且令人恐惧的武器。它在寂静的海水之中游弋，常常在敌人毫无准备的情况下突然浮出水面或者直接给予致命一击。因此，潜艇也被人们冠以"海底幽灵"的称谓。

 德国Ⅶ级潜艇

Ⅶ级潜艇是二战中德国海军使用最广泛的潜艇（同级数量 703 艘），贯穿整个二战，第一艘击沉敌船的 U-30(两次世界大战中，德国使用的潜艇统称 U 艇) 与最后一艘被击沉的 U-320 皆属于此类型。

性能解析

Ⅶ级潜艇采用单壳体结构，燃油储存于耐压壳体内，能防止深水炸弹攻击导致燃油外漏事件的发生。舰身中部有主压载水舱，耐压壳体外部前后方各有两个副压载水舱，两侧各有一个鞍状储水舱，船头有类似一战德国潜艇的锯齿状构造。

基本参数	
艇身长	67.1 米
舷宽	6.2 米
水上吃水	4.7 米
水上排水量	781 吨
水下排水量	871 吨
水上最大航速	17.7 节
水下最大航速	7.6 节
最大潜深	295 米

德国 XXI 级潜艇

XXI 级潜艇是德国海军在二战后期使用的一级潜艇（同级数量 118 艘），也是世界上第一种完全为水下作战设计而非以往为攻击和躲避水面舰攻击才下潜的潜艇。

性能解析

XXI 级潜艇的生产采用了与以往不同的方法，邓尼兹将它模块化生产，将整艘潜艇分为 8 个部分生产，于 32 家造船厂的零件制造，再集中到 11 间造船厂里进行组装，生产速度大幅提升，每 6 个月就能下水 1 艘，也减少了盟军轰炸的效果。然而此做法却使得多数零件有着整合或质量不一的问题，事后还需要另做调整。

基本参数	
艇身长	76.7 米
舱宽	8 米
水上吃水	5.3 米
水上排水量	1621 吨
水下排水量	2100 吨
水上最大航速	17.9 节
水下最大航速	17.2 节

服役情况

只有 U–2511 和 U–3008 这 2 艘是进行过战斗巡弋的 XXI 级潜艇，且它们都没有进行任何战斗。由艾伯特·施尼上校所指挥的 U–2511 在 4 月 17—18 日夜间用声呐定位了一艘潜艇并且放过了开火机会，因为害怕那是德国潜艇，实际那是英国的 TAPIR 号。然后在 5 月 4 日 3 点钟收到了停战命令，之后它发现了诺福克号重巡洋舰并对它进行了开火演练，于是施尼潜航返回德国港口。大部分的 XXI 级潜艇都直接报废或凿沉处理，但有 8 艘被盟国瓜分研究。美国得到了 U–2513 和 U–3008，并服役于美国海军；U–3017 则交给了英国皇家海军，并改名为"HMS N41"；U–2518 给了法国海军，改名为"罗兰德·末里罗特号"，参与了苏伊士运河战争并持续服役到 1967 年。

美国"巴劳鱵"级常规潜艇

"巴劳鱵"级潜艇是"小鲨鱼"级潜艇的改进型。

性能解析

与"小鲨鱼"级潜艇相比，"巴劳鱵"级潜艇的内部布置有少许不同，但是更大的改进在于使用了更厚、更高张力的钢材来制造耐压壳与骨架，因此在测试中达到了 187 米的潜航深度。"巴劳鱵"级潜艇装有 10 座 533 毫米鱼雷发射管，其中舰艏有 6 座，舰艉有 4 座。

服役情况

"巴劳鱵"级是美国海军在二战时期建造过的一个潜艇船级，是"小鲨鱼"级的改进型。由

基本参数	
服役时间	1943—1975 年
同级数量	120 艘
满载排水量	2424 吨
全长	95 米
全宽	8.3 米
吃水深度	5.1 米
潜航速度	8.8 节
续航距离	11 000 海里
舰员	81 人

于其出色设计一共建造了 120 艘同级舰，成为美国历史上建造数量最大的潜艇。

英国 U 级潜艇

　　U 级潜艇是英国二战时期的主力潜艇，大多数部署在地中海的马耳他基地，攻击从附近通过的轴心国运输船队。

性能解析

　　U 级潜艇装有 1 门 127 毫米甲板炮和 4 具 533 毫米鱼雷发射管。此外，甲板上还有 2 具必须在水面装填的 533 毫米鱼雷发射管，目的是在水面攻击时，可以同时齐射 6 枚鱼雷。但在实际应用中发现，水面鱼雷发射管操作非常不便，故而自 1940 年开始，新建的 U 级潜艇取消了水面鱼雷发射管，使得鱼雷齐射能力下降到了 4 枚。

基本参数	
艇身长	58 米
舷宽	4.9 米
水上吃水	4.62 米
水上排水量	630 吨
水下排水量	730 吨
水上最大航速	11.7 节
水下最大航速	10 节

英国 S 级潜艇

　　S 级潜艇是一种中型巡逻潜艇，用于北欧和地中海海域的作战活动。这种潜艇操纵性能较好，下潜速度快，鱼雷携带数量也较多，具备较强的生存能力和攻击力。

　　S 级潜艇被证明是二战中最优秀的潜艇之一，共建造了 62 艘，其中晚期建造的潜艇采用了全焊接结构，所以潜艇耐压壳体强度有很大提高，最大下潜深度也得以提高。

基本参数	
艇身长	61 米
水上排水量	640 吨
水下排水量	927 吨
水上最大航速	13.7 节
水下最大航速	10 节

法国"速科夫"号潜艇

"速科夫"号潜艇是法国一战后设计建造并在二战中使用的一款潜艇，其主要任务为破坏通商。舰上搭载了拥有动力的小艇，用于运送其他船只被俘的船员，并可以收容 40 名俘虏。

性能解析

"速科夫"号潜艇的最大特征是指挥塔前部的双联 203 毫米火炮，因此又被誉为"水下巡洋舰"。"速科夫"号的炮塔比一般巡洋舰轻，射速也较低 (3 发 / 分)。该炮最大射程为 24 000 米，能搭载炮弹共 600 发。由于其巨大炮塔外露，严重影响了潜艇的隐蔽性。

基本参数	
艇身长	110 米
舷宽	9 米
水上吃水	7.25 米
水上排水量	3250 吨
水下排水量	4304 吨
水上最大航速	18.5 节
水下最大航速	10 节

总体设计

"速科夫"号潜艇的特征是舰桥前部 203 毫米双联装炮塔，这种炮一般只有巡洋舰或战列舰才会搭载。该炮有效距离大约为 11 000 米，射击速度为 1 门 3 发 / 分，而其使用的时候需上浮后做炮击准备，必要时间为 2 分 30 秒。

该炮并没有在实战中使用，一般认为其实用性较低。理由为上浮的战斗准备时间、目标不会停着等待及因场合关系而受不同程度冲撞的意外"反攻"。并且，上浮会令潜艇失去其秘匿性的特长，而在攻击时自身亦会暴露在危险当中。再者，火炮的攻击力会令细小的船体猛烈摇动使命中十分困难。反过来说，潜艇自身并没有防御力，连被机枪击中都可能令其不能潜行。

舰桥围壳的后部为射击指挥所并兼负对商船进行炮击，而哨戒任务则由舰上所搭载的水上飞机执行，算得上一种航空潜舰。机种为贝松 MB411 型低翼双座水上飞机，它拥有 2 个浮筒，并可以作分解组装。水上飞机库的搭载机数为 1 架，但由于几乎不使用，因此，水上飞机被移走并当作仓库使用。舰桥围壳上部搭载了射击指挥用的防水 4 米测距仪，而在水上飞机库的上部，装备有防空机枪。

日本伊-400级潜艇

日本海军的伊-400级潜艇是二战时期最大的，也是直到20世纪60年代核动力潜艇建成前最大的潜艇。

性能解析

伊-400级潜艇的续航距离长，可装载3架"晴岚"攻击机并可使其迅速投入战斗。它的主舰体采用横向双筒结构，这是为保障艇内弹药库和巨大燃料箱的安全而专门设计的。伊-400级的舰桥和指挥塔并不在潜艇正中，而是偏离中线。为保持全艇的平衡，机库位置相应向反方向偏移。而这种不对称的设计，在遇到紧急情况或发射鱼雷时，水下的操作较不稳定。

基本参数	
艇身长	122 米
舷宽	12 米
水上吃水	7.02 米
水上排水量	3530 吨
水下排水量	6560 吨
水上最大航速	18.7 节
水下最大航速	6.5 节
最大潜深	100 米

总体设计

伊-400级潜艇的主舰体采用横向双筒结构，很像一副眼镜，这是为保障艇内弹药库和巨大燃料箱的安全而专门设计的。设置在艇尾的乘员舱室恢复为单筒。艇首有2个鱼雷舱室，每舱有纵列的4具533.4毫米鱼雷发射管，共备鱼雷20枚。伊-400级潜艇的下潜时间为56秒，吃水为7米。设计潜深122米，试航中潜到了100米。伊-400型潜艇的舰桥和指挥塔并不在潜艇正中，而偏离中线2.1米，为保持全艇的平衡，机库位置相应向反方向偏移0.6米。因为这种不对称的设计，在遇到紧急情况或发射鱼雷时，伊-400级潜艇在水下的操作很不稳定。

搭载在伊-400级潜艇上的"晴岚"水上战斗/轰炸机长10.7米，翼展12.2米，航程1046千米，有效载荷816千克。如果丢弃浮筒，"晴岚"还可以搭载附加油箱和炸弹，执行"敢死"任务。"晴岚"由爱知公司制造，平时装载于艇上的耐压机库中，浮筒被拆开放置，机翼和尾翼可折叠。一支训练有素的队伍可以在7分钟内装备好一架"晴岚"。

伊-400级起初设计艇员为145人，后来增加为213人，一名日本军官介绍实际作战中搭载 220 人。经过训练的艇员可在 45 分钟内完成"晴岚"的装配、加油、挂弹和弹射。伊 –400 级的巨大航程使其可以攻击远在旧金山、巴拿马、华盛顿或纽约的目标。机库的下方有一间舱室，可用于进行艇载机的维修和检查，隔壁的弹药室存放有 4 枚空投鱼雷，15 枚炸弹，以及大量的机枪子弹，这些舱室的上方都有厚实的装甲保护。2 个机舱各安装 1 台 1417 千瓦的柴油发动机。每根轴连接 1 台 895 千瓦的发电机，提供潜艇下潜用的电力。实际运行中，潜艇达到了水上 18.7 节、水下 6.5 节的最高速度。

航空母舰

二战中，战列舰虽然也发挥了一定的威力，但是在战争中最亮眼的还是航空母舰。二战是航母的成名之战。从此，航空母舰奠定了其海上霸主的地位。

美国"约克城"级"企业"号航空母舰

"约克城"级"企业"号是美国海军历史上拥有的第 6 艘航空母舰，也是第 7 艘使用"企业"命名的船只，参与了太平洋战争大部分的战斗。

性能解析

"约克城"级"企业"号航空母舰采用的是开放式机库，并拥有 3 座升降机，它们分别位于舰体的前、中、后部。该舰的桅杆、舰桥、烟囱一体化的大型舰岛位于右舷，并在木质的飞行甲板前端装有 1 台蒸汽弹射器，以便紧急情况下让飞机还可以通过横向弹射器从机库里直接弹射起飞。但是，由于该设计并不实用，所以于 1942 年拆除。

基本参数	
舰身长	246.7 米
舷宽	33.4 米
吃水深度	7.9 米
满载排水量	25 500 吨
舰载机数量	90 架
舰员	2217 人
航速	32.5 节

"约克城"级服役于二战前夕，前2艘舰"约克城"号及"企业"号曾参与舰队解难演习。战争爆发后，"约克城"号调往大西洋作中立巡航，"企业"号留在太平洋舰队，"大黄蜂"号则赶工建造。珍珠港事件时"企业"号侥幸避过一劫，而3艘舰在1942年年初均调到太平洋。太平洋战争初期，3艘舰分别参与了马绍尔及吉尔伯特群岛突袭、珊瑚海海战及空袭东京。而3艘舰唯一一次同场作战，是在同年关键性的中途岛海战当中，"约克城"号因战损沉没。瓜岛战役开始后，"企业"号与"大黄蜂"号活跃于西南太平洋战区，其中"大黄蜂"号在圣克鲁斯海战中沉没，使"企业"号一度成为该区仅有的美军航母。随着"埃塞克斯"级陆续服役，"企业"号在1943年返国维修，后参与了绝大部分的美军反攻战役，使之成为二战中受勋最多的美国军舰。战后"企业"号长期封存，并因捐赠计划失败而出售拆解，引起海军官兵极大反响。"企业"号的舰名最终被第一艘核动力航空母舰继承，并延续至21世纪的一艘"福特"级航空母舰。

美国"长岛"号航空母舰

"长岛"号是美国二战期间第一艘护航航空母舰，其前身是一艘名为"莫麦克梅尔"号的大型运煤船。

 性能解析

由于是由商船简单改装而来，所以"长岛"号及所有护航航母均有一个共同的特征：简易而且简陋。不过该舰在二战中还是起到了不小的作用，直到1946年才退役。

基本参数	
舰身长	150 米
舷宽	21.2 米
吃水深度	7.8 米
满载排水量	13 716 吨
舰载机数量	21 架
舰员	970 人
航速	16 节

美国"中途岛"级"中途岛"号航空母舰

"中途岛"级"中途岛"号是二战期间美国建造的最大的一款航空母舰，而且它还是第一艘有飞行甲板装甲的航空母舰。

▶ 性能解析

"中途岛"号于 1952 年 10 月设计改装为攻击航母 (CVA– 41)，1955 年 7 月开始在 Bremerton 海军船厂进行了 SCB110 改装，在 1957 年 9 月完工后重新加入美国海军服役。1966 年 2 月到 1970 年 1 月期间，"中途岛"号在美国三藩海军船厂进行了 SCB101 改装。此后，从 1973 年直到退役都被部署在日本。1975 年 6 月该舰又被重新设计为多用途航母 (CV–41)，但不能操作反潜飞机。

基本参数	
舰身长	296 米
舷宽	34.4 米
吃水深度	10.5 米
满载排水量	64 002 吨
舰载机数量	75 架
舰员	2826 人
航速	30 节

▶ 服役情况

"中途岛"号在 1943 年开始建造，1945 年下水，曾是美国海军航母中的"三朝元老"，是美国二战后的第一代常规动力航母，也是美国海军历史上服役时间最长的航空母舰之一。"中途岛"号在 1992 年退役，并于 1997 年除籍。2003 年海军将"中途岛"号捐赠给民间组织，改装为博物馆舰。博物馆在 2004 年 6 月于加州圣迭戈开放。现在停放于加州圣迭戈。

美国"桑加蒙"级航空母舰

　　"桑加蒙"级被认为是早期的改造航空母舰中最成功的一型，也是后来大量建造的科芒斯曼特湾的原型舰。

性能解析

　　"桑加蒙"级建成后即参加盟军在北非的登陆作战，从而开创了护航航空母舰作为舰队航空母舰使用的先例。"桑加蒙"级参加了莱特湾大海战，充当航空母舰对日军军舰的攻击，取得不小的战绩。之后还参加了硫磺岛登陆战和冲绳岛登陆战。战后于 1959 年全部退役。

基本参数	
舰身长	168.7 米
舷宽	22.9 米
吃水深度	9.8 米
满载排水量	11 600 吨
舰载机数量	30 架
舰员	1080 人
航速	18 节

日本"瑞凤"级航空母舰

　　"瑞凤"级是日本二战期间所使用的一款航空母舰，是由潜艇母舰改装而来的。

性能解析

　　"祥凤"号 1935 年下水，在 1942 年 5 月 7 日的珊瑚海海战中，被 13 枚炸弹和鱼雷命中而沉没。它也是日本海军损失的第一艘大于驱逐舰的军舰。"瑞凤"号比"祥凤"号晚下水，但"瑞凤"级却更早作为一艘舰队航空母舰服役，参加了瓜岛圣克鲁斯海战，中了一枚炸弹而撤出战场。在 1944 年 10 月 25 日莱特湾战斗中被多枚炸弹命中沉没，当时是作为小泽舰队的一个诱饵。

基本参数	
舰身长	205.5 米
舷宽	18.14 米
吃水深度	6.64 米
满载排水量	14 200 吨
舰载机数量	30 架
舰员	785 人
航速	28 节

日本"龙凤"级"龙凤"号航空母舰

　　"龙凤"级"龙凤"号是日本二战期间由"大鲸"号潜艇母舰改装而来的一款航空母舰，改装工作于1941年开始，1942年11月28日完成。

性能解析

　　"龙凤"号的一生可谓坎坷艰辛。1941年4月18日，还在改装中的"龙凤"号就挨了美国杜力特轰炸队的一枚炸弹。刚改造完成，"龙凤"号就又挨了一枚鱼雷。在1944年6月菲律宾海的海战中被击伤，1945年3月17日，停泊在吴县军港的"龙凤"号再次被炸，这次之后它就没有再回现役，1946年被解体。

基本参数	
舰身长	215.65 米
舰宽	19.8 米
吃水深度	6.67 米
满载排水量	18 700 吨
舰载机数量	30 架
舰员	989 人
航速	26.5 节

总体设计

　　"龙凤"号航空母舰的改装要领与"瑞凤"级大致相同，但是有几点差异。第一，该舰的受力甲板（包含在舰体结构中的甲板）是最上层甲板，而"瑞凤"级则是机库甲板。第二，该舰的体形较"瑞凤"级大，加装的垫舱物也较重，所以整体来说排水量大了2000吨左右。第三，在飞行甲板的配置上，该舰的后升降机位置较"瑞凤"级靠后，而防风栅栏则较为靠前。另外，飞行甲板也比"瑞凤"级长3.3米。该舰的搭载机计划如下：零式舰载战斗机21架，九七式舰载攻击机9架，共计30架，跟"瑞凤"级相当。另外，由于换装主机的关系，原本设计31节的航速降到了只有26.5节，比"瑞凤"级更慢。

日本"赤城"级"赤城"号航空母舰

"赤城"级"赤城"号是日本海军在"信浓"号之前的第二大航空母舰，并以第一航空战队旗舰的名号服役了25年，参加了太平洋战争初期重要的海战，后于中途岛海战中被击沉。

性能解析

"赤城"号经历的第一场实战就是1941年12月7日的珍珠港事件，其作为第一机动部队的旗舰，在由渊田美津雄中校所率领的航空队创下击沉5艘战列舰的纪录。随后"赤城"号又作为日本第一航空舰队旗舰参与太平洋战争，率领日本航空舰队向西扫荡南太平洋至印度洋海域，在拉宝尔攻略战、达尔文港空袭、印度洋海战中屡战屡胜，创下"无敌机动部队"的名声。

基本参数	
舰身长	261 米
舷宽	29 米
吃水深度	8.1 米
满载排水量	34 364 吨
舰载机数量	66 架
舰员	1630 人
航速	31.2 节

服役情况

1927年3月25日"赤城"号完工，8月正式编入联合舰队旗下。1928年4月，编入第一航空战队战列；"赤城"号早期服役的经历堪称四平八稳，主要任务都是在执行训练以及测试。1931年12月1日，"赤城"号暂时编入预备舰入坞整修；这次入坞更换了拦截索、通信设备、舰内通风部件。1933年4月25日，"赤城"号重新服役，在隔年纳编于新成立的第二航空战队，参与该年的重要演训。

1942年6月4日中途岛海战中，"赤城"号亦以第一机动部队旗舰的身份参战。但被美国海军3架SBD俯冲轰炸机投下的炸弹击中，舰体受创严重，于6月5日由日本第四驱逐队击沉。

日本"大和"级"信浓"号航空母舰

　　"大和"级"信浓"号是由"大和"战列舰改造而来的一款航空母舰，基于各种原因它没有真正进入二战战场。

性能解析

　　"信浓"号航空母舰是当时排水量最大的航空母舰，也是1960年美国"小鹰"级航空母舰服役前世界上排水量最大的航空母舰。但"信浓"号服役后不久就被美军潜艇的鱼雷击沉，其正式出航后，仅仅20小时就被击沉，创造了世界舰船史最短命航空母舰的纪录。

基本参数	
舰身长	265.8 米
舷宽	36.3 米
吃水深度	16.6 米
满载排水量	68 059 吨
舰载机数量	47 架
舰员	2400 人
航速	27 节

服役情况

　　"信浓"号于1944年11月在未完成的情况下投入服役。随后自横须贺海军工厂移至吴海军工厂完成装修，但被回航中的美军潜艇攻击而击沉。包含舰长阿部俊雄大佐在内共1435名水兵和民间工作者阵亡。它成为目前下水的航空母舰服役时间最短，也是至今被潜艇击沉的最大排水量军舰。

英国"大胆"级"大胆"号航空母舰

"大胆"级"大胆"号是世界上第一艘护航航空母舰，最早用于为护航队提供空中和反潜支援。从"大胆"号航空母舰性能参数就可以看出，该舰无论在规格、动力还是火力配备上都显得非常简陋，但却开创了航空母舰反潜的新纪元，并在二战中屡立战功。

它虽然只搭载 6 架欧洲燕式 II 型战斗机，但 3 次战斗就击落、击伤或赶走了 9 架 Fw 200 式飞机。此外，在为护航运输队护航期间，它还发现过 9 艘德国潜艇。1941 年 12 月，它第 3 次为护航运输队护航，在异常激烈的战斗中被击沉，结束了它短暂而光辉的一生。

基本参数	
舰身长	245 米
舷宽	34 米
吃水深度	10 米
满载排水量	36 800 吨
舰载机数量	6 架
航速	15 节

1946 年 1 月 5 日，"大胆"号重新命名为"鹰"号。1954—1955 年，"鹰"号接受现代化改装，1959 年 5 月 11 日暂停服役。1959 年 10 月至 1964 年 5 月接受彻底改装，1972 年 1 月 25 日除役，1978 年 6 月 10 日出售拆解。

英国"光辉"级"光辉"号航空母舰

　　"光辉"级是英国在二战前设计的一款新型航空母舰，同级共4艘："光辉"号、"胜利"号、"可畏"号和"不挠"号，其中"光辉"号在二战中表现卓越。

性能解析

　　英国海军认为"光辉"号将在北海和地中海陆基飞机的航程内作战，而英国的舰载机却不具备陆上战斗机的优良性能。为抵御轰炸机的轰炸，英国海军决定给航空母舰尽可能提供有效的保护。因此"光辉"号航空母舰在机库和飞行甲板上相较之前的航空母舰增加了厚厚的装甲防护。

基本参数	
舰身长	230 米
舷宽	29.18 米
吃水深度	8.5 米
满载排水量	28 919 吨
舰载机数量	36 ～ 57 架
舰员	1300 人
航速	30.5 节

总体设计

　　"光辉"号航空母舰由巴罗市的维克斯-阿姆斯特朗船厂建造，1939年下水，1940年4月16日服役。它比之前的"皇家方舟"号和之后的"不屈"级、"怨仇"级载机数量要少，这是因为其重甲保护的机库比"皇家方舟"号的小。 但是在改装中去掉了飞行甲板下翘尾并采用永久甲板驻留方式装载飞机后载机量大大上升。它被船员们爱称为"健壮"号。1940年5月24日海试时功率达到了84 786千瓦234.2转速，准确的速度由于去掉了定深拖筏而未能记录，估计有31节。

美国"博格"级航空母舰

"博格"级航空母舰是美国在二战期间建造的护航航母。

性能解析

"博格"级的自卫武器为 2 门 127 毫米单管炮，4 门双联装 40 毫米炮，10 ~ 35 门不等的 20 毫米炮。"博格"级航母可搭载 24 架舰载机，动力装置为 1 台 6338 千瓦的蒸汽锅炉。

总体设计

"博格"级原本并非航母，而是由商船改装而来，其舰体和结构设计为民用而非按军用标准进行。因此，没有作战舰艇常见的加固结构或装甲防护，在遭受攻击时极易受损。如该级舰中的"布洛克岛"号即是 1944 年 5 月 29 日被德国海军 U-549 号用鱼雷击沉。其次，"博格"级的武器装备也较薄弱，全舰的防御火力仅由 2 座 127 毫米单管炮和数座 40/20 毫米炮构成，舰载机搭载数量也仅为 28 架。

基本参数	
服役时间	1942—1946 年
同级数量	45 艘
满载排水量	9000 吨
全长	151 米
全宽	21.2 米
吃水深度	7.9 米
最高航速	18 节
舰员	646 人
发动机功率	6338 千瓦
舰载机数量	24 架

美国"列克星敦"级航空母舰

　　"列克星敦"级航空母舰是美国海军第一种大型航空母舰，在其服役期间一直是世界上最大的航空母舰。该级舰共有 2 艘，分别是一号舰"列克星敦"号和二号舰"萨拉托加"号。

性能解析

　　"列克星敦"级采用封闭舰艏，单层机库，拥有 2 部升降机，全通式飞行甲板长 271 米，岛式舰桥与巨大而扁平的烟囱设在右舷。采用蒸汽轮机—电动机主机的电气推进动力系统。防护装甲与巡洋舰相当。4 门双联装 203 毫米火炮分别装在上层建筑前后，用来打击水面目标。事实上，203 毫米火炮在对付敌方巡洋舰时作用极其有限，多年之后证明无此必要。

服役情况

基本参数	
服役时间	1927—1946 年
同级数量	2 艘
满载排水量	43 055 吨
全长	270.7 米
全宽	32.3 米
吃水深度	9.3 米
最高航速	33.3 节
续航距离	10 000 海里
舰员	2791 人
发动机功率	134 226 千瓦
舰载机数量	91 架

　　1941 年 12 月 7 日，日本联合舰队偷袭珍珠港，"列克星敦"号与"萨拉托加"号因不在港内从而避过一劫。1942 年 5 月珊瑚海海战中，由"列克星敦"号与"约克城"号航空母舰起飞的舰载机，分别击沉、击伤日本海军"祥凤"号与"翔鹤"号 2 艘航空母舰，但"列克星敦"

号也遭到重创。尽管火势曾一度得到控制，但"列克星敦"号最后还是因为航空汽油渗漏，汽油蒸汽逐渐蔓延引起大爆炸而被摧毁沉没。

1942年8月，"萨拉托加"号的舰载机在瓜岛海域击沉日本海军"龙骧"号轻型航空母舰。太平洋战争期间，"萨拉托加"号曾遭日本潜艇和神风自杀飞机攻击3次负伤，但仍安然支撑到战争结束。战后1946年时，"萨拉托加"号在十字路行动的核试验中，因为原子弹的水下爆炸威力造成舰体大量进水而沉没。

美国"游骑兵"级航空母舰

"游骑兵"级是美国海军第一艘以航空母舰为目的而设计并制造的军舰。

性能解析

美国海军在设计与建造"游骑兵"级时认为吨位较小的航空母舰较为适用，但等到试航时才发现该舰的耐波性不良，飞机在气候条件较差时起降危险。另外，"游骑兵"号的甲板过窄、航速太慢，鱼雷轰炸机在航空母舰上的操作存在诸多限制，尤其是在没有足够的风力帮助下，携带鱼雷的轰炸机几乎无法起飞。

基本参数	
服役时间	1934—1946年
同级数量	1艘
满载排水量	17 577 吨
全长	222.5 米
全宽	24.4 米
吃水深度	6.8 米
最高航速	29 节
续航距离	10 000 海里
舰员	2148 人
发动机功率	39 900 千瓦
舰载机数量	76 架

▌▌▌▶ 服役情况

　　美国在 1941 年 12 月 7 日加入二战时，"游骑兵"号正在加勒比海地区巡弋。它在 12 月 8 日返回诺福克港。虽然在太平洋地区战况吃紧，但"游骑兵"号并无进入太平洋的计划，而是在 21 日出发去南大西洋进行长达 3 个月的巡逻任务。1942 年 4 月，"游骑兵"号成为大西洋舰队航舰部队的旗舰，并在 5 月与 7 月分别载运 68 架与 75 架陆军的 P-40 驱逐机至非洲黄金海岸（现加纳）的阿克拉。之后该舰在东海岸与加勒比海地区进行战斗与油补训练，直到 11 月"火炬行动"展开。

　　"游骑兵"号于 1942 年 12 月 16 日进入诺福克港进行整修，至 1943 年 2 月 7 日结束。该舰又载运 75 架 P-40 驱逐机至卡萨布兰卡，然后至北大西洋，在新英格兰地区至加拿大新斯科细亚省哈利法克斯之间的海域执行巡逻与训练任务。1943 年 8 月，"游骑兵"号前往英国的斯卡帕湾，加入了英国本土舰队。10 月 2 日，"游骑兵"号与英国本土舰队从泊地出发，至挪威海域攻击德国船只，作战代号为"领袖"。这个由英美两国海军组成的特遣舰队是由英国海军上将布鲁斯·佛雷塞爵士指挥，包含 2 艘战斗舰、1 艘航母（即"游骑兵"号）、4 艘巡洋舰以及 10 艘驱逐舰。"游骑兵"号负责特遣舰队的战斗巡逻与空中攻击任务。战争结束后，"游骑兵"号在 1945 年 9 月 30 日从加州圣地亚哥出发，至巴拿马的巴尔波载运一批军方与平民乘客，驶抵路易斯安那州的新奥尔良，并参加当地的海军日庆祝活动。之后"游骑兵"号待在美国东海岸地区，一直到 1946 年 10 月 18 日在诺福克除役。10 月 29 日除籍，随即在 1947 年 1 月 28 日出售后拆解。

第4章
装甲战斗车辆

　　装甲战斗车辆是指装有装甲及武器的军用车辆。二战中，最著名的装甲战斗车辆莫过于坦克。以苏联和德国为首的参战国，在坦克的基础上还研发出了各式各样的自行火炮和坦克歼击车。在此次战争中，除坦克之外，其他类的装甲战斗车辆虽然有，但多以坦克底盘为基础开发出来的，并不是主力装甲战斗车辆。

坦 克

坦克有"陆战之王"之称，是一种具有直射火力、高度越野机动性和装甲防护的履带式装甲战斗车辆。现代主战坦克更拥有高火力坦克炮、高功率引擎及再配有战场上最高效能的装甲，主要执行与对方坦克或其他装甲车辆作战，也可以压制、消灭反坦克武器、摧毁工事、歼灭敌方有生力量。

美国 M3 "格兰特"中型坦克

M3"格兰特"是美国于二战期间所使用的一款中型坦克，是 M4"谢尔曼"中型坦克的过渡型。

性能解析

M3"格兰特"最大的特点是有 2 门主炮：一门是 75 毫米榴弹炮，装在车体右侧的凸出炮座内；另一门是 37 毫米加农炮装在炮塔上。另外，它的推进系统也很有特色，最突出的是它的各种改进型车和发动机型号各不相同，这也反映了战时的特点。它的行动部分采用平衡式悬挂装置，每侧 6 个负重轮分为 3 组，主动轮在前，诱导轮在后。

基本参数	
长度	6.12 米
宽度	2.72 米
高度	3.12 米
重量	27.9 吨
最大速度	34 千米 / 时
最大行程	193 千米

总体设计

M3"格兰特"中型坦克的外形和结构有很多与众不同的地方，它的车体比较高，炮塔呈不对称布置，有 2 门主炮，车体的侧面开有舱门，3 层武器配置，平衡式悬挂装置，主动轮前置和车体上凸出的炮座。

美国 M4 "谢尔曼" 中型坦克

M4 "谢尔曼" 是二战时性能最可靠的坦克之一，其动力系统的坚固耐用连苏联坦克都逊色几分，德国坦克更是望尘莫及。

性能解析

M4 拥有几项世界领先技术。首先炮塔转动装置是二战中最快的，转动一周的时间不到 10 秒。其次 M4 还是二战中唯一装备了火炮垂直稳定仪的坦克，能够在行进当中瞄准目标开炮。M4 的 373 千瓦汽油发动机也是二战中最优秀的坦克引擎之

基本参数	
长度	5.85 米
宽度	2.62 米
高度	2.74 米
重量	30.3 吨
最大速度	47 千米 / 时
最大行程	161 千米

一，使其具有 47 千米的最高公路时速。这些优点都非常有助于机动作战。

作战经历

1942 年春天，M4 首次出现在北非战场。当时隆美尔非洲兵团装备的坦克依然是过时的 3 型、4 型和 38t 型，于是 M4 拥有毋庸置疑的战场统治权，英军在阿拉曼战役中大量使用。战役以后，隆美尔写道："敌方的新式 M4 坦克，比我们所有的型号都要先进。"由于它在战场上的出色表现，很快赢得坦克手的青睐。根据 "租借法案"，英国也要求租借这种坦克。为此，美国庞大的汽车工业纷纷转而生产坦克。仅 1943 年一年，美国就生产各型坦克近 3 万辆，其中 M4 坦克占相当大的比重。

二战中、后期，M4 坦克在反法西斯战场上发挥了重要作用。在欧洲战场上，虽然 M4 坦克在与德军重型坦克的较量中，还有些力不从心，但它的数量多，可以以量补质。巴顿将军指挥下的美军装甲师主要装备就是 M4 坦克，它们在诺曼底登陆以后的历次战斗中发挥了重要的作用。1945 年春，美军有 16 个装备有 M4 中型坦克的装甲师参加了对柏林的总攻。在太平洋岛屿争夺战中，美军的 M4 坦克则出尽了风头，日军的 97 坦克根本不是它的对手。

火力配置

M4 "谢尔曼" 中型坦克装备 1 门 M3 型 75 毫米 L/40 加农炮，能够在 1000 米距离上击穿 62 毫米钢板。改进型 M4A3 换装 1 门 75 毫米 53 倍身管火炮，1000 米距离上的穿甲能力增强到 89 毫米。该坦克的炮塔转动装置是二战时期最快的，转动一周的时间不到 10 秒。"谢尔曼" 还是二战时唯一装备了垂直稳定器的坦克，能够在行进中瞄准目标开炮。即使如此，该坦克的火力依然比不上德国 "虎" 式和 "豹" 式坦克。

装甲防护

M4 "谢尔曼" 中型坦克的正面和侧面装甲厚 50 毫米，正面有 47° 斜角，防护效果相当于 70 毫米，侧面则没有斜角。炮塔正面装甲厚 88 毫米。德军四号坦克在 1000 米以外、"虎" 式和 "豹" 式坦克在 2000 米以外，就能击穿 "谢尔曼" 的正面装甲。雪上加霜的是，"谢尔曼" 坦克外形线条瘦高，早期型号高 2.8 米，改进型号高达 3.4 米，在战场上行进非常招摇过市，是德军坦克的最佳目标。美军第三装甲师在诺曼底战役中共有 648 辆 "谢尔曼" 被击毁报废；另有 700 辆被击伤，修复以后重上战场，战损率高达 58%。

机动性能

从大量的德军 "虎" 式和 "豹" 式坦克被 M4 "谢尔曼" 中型坦克从侧翼击毁可以看出，"谢尔曼" 的机动能力是相当不错的。"谢尔曼" 的 373 千瓦汽油发动机是二战中最优秀的坦克引擎之一，这使 "谢尔曼" 具有 47 千米的最高公路时速，十分有利于机动作战。"谢尔曼" 的动力系统坚固耐用，只要定期进行最基本的野战维护即可，无须返厂大修。该坦克性能可靠，故障极少，出勤率大大高于德军坦克。"谢尔曼" 的缺点在于汽油发动机非常容易起火爆炸。这个弊病使 "谢尔曼" 坦克获得了 "朗森打火机" 的绰号，因为这个打火机的广告词是 "一打就着，每打必着"。

美国 M3/M5 "斯图亚特" 轻型坦克

M3/M5 "斯图亚特" 是美国在二战中制造数量最多的轻型坦克。欧洲战场上的英军以美国南北战争名将斯图亚特为其命名，在英国还拥有 "甜心" 的非官方昵称。美国陆军则仅以 "M3 轻型坦克" 和 "M5 轻型坦克" 作为官方名称。

性能解析

如同其前身 M2A4 坦克，M3 装备 1 门 37 毫米主炮，以及 3 挺 M1919A4 机枪：1 挺与主炮同轴，1 挺在炮塔顶端，1 挺在副驾驶座前方，然而车身枪塔的机枪常被拆除以换取更多空间。车身采用斜面设计，并将驾驶舱盖移到了上方，但车身由于过高且有许多棱角，故而给了对手很大的射击面积。

M3 使用 2 台新版本的凯迪拉克七缸辐射型引擎 (星型发动机)，全部共有 186 千瓦的功率；但在 1941 年时由于引擎材料开始短缺，有约 500 辆的 M3 改装上了吉伯森 T–1020 柴油引擎。M3A1 搭配了有动力旋转装置的改良型同质焊接式炮台，具有一个陀螺稳定器，可使 37 毫米主炮于行进中能精准射击，炮塔内部采用吊篮式设计。

基本参数	
长度	4.5 米
宽度	2.46 米
高度	2.3 米
重量	14.7 吨
最大速度	56 千米 / 时
最大行程	120 千米

下一型 M3A2 也采用焊接式设计，主要结构与 M3A1 大同小异，但没有投入生产。之后的 M3A3 则有许多地方被重新修改，包括炮塔、车身以及车身机枪座。

作战经历

M3/M5 "斯图亚特" 是美国以及其盟国在二战中使用最广泛的轻型坦克，产量超过 2000 台，从欧洲、北非到菲律宾，甚至是东南亚丛林以及岛屿上都有它的踪迹。此外还在 "租借法案" 的推广下陆续提供给苏联、法国、南斯拉夫、葡萄牙及若干中南美国家使用，其中有部分甚至持续使用至 1996 年。

美国 M24 "霞飞" 轻型坦克

　　M24 "霞飞" 是美国在二战中期使用的轻型坦克，以美国装甲兵之父阿德纳·R.霞飞将军命名。

性能解析

　　M24 是二战时期性能最好的轻型坦克。因为大部分的坦克生产国放弃它们轻型坦克的计划，专注在中型坦克和重型坦克的开发，使得 "霞飞" 坦克的竞争对手减少。装甲单位的报告特别赞扬它的越野性能及可靠性。其中 75 毫米火炮是最让人赞赏的设计，由于火力强化，轻型坦克部队面

基本参数	
长度	5.56 米
宽度	3 米
高度	2.77 米
重量	18.4 吨
最大速度	56 千米/时
最大行程	161 千米

对德军坦克不再陷入只能挨打的局面，在 "突出部战役" 时曾击毁德军四号坦克。不过因为 M24 的装甲薄弱，面对德军坦克以及反坦克炮的生存性不强，甚至单兵反坦克武器就可对 M24 造成足够伤害。而 M24 因为来得太晚也太少，因此对欧战并没有起决定性作用。

　　M24 的主武器为 1 门 M6 型 75 毫米火炮，采用半自动横楔式炮闩及同心式反后坐装置。后坐装置与炮管同心安装在一起，除具有助退作用外，还起倒向作用。火炮可发射被帽穿甲弹和榴弹，弹药基数 48 发。其中穿甲弹的初速

为 860 米 / 秒。火炮装有电击发和人工击发两种装置。火控系统包括炮塔的电液操纵和手操纵方向机、陀螺仪式火炮稳定器、观瞄装置、象限仪、方位仪等。火炮方向射界为 360°,高低射界为 −10°～ +15°。

　　M24 的发动机为 2 台凯迪拉克 44T24 型 V8 水冷 4 冲程汽油机,位于车体后部,在转速 3400 转 / 分时,每台发动机的功率为 80.85 千瓦。每台发动机的动力分别经液力耦合器、行星变速箱传至位于车体前部的传动箱,再经双差速转向机构、单级齿轮式侧减速器到主动轮。

▍▍▍▶ 作战经历

　　M24 的任务为取代当时不符需求的 M5 轻型坦克,第一批 34 辆 "霞飞" 号在 1944 年 12 月运抵法国编入美军第二骑兵群 (机械化)。这 34 辆坦克分配到第 2 骑兵侦察营以及第 42 骑兵侦察营两个单位的 F 连中,每连下辖 17 辆轻型坦克；随后这些单位都参加了突出部战役,其中有 2 辆 M24 转隶美国第一军的 740 坦克营。不过大部分的装甲单位直到德国投降前都还未接收到 M24,只能使用现有的 M5 继续执行作战任务。

美国 M26 "潘兴" 重型坦克

M26 "潘兴" 是美国于二战和朝鲜战争时期生产的重型坦克，其在二战末期装备美国陆军，专为对付德国的 "虎" 式重型坦克设计，为了纪念一战的名将约翰·潘兴而命名。

性能解析

M26 坦克为传统的炮塔式坦克，车内由前至后分为驾驶室、战斗室和发动机室。该车有乘员 5人：车长、炮手、装填手、驾驶员和副驾驶员。驾驶员位于车体前部左侧，副驾驶员（兼前机枪手）位于右侧，乘员的上方位置各有 1 扇可向外开启的舱门，门上有 1 具潜望镜。炮塔位于车体中部

基本参数	
长度	8.65 米
宽度	3.51 米
高度	2.78 米
重量	41.9 吨
最大速度	40 千米 / 时
最大行程	161 千米

稍靠前，为了使火炮身管保持平衡，炮塔尾部向后凸出。车长在炮塔内右侧，炮手和装填手在左侧。指挥塔位于炮塔顶部右侧。炮塔顶部装有 1 挺高射机枪，炮塔正面中央装有 1 门火炮，火炮左侧有 1 挺并列机枪。

服役情况

美国人于 1943 年 4 月开始改造搭载 90 毫米炮的 T26 新型重型坦克。后来的 M26 就是 T26 的改良型 T26E3。这种车型勉强在二战结束前服役，1945年 1 月投入实战 20 辆。比起高大的 M4 "谢尔曼" 系列坦克，其低平而良好的防弹车形更具现代色彩，它的主炮威力和装甲厚度比起以往所有的美国坦克都有飞跃性提高。

美国 T- 28 超重型坦克

　　T–28 超重型坦克是美国在二战期间研制的一款重量达 95 吨的坦克，其防护能力和火力在当时极其优秀，但机动性欠佳。

性能解析

　　T–28 坦克采用 105 毫米 HV(高初速)T5E1 主炮，安装在球形炮盾上，再装入车体前方。T–28 坦克上另外有一挺勃朗宁 M2 重机枪，装置在车长的舱盖口前方。由于需要人工填弹，T5E1 主炮射速仅有 4 发 / 分。主炮初速可达 1128 米 / 秒，炮座右射界 10° ，左射界 11° ，俯角 –5° ，仰角 +19.5° ，可以在 1500 米外打穿 250 毫米厚的钢板。由于没有炮塔，T–28 有着相对低矮的外形轮廓。满载的战斗重量高达 95 吨。这重量大部分来自于它的厚重铸钢装甲，装甲厚度高达 305 毫米，在当时几无抗手 (连它的侧裙装甲板都厚达 102 毫米)。美军相信这样的厚度足够抵挡德国 88 毫米高射炮自 1006 米外的射击威力或者其他德军坦克主炮的威力。

基本参数	
长度	11.1 米
宽度	4.39 米
高度	2.84 米
重量	95 吨
最大速度	13 千米 / 时
最大行程	160 千米

　　T–28 采用福特汽车 GAF V8 汽油引擎，仅仅能输出 302 千瓦，所以 T–28 的最大速度只有 13 千米 / 时。受限于车体重量和马力输出，T–28 不论在越野性能以及障碍物跨越方面都极为尴尬。理论上，T–28 可行驶于 60° 仰坡，不过只能越过 0.6 米高的障碍物、通过 1.2 米深的壕沟或浅滩；况且 T–28 与德国八号坦克“鼠”式一样，都面临无桥可渡的问题，因为实在没有桥梁能够承受它的重量。

　　T–28 另外一个特性是采用 4 条履带接地 (因为整体重量的关系)，因此不必担心被地雷炸断外部履带而影响机动能力；T–28 坦克在移防时必须先将外侧的履带与路轮拆解下来才能方便运输，同时将拆解下来的组件集中成一个单位一起拖走。T–28 在行驶中务必将主炮维持最大仰角，因为主炮炮管过长，会在行进间将炮口抵触地面或障碍物而导致炮基座严重毁损。

苏联 T-26 轻型坦克

　　T-26 坦克是苏联研发与生产的一款轻型坦克，使用的时间横跨 20 世纪 30 年代的多次冲突。直到 20 世纪 60 年代自芬兰退役为止，是苏联红军坦克部队早期的主力装备之一。

性能解析

　　T-26 轻型坦克和 BT-7 快速坦克都是苏联红军坦克部队早期的主力装备，其生产量是战前其他各国的坦克生产数量都难以相比的。T-26 坦克和德国的Ⅰ号坦克都是以"维克斯"坦克为基础设计的，两者底盘外形相似。但 T-26 的火力大大高于Ⅰ号，而且超过了Ⅱ号，达到甚至超过了 38 吨和早期Ⅲ号的水平。早期 T-26 的主炮为口径 37 毫米，后期口径加大为 45 毫米。不过 T-26 轻型坦克的装甲防护差，没有足够能力抵抗步兵的火力，以至于巴甫洛夫大将得出"坦克不能单独行动，只能进行支援步兵作战"的错误结论。

基本参数	
长度	4.88 米
宽度	3.41 米
高度	2.41 米
重量	10.5 吨
最大速度	36 千米 / 时
最大行程	225 千米

作战经历

　　T-26 在二战前大规模使用有 3 次，即西班牙内战、诺门坎和苏芬战争。在西班牙内战的时候，T-26 全面压倒了德意的轻型坦克，但是经常错误地被派去进攻反坦克炮阵地，损失很大。诺门坎战争中，T-26 作为苏军的打击拳头，把日本的超轻型坦克打得哑口无言，但是由于装甲薄弱，也被日军步兵近战击毁了很多。苏芬战争，除了装甲薄弱以外，T-26还被发现火力严重不足，无法对付芬军的坚固堡垒和工事。

从这些战争中可以发现，T-26可以完成它该完成的任务，比如压制对方轻型坦克，突破不坚固的防线，快速穿插包围敌步兵等。它无法完成的任务是攻克设防坚固的敌军防线，尤其是加强了反坦克火力的防线。这很正常，其他轻型坦克也做不到这一点。

T-26的实战损失确实比较大，这说起来并不是总体设计有很大的缺陷，而是因为苏联对T-26的某些简化造成的。对T-26这样的轻型坦克而言，其装甲基本上只能防一点轻武器，要想提高战场生存能力，只能从两个方面下功夫：一是机动性，二是良好的观察能力。高机动性可以减少被击中，视野好则能更好地发现威胁并进行躲避。

T-26在机动能力上做得不错，速度很快，但是取消了指挥塔，使得车长的观察能力大打折扣。而且T-26的车长还要担任炮长，作战的时候几乎无暇进行四周的观察。因此，很容易被侧后的火力袭击。此外，T-26的火控能力也不太好，精确射击能力不足。据说在300米内才可以取得比较高的命中率。

苏联 T-28 中型坦克

T-28 是苏联服役最早的中型坦克之一，从 1933 年起一直服役到 1944 年。T-28 的设计主旨是用来支援步兵以突破敌人的坚强防线，该车也被设计为用来配合 T-35 重型坦克进行作战，两车也有许多零件通用。

性能解析

T-28 的中央炮塔可乘坐 6 人，炮塔上装备 1 门威力强大的两用 76.2 毫米火炮以及 3 挺 DT 机枪，其中 1 挺为同轴 DT 机枪，另外 2 挺分别配置在 2 个前部炮塔上。1938 年，苏军对该型坦克进行了进一步的改进，用 26 倍口径身管的 L-10 型火炮取代了 16.5 倍口径身管火炮。改进后的坦克定编号为 T-28Ob.1938。T-28 可携带 70 发主炮炮弹及 7938 发 DT 机枪子弹。

基本参数	
长度	7.44 米
宽度	2.87 米
高度	2.82 米
重量	28 吨
最大速度	37 千米/时
最大行程	220 千米

作战经历

T-28 服役后，在二战爆发前曾参加过对芬兰的冬季战争，但由于它的装甲不足以抵挡反坦克武器的攻击，因此遭到了惨重的失败。为此苏联在 T-28 的炮塔跟前车身上加装了 30 毫米的装甲，这些型号被称为 T-28EH，重量也增加到了 32 吨。T-28 最后还有一种安装了圆锥形炮塔的型号。这是 T-28 的最后一种改进型号，一共只生产了 13 辆。在二战初期，这些 T-28 的命运比之前还要悲惨。由于苏联已经将生产重点转到了 T-34 和 KV-1，所以已经不再生产 T-28 的零件了。加上战争准备不足，大量的 T-28 因为机械故障而被驾驶员们抛弃，完好地落入了德军的手里，剩下的一部分也被优势的德军击毁。只有少量的 T-28 留到了 1943 年，但它们更多的是作为炮兵牵引车使用。

苏联 T-34 中型坦克

　　T-34 坦克是苏联于 1940 年到 1958 年生产的中型坦克，在坦克发展史上具有重要地位。这款坦克一共生产了约 8 万多辆，其设计思路对后世的坦克发展有着深远的影响。

性能解析

　　T-34 坦克的底盘悬吊系统来自美国工程师克利斯蒂所发明的创新全轮独立悬吊，可以让坦克每个车轮都可独立随地形起伏，产生极佳的越野能力和速度。然而美军却因规格问题谈不拢而未采用。苏联看到消息后很快将此技术专利买下，并使用在

基本参数	
长度	6.75 米
宽度	3 米
高度	2.45 米
重量	30.9 吨
最大速度	55 千米 / 时
最大行程	468 千米

T-34 坦克上，让 T-34 坦克拥有明显优于纳粹坦克的越野机动性，而宽履带的设计也将接地压力减至最低程度。T-34 整体设计简单，因此利于大量制造生产，而战场维修也相对容易。而生产 T-34 特别是柴油机所需的稀土金属量十分高，要想仿制 T-34 对资源缺乏的德国来说也不那么容易。

T-34 坦克作为苏联在二战中的主战坦克，在理论性能与实战性能优越起了一定作用。还有一个关键点，就是坦克操作简单。毫不夸张地说，一个从没有学习过坦克驾驶的农民可以在几天内学习怎样驾驶 T-34。在斯大林格勒战役中，城市内的工厂里的工人正在努力地制造 T-34 坦克。每当德国的军队开来时，坦克修理厂的工人就驾驶 T-34 坦克与德国军队作战。

库尔斯克会战是二战中最大的坦克决战，双方出动的坦克超过 5000 辆。苏联的损失就占 5000 辆的一半以上，其中非专业驾驶员所占比重最大。如此简单的坦克，快速地生产与可以快速地培训出坦克手，使这种坦克深受各国的喜爱，特别是那些生产力低下的小国。

总体设计

T-34 坦克车体是焊接制成的，共分 3 部分，驾驶员和机电员位于车体前部，战斗舱位于车体中部，车体后部装有发动机和传动装置。炮塔为铸造结构，位于车体中部上方。T-34/85 炮塔里有 3 名乘员，车长在左边，炮长在车长前下方，装填手在右边。炮塔顶部后边有两个带圆顶盖的通风口。T-34/76 采用空间狭小的双人炮塔，一般为炮手兼任车长，其他也有装填手，甚至驾驶兼任车长的情况，大大降低了战斗效率。后期随着 T-34/85 坦克无线通信设备的改善（同时增加一名无线电通信员），这个弱点才逐步改观。

苏联 T- 35 重型坦克

　　T–35 是苏联在两次世界大战期间设计，在苏德战争初期使用的多炮塔重型坦克。它是世界上唯一有量产的 5 炮塔重型坦克，但也被证明多炮塔坦克的机动性不足。

▶ 性能解析

　　T–35 重型坦克的机动力低下和不可靠在实战中被充分体现出来。所有 T–35 重型坦克都在德国入侵苏联的巴巴罗萨行动初期被击毁或者俘获。然而大部分损失的 T–35 并非是被德军击毁，而是因为机械故障。虽然从外观上看 T–35 的体形巨大，但内部极为狭窄且多隔间。

基本参数	
长度	9.72 米
宽度	3.2 米
高度	3.43 米
重量	50 吨
最大速度	30 千米 / 时
最大行程	150 千米

▶ 总体设计

　　T–35 坦克采用了传统的总体布置，即驾驶室在前，战斗室居中，动力舱在后，战斗全重 50 吨、乘员 11 人、车长 9.72 米、车宽 3.2 米、车高 3.43 米。

由于布置了两层炮塔，自然显得"人高马大"，这一点有悖于 T 系列坦克的传统做法。车底距地高为 530 毫米，比一般的坦克的车底距地高也要高些。11 名乘员中，车长 1 名、炮长和装填手各 3 人、驾驶员 1 名、机枪手 2 名，另有 1 名无线电手。11 名乘员集中在车体内的中前部，显得十分拥挤。

火力配置

主炮塔是中央炮塔，在最顶层，装备 1 门 16.5 倍口径的 762 毫米榴弹炮，携弹 90 发，另有 1 挺 7.62 毫米机枪。弹药基数为 96 发，弹种为穿甲弹和杀伤爆破弹，弹重均为 6.5 千克，穿甲弹的初速为 530 米/秒，杀伤爆破弹的初速为 381 米/秒，射速为 3 ~ 4 发/分。杀伤爆破弹配装杀伤引信时，破片的杀伤范围为 150 平方米；配装爆破引信时，在一般土壤上，可炸成直径 3 米、深 1.5 米的弹坑。下面一层有 4 个炮塔和机枪塔，2 个小炮塔位于主炮塔的右前方和左后方，2 个机枪塔位于左前方和右后方。

机动性能

T-35 坦克的动力装置为 1 台 M-17T 型水冷 V12 航空汽油机，最大功率为 373 千瓦，纵向布置。行动装置采用平衡式悬挂装置和小节距履带。每侧 8 个小直径负重轮中，每两个负重轮为一组，构成平衡悬挂。主动轮在后，诱导轮在前。履带板长度为 526 毫米，宽度为 150 毫米，履带着地长为 6480 毫米，两侧共有 2×135 块履带。坦克的最大速度 30 千米/时，最大行程 150 千米（燃油箱容量为 910 升）。

装甲防护

T-35 坦克为轧制钢板焊接结构，但有些部位为铆接结构，这反映出 20 世纪 30 年代坦克装甲结构的特点。别看它是 50 吨重的"铁罗汉"，可装甲防护力并不强，装甲厚度也就是 20 ~ 50 毫米的样子。多数部位的装甲厚度为 20 毫米，重点部位为 30 毫米。只是到了后期生产型，才将主要部位的装甲厚度提高到 50 毫米。履带侧裙板的装甲厚度为 10 毫米，是较早采用侧裙板的坦克之一。

苏联 T- 44 中型坦克

T–44 是苏联于二战开始生产的一款中型坦克，用以取代当时大量服役的 T–34 坦克。对比于 T–34 以及后来的 T–54/55 坦克，T–44 的产量很少，约 2000 辆左右。不过这款坦克的诸多设计被沿用在稍后服役的 T54/55 与 T–62 等坦克上。

性能解析

量产型的 T–44 坦克沿袭了 T–34 系列的履带、大直径负重轮等行走部分设计，总的来看只是车体外形更加小一些，重量也比 T–34/85 轻，为 31 ～ 31.5 吨。不过装甲厚度还是达到了车体正面 120 毫米、侧面 75 毫米、炮塔的装甲厚度则为正面和侧面 90 毫米、后面 75 毫米的要求。

基本参数	
长度	6.07 米
宽度	3.25 米
高度	2.46 米
重量	31 ～ 31.5 吨
最大速度	53 千米 / 时
最大行程	350 千米

服役情况

1946 年苏联开始引入 T–54 坦克，T–44 的生产则在 1947 年终止，不过仍旧在苏军中服役。基于保密的需要，T–44 坦克的存在被刻意隐藏，从未出现在任何公开游行的场合中。除了文字描述以外，也没有照片显示苏联曾经将 T–44 派驻在东德，或者是参加 1956 年入侵匈牙利的行动。此外，T–44 也没有外销到其他国家，因此很少被其他国家知道这一款坦克的实际状况。

苏联 T-50 轻型坦克

尽管苏联二战期间已经拥有了性能优越的 T-34 坦克，但苏联军事集团还是希望设计一款新型的能够批量生产的坦克。T-50 坦克就是这一构思的产品。

性能解析

T-50 计划成为最大产量的苏联坦克，也是第一种成功通过所有国家测试而没有任何失败的坦克。T-50 和 "126" 计划在外观上非常相似。和原型车一样，T-50 也采用了倾斜的焊接装甲，驾驶员的舱盖位于车体前部，没有安装前机枪。T-50 的重量被控制在 13.5

基本参数	
长度	5.2 米
宽度	2.47 米
高度	2.16 米
重量	14 吨
最大速度	60 千米/时
最大行程	220 千米

吨左右，车体和炮塔前部装甲厚 37 毫米，中部的圆锥形炮塔内容纳 3 名乘员，炮塔后部有 1 个拥有 6 个观察窗口的车长指挥塔，炮塔为焊接而成的圆锥形。后部装甲接近平面，有 1 个方形装甲舱口供乘员出入和补充弹药。

武备方面，T-50 仍旧采用了 20K 1932/1938 型 45 毫米坦克炮和 7.62 毫米 DT 机枪的组合。T-50 坦克安装扭杆悬挂系统，内带减震装置的负重轮。

动力方面坦克安装 1 台 223 千瓦的 V-4 柴油发动机，单位功率达到 16 千瓦 / 吨。平均接地压力为 0.57 千克 / 平方厘米。最高时速达到 60 千米，所有坦克都装备有无线电装置。虽然 T-50 坦克在测试中表现出来的性能要优于 T-34 坦克，可是直到卫国战争爆发时，第 174 工厂都没有生产出 1 辆 T-50。最主要的原因是 V-4 发动机非常复杂和昂贵。直到战争结束，苏联仍然不能生产出可靠有效的 V-4 发动机，苏联工厂付出了极大的努力才在 1941 年下半年生产出 50 辆 T-50 坦克。同时企图在莫斯科的 37 厂大批量生产 T-50 坦克的计划被取消。

服役情况

　　有少量的 T-50 坦克被部署于列宁格勒前线。现今也有几张战斗的照片存留着，但却没有相关的战斗记录。1944 年，有 1 辆装甲经过升级的 T-50 坦克被芬兰军队缴获使用。从书面资料上看，T-50 应该能轻松应付任何早期的德国坦克。然而书面资料无法预期其在现实世界中的表现，T-50 的战斗情形也很难说。大部分于 1941 年至 1943 年期间生产的轻型坦克都被认为不够先进，如 T-60 和 T-70 等，设计十分简单。

　　到了 1943 年，步兵坦克的功用已被认为是过时的，而且造价更便宜的 SU-76 自走炮也取代了轻型步兵坦克支援步兵的功能。轻型坦克在坦克部队中的角色逐渐被 T-34 所取代。轻型坦克侦察与联络的功用也被便宜的装甲车和租借法案所提供的加拿大和英国的瓦伦丁坦克与美国 M3 斯图亚特轻型坦克所取代。

苏联 T-60 轻型坦克

T-60 轻型坦克是苏联于 1941—1942 年期间生产的轻型坦克。T-60 坦克的基础设计工作仅花了 15 天就完成了，共生产了 6292 辆。

⫶⫶⫶ ▶ 性能解析

T-60 坦克使用的炮弹包括破片燃烧弹、钨芯穿甲弹等。后期开始使用次口径穿甲燃烧弹使其能在 500 米的距离上击穿 35 毫米厚的装甲。这使 T-60 坦克可以成功地对抗早期的德国坦克，比如 PzIII 型或者 PzIV 型还有各种装甲车辆和一些轻装甲目标。T-60 还装备了 7.62 毫米 DT 机枪。这种机枪和 TNSh 火炮都可以拆卸下来单独作战。TNSh 火炮拆

基本参数	
长度	4.11 米
宽度	2.34 米
高度	1.75 米
重量	6.4 吨
最大速度	44 千米 / 时
最大行程	450 千米

卸下来只有 68 千克。德国使用的 PzII 型和"山猫"就和 T-60 极度相似。如同德军类似的坦克具有良好的可靠性和通信设备一样，T-60 坦克具备大行程和在不良地形上较好的机动性。T-60 坦克的负重轮和诱导轮可以互换，第一批生产的 T-60 并没有安装无线电，内部的通信主要靠 TPU-2 或者简单的灯光指示。

T-60 升级了装甲后，全重增加到 6.4 吨，由于仍使用同样的引擎导致速度降低。为了增强其在沼泽和雪地上的机动性，设计了和标准履带通用的特殊可移动加宽履带。相比于其他苏联坦克，T-60 在雪地、沼泽以及烂泥和水草地的机动性能是最好的。对苏军来说 T-60 坦克是很重要的，斯大林亲自参加了 T-60 第二种型号的测试。之后，所有的工厂都开始高速制造 T-60。

苏联 T- 70 轻型坦克

T–70 是苏联于二战中使用的轻型坦克，用来取代 T–60 的侦察与 T–50 支援步兵的用途。

性能解析

T–70 坦克最大的缺点是机动性。T–70 坦克的底盘是从 T–60 坦克照搬过来的，只是将后轮驱动改成了前轮驱动。为了节省费用和快速生产，苏联主要在设计上以成熟技术为依托，采用了 2 台 GAZ–202 铁路货车发动机。这 2 台发动机并列放置，每台负责为一边的履带提供动力。

基本参数	
长度	4.66 米
宽度	2.34 米
高度	2.06 米
重量	9.8 吨
最大速度	45 千米 / 时
最大行程	360 千米

火力配置

T–70 配备 1 门 45 毫米的 38 型 L/46 坦克炮，并载有 45 发弹药以及 1 座 7.62 毫米同轴 DT 重机枪。该坦克共有 2 名乘员，一位是驾驶员，另一位是车长，车长还要兼顾装填手与炮手的工作。该车炮塔前装甲为 60 毫米、车体前方与两侧为 45 毫米、车体后部与炮塔两侧为 35 毫米，而炮塔顶与车顶部为 10 毫米。

苏联 IS- 2 重型坦克

IS-2 重型坦克是 IS 家族中最享有盛名的坦克，在卫国战争中立下了汗马功劳。该坦克最傲人的战绩是 1944 年 8 月 13 日在 Mokre 附近的战斗中，近卫第 52 坦克旅的乌达洛夫中尉驾驶编号 98 的 IS-2 坦克单独伏击 7 辆"虎王"坦克并击毁 3 辆。

性能解析

IS-2 重型坦克的车体和炮塔的装甲板厚度分别为：车体前上装甲板厚 120 毫米（倾角 70°），侧部装甲板厚 89 ~ 90 毫米，后部装甲板厚 22 ~ 64 毫米，底部装甲板厚 19 毫米，顶部装甲板厚 25 毫米；炮塔装甲板厚 30 ~ 102 毫米。炮塔内安装有四氯化碳手提式灭火器。

基本参数	
长度	9.6 米
宽度	3.12 米
高度	2.71 米
重量	45.8 吨
最大速度	37 千米 / 时
最大行程	241 千米

总体设计

IS-2 重型坦克的主要武器为 1 门 D-25 122 毫米 T 型火炮，火炮身管长为 43 倍口径，可以发射曳光穿甲弹和杀伤爆破榴弹以及穿甲高爆弹。在转向机构方面也采用了新的技术，这种"二级行星转向机"可以增强坦克的机动性，后来的 T-54/55 和 T-62 也都采用这种转向机构。有着优秀的装甲防护性，其早期型装甲厚度比"虎"式坦克略厚，后期改进型接近"虎王"。

苏联 IS- 3 重型坦克

IS-3 坦克是苏联在 IS-2 坦克基础上发展而来的重型坦克，主要用于对付德国 "虎王" 重型坦克。

性能解析

IS-3 坦克的防护力极强，尤其是侧后方防护，由外层的 30 毫米厚 30°外倾装甲、内侧上段 90 毫米厚 60°内倾装甲以及下段 90 毫米厚垂直装甲组成。

IS-3 坦克的主要武器为 1 门 122 毫米 D-25T 型火炮。辅助武器为 1 挺安装在装填手舱门处环行枪架上的 12.7 毫米高射机枪（备弹 250 发）、1 挺 7.62 毫米并列机枪（备弹 756 发）以及 1 挺安装在炮塔左后部的 7.62 毫米机枪（备弹 850 发）。IS-3 坦克后来暴露出很多问题，如焊缝开裂、发动机和传送系统不可靠、防弹外形导致内部空间非常狭窄等。另外，IS-3 坦克没有炮塔吊篮，装填手站在地板上不能随炮塔转动，操作相当吃力，很容易疲劳，不利于连续作战。

基本参数	
长度	9.85 米
宽度	3.15 米
高度	2.45 米
重量	46.5 吨
最大速度	37 千米 / 时
最大行程	150 千米

服役情况

由于 IS-3 坦克在二战结束前几天才开始量产，因而未能赶上任何战斗。也因此，IS-3 通常被认为是苏联的第一款战后坦克。在当时有 52 辆 IS-3 参与了 1945 年 9 月 7 日在柏林举行的胜利阅兵，并给在场的西方人士留下深刻的印象。

苏联 BT-7 快速坦克

BT-7 坦克是苏联于 1935 年在美国的"克里斯蒂"坦克的基础上加以改进研制出来的一款快速坦克。BT-7 快速坦克在二战中得到了较为广泛的应用。且该坦克的设计经验还成功运用到更新型的 T-34 中型坦克上，从 T-34 坦克身上明显可以看到 BT-7 的影子。

性能解析

在二战中，BT-7 坦克的装甲厚度可谓非常薄弱。为了克服这一弱点，BT-7 的车体装甲使用焊接装甲，并加大了装甲板倾斜角度，以增强防护力。该车采用新设计的炮塔，安装 1 门 45 毫米火炮和 2 挺 7.62 毫米机枪，还换

用了新发动机，使机动性有明显提高。BT-7 快速坦克供远程作战的独立装甲和机械化部队使用。但因其装甲防护薄弱，不适于与敌坦克作战，所以在1941 年的莫斯科会战后便让位于更出色的 T-34 中型坦克。

基本参数	
长度	5.68 米
宽度	2.43 米
高度	2.29 米
重量	13.8 吨
最大速度	72 千米/时
最大行程	499 千米

总体设计

BT-7 的首辆原型车拥有独特的倾斜椭圆形炮塔，主炮和同轴机枪都置于此炮塔上。设计规格要求该车能够在不对火炮结构做显著修改的情况下安装以下新型火炮：76 毫米 KT-26 或 PS-3 主炮，一种短身管榴弹炮以及 45 毫米 1932/38 型 20K 火炮，一种长身管高初速火炮，能有效打击坦克，但反步兵效能低于 76 毫米炮。

炮塔后部为一旋转滚筒式弹仓，可储存 18 发 76 毫米炮弹或安装一座无线电台。在原型车经历了 1934 年夏季和秋季的额外测试程序后，发现对于一辆乘员 3 人的坦克来说机枪是没必要的，考虑到其令炮塔的组装过程更加复杂时尤其如此。

苏联 KV-1 重型坦克

KV-1 坦克是苏联在 1937 年 5 月开始研制的一款重型坦克，由苏联约瑟夫·雅科夫列维奇·科京设计。

性能解析

KV-1 重型坦克整车的布置由前至后分别为：驾驶室、战斗室和动力舱。在一般的交战距离内可以击穿德国坦克的主装甲。火炮的俯仰角为 –5°～+25°。火炮的俯仰和炮塔旋转均为手动式。

基本参数	
长度	6.8 米
宽度	3.33 米
高度	2.71 米
重量	43.5 吨
最大速度	35 千米 / 时
最大行程	335 千米

总体设计

KV-1 使用了许多 SMK 坦克的设计，如传动、悬挂装置等。原先预计采用 76.2 毫米和 45 毫米主炮，最后却只用 76.2 毫米 1 座、配有 12 个独立负重轮和扭杆连接的悬挂装置和炮塔前 90 毫米、侧面 75 毫米、车身 90 毫米的厚重装甲。重要的是，采用宽履带的 KV-1 分散了重量，能够过得了许多原本会被压坏的木桥。但 KV-1 的缺点是早期的离合器和传动器协调性差，换挡时需要先停车，乘员舱视野狭小、缺乏无线电，影响其作战能力。

到了后期，由于装甲的强化，重量也成为 KV-1 的主要缺点。虽然不断更换离合器、新型炮塔、较长的炮管，并将部分装甲的焊接部分改成铸造式，它的可靠性还是不如中型坦克 T-34，于是 KV-1 的生产开始被转移，KV 系列的其他坦克亦如此。

　　KV-1 重型坦克是苏联在二战初期的重要装备。1941 年 8 月 18 日，苏军一辆 KV-1 重型坦克击毁了德军 22 辆坦克和 2 门反坦克炮。

苏联 T- 37A 两栖坦克

　　T-37A 两栖坦克是苏联在 20 世纪 30 年代研制的水陆两栖轻型坦克，是世界上第一种投入量产和使用的两栖坦克。该坦克于 1933 年开始服役，并在苏联军队中持续服役到二战结束。

▌▌▌▌▶ 性能解析

　　T-37A 两栖坦克依靠外壳上的浮囊泅渡内陆的水道，例如小溪和小河，并依靠装在后部的一个螺旋桨与方向舵在水中行驶。虽然该坦克的装甲仅有 9 毫米，只能抵挡步枪弹的攻击，武器也只有 1 挺 7.62 毫米 DT 机枪，只能对步兵进行攻击，对装甲力量基本毫无办法。但在 20 世纪 30 年代初，作为一款主要用于通信、侦察的坦克，这些技战术指标已经足够了。有趣的是，苏军甚至尝试过空投 T–37A 两栖坦克，将搭载乘员的水陆坦克空投到湖泊上，在敌后进行侦察。

▌▌▌▶ 总体设计

T–37A 两栖坦克的动力装置位于车体的中后部，发动机的动力通过传动轴传递到位于车体前方的变速箱和侧减速器；挂水上挡时，发动机的动力向后传递到螺旋桨式水上推进器，推动坦克在水上航行。由于发动机偏后布置，有利于整车的纵向平衡，防止坦克在水中航行时扎头。履带上方有浮箱，以增大浮力储备。此外，车体最后部还有尾舵，用于水中缓转向。

基本参数	
长度	3.75 米
宽度	2.1 米
高度	1.82 米
重量	3.2 吨
最大速度	35 千米 / 时
最大行程	185 千米
乘员	2 人

▌▌▌▶ 服役情况

苏联军队装备的 T–37A 两栖坦克被用于通信、侦察、步兵支援、行军防御等多种任务。苏联在入侵波兰和冬季战争期间大量使用 T–37A 两栖坦克。该坦克也曾使用于苏德战争初期，并遭受巨大的战损。幸存的 T–37A 两栖坦克一直在前线作战，直到 1944 年才转为训练车辆或辅助防御单位，并持续服役到二战结束。

英国"土龟"重型坦克

"土龟"坦克是英国在二战末期研制的超重型坦克。

性能解析

为了抵挡德军的 88 毫米炮，"土龟"坦克的正面装甲厚达 228 毫米，炮盾装甲也有所强化。这也导致"土龟"坦克的重量高达 79 吨，而它搭载的劳斯莱斯 V12 汽油发动机的功率只有 450 千瓦，所以行驶速度极低，而且难以运送，即便能在二战结束前服役，也难以伴随友军装甲部队前进。

基本参数	
长度	10 米
宽度	3.9 米
高度	3 米
重量	79 吨
最大速度	19 千米 / 时
最大行程	140 千米

"土龟"坦克采用固定炮塔，外形类似德国的突击炮，主炮为 1 门 QF 32 磅炮（94 毫米口径），所发射的是弹体与发射药分装的分离式弹药，搭配被帽穿甲弹的 32 磅炮弹（14.5 千克），在测试时发现可在 900 米距离上击穿德军的"豹"式坦克。

服役情况

二战完结时，"土龟"重型坦克只生产了 6 辆，其中 1 辆送至德国给驻莱茵河英军作测试，虽然火力强大，但因为太重不适合战场上需要的高度机动性而没有量产。

英国"玛蒂尔达"步兵坦克

"玛蒂尔达"I 型

"玛蒂尔达"步兵坦克是世界上唯一以女人名字命名的坦克,有两个优秀的型号,即"玛蒂尔达"I 型和"玛蒂尔达"II 型,其在二战中都有着不错的表现。

性能解析

"玛蒂尔达"的主要武器为 QF 型 2 磅火炮,口径为 40 毫米,身管长为 52 倍口径。尽管口径不大,但这种车载火炮是二战前夕英军中有一定威力的坦克炮。它既可以发射穿甲弹,也可以发射榴弹。弹药基数为 93 发。不过,由于火炮口径的限制,在二战中后期,它已不能击穿德军坦克的主装甲。

基本参数	
长度	5.61 米
宽度	2.59 米
高度	2.51 米
重量	26.5 吨
最大速度	24 千米 / 时
最大行程	257 千米

机动性能

　　"玛蒂尔达" I 型动力装置为福特八缸汽油机，最大功率仅为 70 马力 (51.5 千瓦)，最大速度仅为 12.8 千米/时。行动装置采用平衡式悬挂装置，主动轮在后。

　　"玛蒂尔达" II 型动力装置为 2 台 AEC 公司制造的直列六缸民用柴油机，每台的最大功率为 87 马力 (65 千瓦)，总最大功率为 174 马力 (128 千瓦)。2 台发动机为并联连接，通过齿轮汇总到 1 根输出轴将动力输出到变速箱。尽管是民用柴油机，但它是英国较早采用柴油机为坦克动力装置的尝试，这一点是很有意义的。后期生产的"玛蒂尔达" II 型坦克上，换装为 2 台里兰直列六缸柴油机，总功率达到 190 马力 (140 千瓦)。

"玛蒂尔达" II 型

英国"谢尔曼萤火虫"中型坦克

"谢尔曼萤火虫"坦克是二战时唯一可以在正常作战距离内击毁"豹"式坦克和"虎"式坦克的英军坦克。

性能解析

"谢尔曼萤火虫"的主要武器为 QF 型 76.2 毫米反坦克炮,这是英国在战时火力最强的坦克炮,也是当时所有国家中最有威力的坦克炮之一,其穿甲能力优于"虎"式坦克的 88 毫米坦克炮、"豹"式坦克的 75 毫米炮或 M26"潘兴"的 M3 90 毫米炮。当使用标准的钝头被帽穿甲弹(APCBC),入

基本参数	
长度	5.89 米
宽度	2.4 米
高度	2.7 米
重量	34.75 吨
最大速度	40 千米 / 时
最大行程	193 千米

射角度为 30°时,"谢尔曼萤火虫"的主炮可以在 500 米远击穿 140 毫米厚的装甲,在 1000 米远击穿 131 毫米厚的装甲。若采用脱壳穿甲弹(APDS),入射角度同样为 30°时,在 500 米远可击穿 209 毫米厚的装甲,在 1000 米远则可以击穿 192 毫米厚的装甲。

服役情况

　　"谢尔曼萤火虫"的生产开始于1944年年初，到了5月31日，已经有342台"谢尔曼萤火虫"被分配到蒙哥马利准备进行诺曼底登陆的第21集团军。

　　随着75毫米主炮的"谢尔曼"坦克生产数量逐渐减少，"谢尔曼萤火虫"的生产受限于可以改装的坦克数量。为了提高数量，76毫米主炮的"谢尔曼"坦克也加入了改装的行列。从6月到8月底诺曼底战役结束，生产了550多台"谢尔曼萤火虫"，比用来替换战损需求的数量还高。到1944年年末，因可供17磅（口径76毫米）炮使用的有效高爆弹开始配发，每个英国连队开始接收2台"谢尔曼萤火虫"。到1945年2月，已生产了2000多台"谢尔曼萤火虫"。在英国的装甲部队使用75毫米和17磅的"谢尔曼"各占一半。到1945年的春天，"谢尔曼萤火虫"的制造开始缩小规模，到1945年5月最后1台被分派到部队。

英国"十字军"巡航坦克

"十字军"坦克是英国在二战时期最主要的巡航坦克。

性能解析

　　"十字军"Ⅰ型与"立约者"坦克的共同点最多，最大特点是除了有1个主炮塔外，在车体前部左侧还有1个小的机枪塔，可以小幅度转动。Ⅱ型是Ⅰ型的装甲强化型，其特点是所有的装甲厚度都加厚了6~10毫米，车体正面和炮塔正面焊接上了14毫米厚的附加装甲板。Ⅲ型的生产数量最多，乘员人数减为3人，取消了前机枪手和装填手。"十字军"坦克的车体和炮塔以铆接式结构为主，三种型号的装甲都比较薄弱。

基本参数	
长度	5.97 米
宽度	2.77 米
高度	2.24 米
重量	19.7 吨
最大速度	43 千米 / 时
最大行程	322 千米

　　虽然"十字军"坦克的速度远胜于德军坦克，但存在火力差、装甲薄弱和可靠性不足的问题。当德军部队使用反坦克炮从远处攻击时，"十字军"坦克的射程和火力难以反击。

服役情况

　　"十字军"坦克首次服役于1941年6月的战斧行动中，其后的十字军行动亦因英军大量投放这种坦克而命名。在北非战役后，"十字军"坦克被性能更好的M4"谢尔曼"、"克伦威尔"坦克所取代，"十字军"坦克大多退下火线，剩余的改变成自走防空炮和火炮牵引用途。

英国 "丘吉尔" 步兵坦克

"丘吉尔"是英国在二战中开发的步兵坦克，以当时英国首相温斯顿·丘吉尔为名，以厚重装甲以及众多衍生车型在战场上担任英军主要坦克的重责。其开发起源并非二战产物，而是从一战之作战哲学持续发展出来的产品步兵坦克。

性能解析

"丘吉尔"坦克的装甲防护能力非常好，I～VI型的最大装甲厚度(炮塔正面)达到了102毫米，VII型和VIII型的最大装甲厚度更增加到了152毫米。和所有的英国步兵坦克一样，"丘吉尔"坦克最大的弱点就是火力不足，依旧无法和"虎"式、"豹"式正面对抗。

基本参数	
长度	7.4 米
宽度	3.3 米
高度	2.5 米
重量	38.5 吨
最大速度	24 千米/时
最大行程	90 千米

总体设计

"丘吉尔"坦克的型号十分繁杂，共有18种车型。其中主要的是"丘吉尔"I～VIII型，它们的战斗全重接近40吨，乘员5人。

依型号不同，该车全长为7.35～7.65米，车宽3.25米，车高2.48～2.68米。车体内部由前至后分别为：驾驶室、战斗室、动力-传动舱。驾驶室中，右侧是驾驶员、左侧是副驾驶员兼前机枪手；中部的战斗室内有3名乘员，左侧为车长和炮长(炮长在前，车长在后)，右侧是装填手；车体后部的动力舱由隔板与战斗室隔开，发动机位于中央，两侧是散热器和燃油箱，最后部是变速箱和风扇。主动轮在后，诱导轮在前。

英国 "克伦威尔" 巡航坦克

　　"克伦威尔" 坦克是英国在二战中研制的巡航坦克，是英国在二战中使用的性能最好的巡航坦克系列之一，也是后来的 "彗星" 巡航坦克的设计原型。

性能解析

　　"克伦威尔" 坦克的车体和炮塔多为焊接结构，有的为铆接结构，装甲厚度为 8 ~ 76 毫米。Ⅰ、Ⅱ、Ⅲ 型坦克的战斗全重约 28 吨，乘员 5 人。主要武器为 1 门 57 毫米火炮，辅助武器有 1 挺 7.92 毫米并列机枪和 1 挺 7.92 毫米前机枪。发动机为 V12 水冷汽油机，功率为 441 千瓦。传动装置有 4 个前进挡和 1 个倒车挡，行动装置采用 "克里斯蒂" 悬挂装置。

基本参数	
长度	6.35 米
宽度	2.91 米
高度	2.83 米
重量	28 吨
最大速度	64 千米 / 时
最大行程	270 千米

意大利 M11/39 中型坦克

M11/39 是意大利于二战初期使用的一种中型坦克，其坦克的命名方式 M 是指 Medio，即意大利语的中型坦克之意，而"11"是指该车的车重——11 吨，"39"则是采用年份——1939 年。

性能解析

除了极为贫弱的火力外，M11/39 还有许多缺点：它的耐力与性能都很差，速度相当慢，机械可靠性差和它那最厚才 30 毫米的铆接式装甲钢板仅能抵挡 20 毫米炮的火力。英军的 2 磅炮即使是在对 M11/39 主炮有利的射距内，也能击毁该车。

基本参数	
长度	4.7 米
宽度	2.2 米
高度	2.3 米
重量	11 吨
最大速度	32 千米 / 时
最大行程	200 千米

火力配置

M11/39 坦克的主要武器为 1 门 37 毫米火炮，其位置极为固定，仅能左右 15° 横摆移动。辅助武器为 2 挺在 1 座旋转炮塔上的 8 毫米机枪。机枪由 1 人操控，而此人必须在狭窄且需要手动操作的炮塔里开火。该坦克的作战设计理念为：以主炮对付敌人的重型坦克，而用炮塔上的武器防御其他威胁。

意大利 M13/40 中型坦克

M13/40 坦克是二战中意大利使用最广泛的中型坦克。尽管是以中型坦克的理念来设计，但其装甲与火力的标准较接近轻型坦克。

性能解析

M13/40 坦克的主要武器为 1 门 47 毫米火炮，共载有 104 发穿甲弹与高爆弹，能够在 500 米距离上贯穿 45 毫米厚的装甲板，能有效对付英军的轻型与巡航坦克，但仍无法对付较重型的步兵坦克。M13/40 坦克还配有 3 ~ 4 挺机枪：1 座主炮同轴机枪和 2 座前方机枪，置于球形炮座。第 4 座机枪则弹性装设于炮塔顶，作为防空机枪。该坦克还有 2 座潜望镜分别给车长和炮手使用，还有无线电作为标准配备。

基本参数	
长度	4.9 米
宽度	2.2 米
高度	2.39 米
重量	14 吨
最大速度	32 千米 / 时
最大行程	210 千米

服役情况

二战时期，在轴心国非洲军团中，M13/40 坦克性能远不及德国的 III、IV 号坦克，装甲薄弱且缺乏倾角，但其火力要强于 II 号和 38T 坦克，关键是比意大利初期大量装备的 L 系列坦克强太多。因此，在非洲军团中这两种坦克也成为了主力装备，作为 III、IV 号坦克的补充，在阿拉曼战役之前的一系列作战中发挥了一定的作用。盟军在 1941 年和 1942 年的北非作战中也使用过缴获的这两种坦克。不过随着相对性能日趋落后，在意大利 1943 年投降后这些坦克基本被淘汰了。

意大利 M14/41 中型坦克

M14/41 坦克是意大利于 1941 年开始使用的一款 4 人坦克。虽然意大利军方将其划为中型坦克，但与其他同期坦克强国——苏联的 T-34 坦克 (31 吨以上)、德国的四号坦克 (25 吨)、美国的 M3 坦克 (近 30 吨) 相比，该坦克仅为 14 吨的车重只维持在轻型坦克的级别。

性能解析

M14/41 坦克的主要武器为 1 门 47 毫米火炮，辅助武器为 2 挺 8 毫米 Modello 38 机枪，其中一挺为同轴机枪，另一挺为防空机枪。该坦克的装甲厚度从 6 毫米到 42 毫米不等，防护能力较差。M14/41 坦克的动力装置为 SPA 15-TM-40 型八汽缸汽油引擎，输出功率为 114.84 千瓦。

基本参数	
长度	4.92 米
宽度	2.2 米
高度	2.38 米
重量	14 吨
最大速度	32 千米 / 时
最大行程	200 千米

服役情况

M14/41 坦克首先被部署于北非战场，很快就暴露了其缺点：可靠性低、内部空间拥挤和被击中容易起火。随着意大利军从北非退出，M14/41 越来越少遭遇到敌人。但仍有大量 M14/41 坦克被英国与澳大利亚的部队缴获使用，但没有服役很久。

意大利 P- 26/40 重型坦克

P-40 坦克 (又名 P-26) 是二战中由意大利所研制的一款重型坦克，装备口径 75 毫米的主炮和 8 毫米的布瑞达机枪，另外还有专用防空机枪可装备。

性能解析

P-40 坦克的设计最初类似于 M11/39 坦克，但拥有更强的火力与装甲。意军在东线遭遇苏联 T-34 坦克后，设计思想发生了较大变化。P-40 坦克采用避弹性较佳的斜面装甲，并加强了火炮，即换装了 75 毫米 34 倍口径火炮。

该炮仅有 65 发弹药，而 T-34 和 M4A1 "谢尔曼"坦克则各有 77 发和 90 发。P-40 坦克的机

基本参数	
长度	5.8 米
宽度	2.8 米
高度	2.5 米
重量	26 吨
最大速度	40 千米 / 时
最大行程	241 千米

枪也与 M 系列坦克不同，数量大幅减少。P-40 最初设计要搭载 3 挺机枪，但 1 挺前部机枪被移除，改为在双炮塔上架设。机枪备弹量仅有 600 发，低于 M 系列坦克的 3000 发和二战大多数坦克。

装甲防护

如同当时的"豹"式坦克，P-40 的外形也受 T-34 坦克所影响。装甲倾斜的设计，炮塔前面与侧面约有 50 毫米厚，而 M13/40 坦克仅有 42 毫米，但在当时多数国家已改用焊接技术时，P-40 坦克仍使用铆钉连接装甲。其倾斜设计也

逊于 T–34 坦克，P–40 正面装甲为倾斜 45°的 50 毫米（约相当 70 毫米厚），而不是 T–34 的 60° 45 毫米装甲（相当 90 毫米厚）。炮塔方面采用 2 人炮塔，类似 T–34/76。装甲本身以意大利的水准来说相当厚，有能力抵抗早期如英军 2 磅炮（口径 40 毫米）的反坦克炮武器，但在 1943 年时面对英军的 6 磅炮（口径 57 毫米）、17 磅炮（口径 76 毫米）等能穿透 100 毫米厚装甲的反坦克武器没有抵抗力。

机动性能

除了引擎外，坦克技术发展迅速，意大利总参谋部认为应使用柴油引擎，而建造者却认为它应配备汽油引擎。然而当时的意大利没有引擎能达到 300 马力（220 千瓦）的功率要求（汽油与柴油皆是）。意大利坦克工业的菲雅特和安萨尔多公司也并不像当时的英美两国做法，将飞机引擎改装给坦克使用。设计新式引擎的工程进度缓慢，完成后的汽油引擎最终测试为 420 马力（310 千瓦）。

德国"鼠"式重型坦克

"鼠"式坦克是德国在二战期间研制的一款超重型坦克，也称为八号坦克。

性能解析

"鼠"式坦克重达 188 吨，装甲相当厚实。车体前方 35°倾斜装甲厚达 220 毫米，加上倾斜角度后相当于 380 毫米厚。车体正下方和炮塔顶部的装甲也有 120 毫米厚，车体两侧装甲厚 185 毫米，车体后部装甲厚 160 毫米。"鼠"式坦克的动力装置为 1 台戴勒姆－奔驰 MB 517 汽油发动机，功率高达 895 千瓦，但由于"鼠"式坦克的超高重量，行驶速度仍然偏低。

"鼠"式坦克的主要武器为 1 门 128 毫米 KwK 44 L/L55 火炮，1 门 75 毫米 KwK 44 L/36.5 同轴副炮。根据德军预测，128 毫米火炮可以在 3500 米的距离上击穿盟军"谢尔曼"坦克、"克伦威尔"坦克、"丘吉尔"坦克、T–34/85 坦克和 IS–2 坦克的所有装甲，能在 2000 米的距离上击穿 M26"潘兴"坦克的所有装甲。

基本参数	
长度	10 米
宽度	3.7 米
高度	3.63 米
重量	188 吨
最大速度	13 千米 / 时
最大行程	160 千米

 服役情况

1944 年 1 月中旬到 10 月初左右，"鼠"式坦克都是在靠近柏林南方 25 千米的库梅尔斯朵夫装甲车辆测试场以及在柏布林根的保时捷测试场进行测验，由于盟军空中轰炸减慢了所有生产，包括"鼠"式坦克需要的零件。

德国"虎"式重型坦克

"虎"式坦克是二战期间德国制造的一款重型坦克。它于 1942 年开始进入德国陆军服役，直到 1945 年德国战败才结束。

性能解析

　　"虎"式坦克的主要武器为 1 门 88 毫米 KwK 36 L/56 火炮，为电动击发，准确度较高，是二战时期杀伤率最高的几款坦克炮之一。该炮可装载 3 种型号弹药：PzGr.39 弹道穿甲爆破弹、PzGr.40 亚口径钨芯穿甲弹和 Hl. Gr.39 型高爆弹。"虎"式坦克所发射的炮弹能在 1000 米距离上轻易贯穿 130 毫米装甲。除了主炮，"虎"式坦克还装有 2 挺 7.92 毫米 MG34 机枪。

基本参数	
长度	6.3 米
宽度	3.7 米
高度	3 米
重量	57 吨
最大速度	38 千米 / 时
最大行程	125 千米

装甲防护

　　"虎"式坦克车体前方装甲厚度为 100 毫米，炮塔正前方装甲则厚达 120 毫米。两侧和车尾也有 80 毫米厚的装甲。在二战时期，这样的装甲厚度能够抵挡大多数接战距离，尤其是来自正面的反坦克炮弹。

　　"虎"式坦克的炮塔四边接近垂直，炮盾和炮塔的厚度相差无几，要从正面击穿"虎"式的炮塔非常困难。"虎"式坦克的装甲是焊接而成的，外形设计极为精简，履带上方装有长盒形的侧裙。"虎"式坦克的薄弱地带在车顶，装甲仅有 25 毫米 (1944 年 3 月增加至 40 毫米)。

机动性能

　　尽管为了增强装甲防护力和攻击力，"虎"式坦克适度牺牲了机动性能，但并没有差到不可接受的地步。与美国 M4"谢尔曼"中型坦克和苏联 T–34 中型坦克相比，"虎"式坦克的机动性确实逊色许多。但在同时期的重型坦克中，"虎"式的机动性却名列前茅。

　　由于"虎"式的重量较大，通过桥梁非常困难，因此它被设计为可以涉水 4 米深。但入水前它必须准备充分，炮塔和机枪要密封并且固定在前方，坦克后部需要升起大型呼吸管，整个准备过程大约需要 30 分钟。

德国"豹"式中型坦克

　　"豹"式中型坦克又叫五号坦克，陆军编号为 Sd.Kfz.171。它是德国在二战中最为出色的坦克之一，与苏联的 T-34/85 齐名，主要于 1943 年中期至 1945 年期间欧洲战场服役。

性能解析

　　"豹"式坦克的主要武器为莱茵金属生产的 75 毫米半自动 KwK42L/70 火炮，通常备弹 79 发（G 型为 82 发），可发射 APCBC-HE、HE、APCR 等炮弹。该炮的炮管较长，推动力强大，可提供高速发炮能力。此外，"豹"式坦克的瞄准器敏感度较强，击中敌人更容易。因此，尽管"豹"式坦克的火炮口径并不大，但却是二战中最具威力的火炮之一，其贯穿能力甚至比 88 毫米 KwK36 L/56 火炮还高。

基本参数	
长度	8.66 米
宽度	3.42 米
高度	3 米
重量	44.8 吨
最大速度	55 千米 / 时
最大行程	250 千米

服役情况

　　"豹"式坦克除了装备德军，还有少量输出到匈牙利、瑞典、意大利等德国盟国，不过对于整个战争的进程并没有起到多大的改变。"豹"式坦克和苏联的 T-34 中型坦克是二战中最好的两种中型坦克。"豹"式坦克在德军中一直服役到战争结束。到 1947 年法军的一个坦克营还装备有 50 辆"豹"式坦克。

德国 "虎王" 重型坦克

　　"虎王"坦克是德国在二战后期研制的重型坦克，又称为 "虎 Ⅱ"。该坦克参加了二战后期欧洲战场的许多战役，直到最后还参加了标志着欧洲战场结束的柏林战役。

火力配置

　　"虎王"坦克采用了两种新型炮塔，首批50 辆安装有保时捷公司设计的炮塔，之后的安装有亨舍尔公司设计的炮塔。其中，保时捷炮塔装备了 1 门单节 88 毫米火炮（备弹 80 发），亨舍尔炮塔则装备双节式 88 毫米火炮（备弹 86 发）。这种火炮是二战期间德军装备的坦克炮中威力最大的一款，身管长达 6.3 米，可发射穿甲弹、破甲弹和榴弹，具备在 2000 米的距离上直接击穿美国 M4 "谢尔曼"中型坦克主装甲

基本参数	
长度	7.62 米
宽度	3.76 米
高度	3.09 米
重量	69.8 吨
最大速度	41.5 千米 / 时
最大行程	170 千米
乘员	5 人
过直墙高	0.85 米
涉水深	1.9 米
越壕宽	2.5 米

的能力。除了主炮外，"虎王"坦克还安装了 3 挺 MG34/MG42 型 7.92 毫米机枪，备弹 5850 发，用于本车防御和对空射击。

装甲防护

　　"虎王"坦克的车体和炮塔为钢装甲焊接结构，正面装甲的厚度比 "虎"式坦克加强了很多，且防弹外形较好。其车身前装甲厚度为 100 ~ 150 毫米，侧装甲和后装甲厚度为 80 毫米，底部和顶部装甲厚度为 28 毫米。炮塔的前装甲厚度为 180 毫米，侧装甲和后装甲厚度为 80 毫米，顶部装甲厚度为 42 毫米。即使

在近距离上，同时期内也很少有火炮能摧毁它的正面装甲。不过，"虎王"坦克的侧面装甲还是能被盟军坦克摧毁。

 机动性能

　　"虎王"坦克采用 HL230P30 型 V12 水冷汽油机，传动装置为"奥尔瓦"401216B 型机械式变速箱，有 8 个前进挡和 4 个倒车挡。行动装置包括双扭杆独立式弹簧悬挂装置和液力减震器，车体每侧有 9 个直径 800 毫米的负重轮，分为两排交错排列。主动轮在前，诱导轮在后。"虎王"坦克有 2 种履带，即用于铁路运输的 660 毫米履带和 800 毫米战斗履带。由于重量极大，且耗油量大，"虎王"坦克的机动性能较差，最大公路速度为 35 ～ 38 千米 / 时。

服役情况

　　"虎王"坦克于 1944 年开始正式服役，其分发模式和虎式战车一样，分发至 4 ～ 5 个小单位来使用。其首次部署是 1944 年 6 月 11 日划归德国第 503 独立重装甲营"统帅堂"1 连的"虎王"，它于 18 日在诺曼底首次参战。此后于 1944 年 8 月 12 日投入东线作战，首战为第 501 独立装甲营参与的争夺苏联维斯图拉河上巴拉诺夫桥头堡之战。在奥格莱德的战斗中几辆"虎王"曾被数辆 T–34–85 伏击击毁，其中 1 辆被送往库宾卡博物馆展出至今。在德布勒森战役中第 503 重坦营于匈牙利奋战，取得了 121 辆坦克、244 门反坦克炮、5 架飞机和 1 列火车的战果。

德国一号轻型坦克

一号坦克是德国于 20 世纪 30 年代研制的轻型坦克，在德国于二战初期的一连串闪电战攻势与胜利中占据相当重要的地位。

总体设计

一号坦克 A 型为轻型双人座坦克，车身装甲极为薄弱，且有许多明显的开口、缝隙以及缝合处，而引擎的马力也相当小。齿轮箱为标准的商用撞击式，共有 5 个前进挡和 1 个倒车挡。

车身乘载系统外部有大型的横杠，自外部连接每个路轮的轮轴直到惰轮为止。履带的驱动轮位于前方，以至于坦克底板下方有根传动轴从引擎经由驾驶员的脚旁连接到驱动轮。

基本参数	
长度	4.02 米
宽度	2.06 米
高度	1.72 米
重量	5.4 吨
最大速度	40 千米/时
最大行程	170 千米
涉水深	0.58 米
过直墙高	0.36 米
越壕宽	1.4 米
引擎功率	75 千瓦

2 名成员共用同一间战斗舱，驾驶员从车旁的舱门进入，而车长则由炮塔上方进入。在舱盖完全闭合的情况下，车内成员的视野极差，因此车长大多数时候都要露出炮塔以求获得更佳的视野。炮塔是借助手来转动，由车长负责操控炮塔上的 2 挺机枪，共携有 1525 发弹药。

B 型换装了迈巴赫 NL38 TR 引擎，车体加长，发动机改为纵置式，每侧有 5 个负重轮 (后 4 个装在平衡架上) 和 4 个托带轮。C 型与 A、B 型在外形上完全不同，它的短粗车体上装有平衡式交错重叠负重轮并使用现代化的扭杆式悬挂。搭载改进的早期二号坦克炮塔，装有 EW141 机关炮 1 门和 MG34 机枪 1 挺，其中 EW141 为 20 毫米反坦克速射炮。

服役情况

第一辆量产的一号坦克于 1934 年 9 月装备部队，至 1935 年 7 月装备数量已经达到了 475 辆。最初，这些坦克被用于组成规模较小的装甲教导部队，以培训坦克手熟悉机械化的战争方式。战争爆发后，一号坦克 A 型参加了波兰、法国战役。自 1940 年年末至 1941 年，一号坦克 A 型开始逐步从一线部队撤装，它们最后的战斗完成在 1941 年的芬兰和北非。

德国二号轻型坦克

二号坦克是德国于 20 世纪 30 年代研制的轻型坦克，在二战中的波兰战役与法国战役中扮演了重要的角色。

火力配置

二号坦克的主要武器为 20 毫米机炮，它只能射击装甲弹，全车带有 180 发 20 毫米弹药和 1425 发 7.92 毫米机枪子弹。大多数车型都配备有无线电。二号坦克的承载系统设计十分特别，5 个路轮分别安装在 1/4 椭圆的避震叶片上。前轮位于前方、惰轮则在后方，履带虽为窄型，但仍十分坚固。

总体设计

基本参数	
长度	4.8 米
宽度	2.2 米
高度	2 米
重量	7.2 吨
最大速度	40 千米 / 时
最大行程	200 千米
乘员	3 人
发动机功率	105 千瓦

二号坦克的车体和炮台由经过热处理的钢板焊接而成，前方装甲平均厚约 30 毫米，而后侧方装甲则为 16 毫米。发动机室位于车体后方，动力经由战斗舱传至前方 ZF 撞击式的齿轮箱，总计有 6 个前进挡、1 个倒车挡，由离合器以及刹车来进行控制。驾驶座位于车身左前方，战斗舱上方为炮台，位置略往左偏。

德国三号中型坦克

　　三号坦克是德国于 20 世纪 30 年代研制的一款中型坦克，并广泛地投入于二战。

火力配置

　　早期生产的三号坦克 (A 型 ~ E 型，以及少量 F 型) 安装由 PAK36 反坦克炮所改装而成的 37 毫米坦克炮，以应付 1939 年及 1940 年的战事。后来生产的三号坦克 F 型 ~ M 型都改装 50 毫米 KwK38 L/42 及 KwK39 L/60 型火炮，备弹 99 发。该炮虽然初速度仍然偏低，但也因此可以发射高爆弹药，而射程也超过英军的 2 磅炮。1942 年生产的 N 型换装 75 毫米 KwK37 L/24 低速炮 (四号坦克早期所使用的火炮)，备弹 64 发。辅助武器方面，A 型 ~ H 型都使用 2 挺 7.92 毫米机枪，以及 1 挺在车身中的机枪。而从 G 型则开始使用 1 挺同轴 MG34 机枪以及 1 挺在车身中的机枪。

基本参数	
长度	5.52 米
宽度	2.9 米
高度	2.5 米
重量	22 吨
最大速度	40 千米 / 时
最大行程	155 千米
乘员	5 人
装甲厚度	30 毫米

装甲防护

　　三号坦克 A 型 ~ C 型均装上了以滚轧均质钢制成的 15 毫米轻型装甲，而顶部和底部分别装上 10 毫米及 5 毫米的同类装甲。后来生产的三号坦克 D 型、E 型、F 型及 G 型换装新的 30 毫米装甲，但在法国战场中仍然无法防御英军 2 磅炮的射击。之后的 H 型、J 型、L 型及 M 型遂在坦克正后方的表面覆上另一层 30 ～ 50 毫米的装甲，这也导致三号坦克无法有效地作战。

 机动性能

三号坦克 A 型～ C 型采用 230 马力 (169 千瓦) 的十二缸迈巴赫 HL 108 TR 发动机，而以后的型号使用 320 马力 (235 千瓦) 的十二缸迈巴赫 HL 120 TRM 发动机，越野能力较强。早期各型装有 1 组预选式变速齿轮箱，提供 10 个前进挡以及 1 个倒车挡的功能。虽然使坦克操控性相比同时期的其他坦克高，但也使齿轮箱的结构变得很复杂，维修困难。之后的 H 型进行了改良，将复杂的 10 段变速齿轮箱改为 6 段的手动操作式，而履带也加宽以承受改装所增加的重量。悬吊系统采用裴迪南·保时捷所研发的扭力杆，相对比起四号坦克所采用的板状弹簧复杂许多。

服役情况

三号坦克在波兰战役、法国战役、北非战役、东线的战斗中都有使用。波兰战役爆发时，只有 98 辆极早期型的三号坦克 (主要是 D 型) 可以使用。因此，三号坦克在波兰战役中并未成为主力。一共有 350 辆三号坦克参与了法国战役。尽管当时 F 型已经投入生产，但大部分的三号坦克安装的还是无法有效击穿英法联军战车装甲的 37 毫米火炮。

德国四号中型坦克

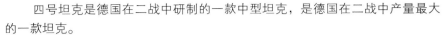

四号坦克是德国在二战中研制的一款中型坦克，是德国在二战中产量最大的一款坦克。

火力配置

四号坦克采用 1 门 75 毫米火炮，最初型号为 KwK 37 L/24，主要配备高爆弹用于攻击敌方步兵。后来为了对付苏联 T-34 坦克，便为 F2 型和 G 型安装了 75 毫米 KwK 40 L/42 反坦克炮，更晚的型号则使用了威力更强的 75 毫米 KwK 40 L/48 反坦克炮。该炮的威力仅次于德国"虎"式坦克的 88 毫米 KwK 36 L/56 坦克炮，可在 1000 米距离上击穿 110 毫米厚的装甲。该坦克的辅助武器为 2 挺 7.92 毫米 MG 34 机枪，主要用于对付敌方步兵。

基本参数	
长度	5.89 米
宽度	2.88 米
高度	2.68 米
重量	23 吨
最大速度	40 千米 / 时
最大行程	300 千米
爬坡度	30 度
涉水深	1 米
过直墙高	0.6 米
越壕宽	2.2 米

装甲防护

四号坦克有多种型号，其装甲厚度各不相同，A 型的侧面装甲厚度为 15 毫米，顶部和底部分别为 10 毫米和 5 毫米。虽然这样的装甲厚度非常薄弱，但是出于其反步兵的作战任务还是够用的。反坦克型的四号坦克装甲厚度得到大幅提高，其中 B 型装甲厚度为 30 毫米，E 型达 50 毫米，H 型达 80 毫米。而且许多四号坦克还添加了附加装甲层，且常在车身涂上一层防磁覆盖物。

机动性能

早期型号的四号坦克采用迈巴赫十二缸 HL108 TR 发动机，输出功率约为 169 千瓦，后期型号改为迈巴赫十二缸 HL 120 TRM 发动机，输出功率为 235 千瓦，采用钢板弹簧悬挂系统，最大速度为 40 千米 / 时，最大行程达 300 千米。

服役情况

从战火未起到二战结束，德国总共生产逾 8800 辆四号坦克或其改造型。四号坦克参加了几乎所有战役，而且极为可靠，没有像"豹"式坦克初期型号般有大量技术问题，被德军装甲兵昵称为"德意志军马"。四号坦克除了由德国自行使用，也出口至其他国家，甚至二战结束后仍有国家将其投入战争。

法国夏尔 B1 重型坦克

夏尔 B1 坦克是法国在二战前研制的重型坦克。

性能解析

夏尔 B1 坦克采取了隔舱化设计，坦克车体内部分为两个主要舱室，由一个防火隔板隔开。车组乘员（车长 / 炮手，驾驶员 / 炮手，主炮装填手和机电员）位于前部隔舱内，而发动机、油箱和传动装置则位于后部隔舱。这种设计提高了车体乘员的生存能力。坦克的驾驶舱位于车体中央左部，驾驶舱外壳也是整体铸造的（装甲厚度为 48

基本参数	
长度	6.37 米
宽度	2.46 米
高度	2.79 米
重量	30 吨
最大速度	28 千米 / 时
最大行程	200 千米

毫米），它与车体的其他部分采用铆接的方式连接。夏尔 B1 坦克配备 47 毫米及 75 毫米火炮各一门，由于车长是唯一位于炮塔中的乘员，他除了要负责整车的指挥之外，还需要操作 47 毫米火炮进行战斗。不过，夏尔 B1 坦克有两名负责无线电的乘员，其中一名可以帮助装填炮弹，加快发射炮弹的速度，增强战场的主动性。

服役情况

二战爆发时，夏尔 B1 坦克已经装备了法军的 4 个预备队装甲师。每个装甲师辖 2 个中型坦克营、4 个重型坦克营和 1 个轻型坦克营。在 1940 年西线战役期间，部分夏尔 B1 坦克安装了比较完备的车内通信系统，车组乘员可以在战斗中使用喉部通话器和送话机进行通信交流。

法国 ARL 44 重型坦克

ARL 44 坦克是法国在二战时期开始研制的重型坦克。

性能解析

ARL 44 重型坦克的炮塔参考了 Char B1 坦克的设计，能安装由高射炮改装的 90 毫米 DCA 火炮，带有炮口制退器。总的来说，ARL 44 坦克是一个不太令人满意的临时设计，后人常常把它叫做"过渡坦克"，其主要目的是为建造更重的坦克积累经验。ARL 44 坦克最初采用 1 门 44 倍口径的 76 毫米火炮，但是这门只有在 1000 米距离上才能穿透 80 毫米钢

基本参数	
长度	10.53 米
宽度	3.4 米
高度	3.2 米
重量	50 吨
最大速度	30 千米 / 时
最大行程	350 千米

板的火炮很快就被否决了，换装了口径更大的 90 毫米 DCA 火炮。ARL 44 坦克的辅助武器是两挺 7.5 毫米 MAC 31 机枪。

服役情况

1949 年先期生产出的 17 辆 ARL 44 重型坦克，被用来替换法国陆军第503 坦克营中的部分"黑豹"坦克。其仅有一次公开露面，只是在 1951 年 7 月 14 日的法国国庆阅兵式上，第 503 团的 10 辆 ARL 44 以整齐的队形隆隆开过香榭丽舍大街。1953 年，全部的 ARL 44 坦克都从法军的战斗序列中被除名。

法国 S-35 中型坦克

S-35 坦克是法国索玛公司在二战时期研制的一款中型坦克。

性能解析

S-35 坦克战斗全重将近 20 吨，乘员 3 人，炮塔正面装甲厚度 55 毫米，车身装甲厚度 40 毫米，最薄弱的后部也有 20 毫米，防护效果相当不错。该坦克还有自动灭火系统，关键位置还设有洒出溴甲烷的装置。与德军三号坦克相比，S-35 坦克的火力和防护力都毫不逊色，只有机动性能略差。

基本参数	
长度	5.38 米
宽度	2.12 米
高度	2.62 米
重量	19.5 吨
最大速度	40 千米 / 时
最大行程	230 千米

S-35 坦克装备 1 门 47 毫米 L/40 加农炮，为二战初期西线战场威力较大的坦克炮之一。辅助武器为 1 挺 7.5 毫米同轴机枪，可选择性安装。S-35 坦克一共装有 118 发炮弹（其中 90 发为穿甲弹，28 发为高爆弹）和 2250 发机枪子弹。

服役情况

S-35 坦克在 20 世纪 30 年代中期开始装备法军骑兵部队，法军一共有超过 400 辆 S-35 坦克，但只有 243 辆装备部队，其余的都停在仓库里面。S-35 坦克跟德军的对手 Pz3 型相比，火力和防护都胜过一筹，只有动力稍逊。

日本九五式轻型坦克

　　九五式轻型坦克是由日本三菱重工业于 1934 年生产，它是当时日本的轻型坦克中性能最好的一款，其主要任务为支援步兵并伴随车辆快速前进。

性能解析

　　九五式轻型坦克采用了中等直径的负重轮，每侧拥有 4 个，前面为主动轮，后面为诱导轮。平衡式悬挂装置，每 2 个负重轮为 1 组，并通过平衡臂使水平螺旋弹簧拉伸或压缩。在坦克的每侧拥有 2 个托带轮，履带是钢质的，其节距较短。九五式轻型坦克的最大行驶速度达到了 40 千米 / 时，这在 20 世纪 30 年代中期处于较高的水平。

基本参数	
长度	4.3 米
宽度	2 米
高度	2.2 米
重量	7.4 吨
最大速度	40 千米 / 时
最大行程	250 千米

步兵用装甲车

　　虽然二战的机械化程度已经较高，但是步兵用的装甲车辆依然远不及现代普及。二战著名的步兵用装甲车主要有德国 Sd.Kfz.250 半履带轻型装甲车和美国 M2 半履带车、M8 装甲车等。

德国 SdKfz 250 半履带轻型装甲车

　　SdKfz 250 是一款半履带式装甲输送车，在二战期间被德军大量使用。

性能解析

　　SdKfz 250 配备的发动机为迈巴赫公司的 HL42TRKM 型六缸直列水冷汽油机，置于车体前部。传动装置为机械式，采用"瓦罗莱科斯"半自动变速箱，这种变速箱有 7 个前进挡和 3 个倒车挡。

　　该车的行动部分前部为轮式，后部为履带。其履带部分占到全车长的约 3/4，在车体每侧拥有 4 个负重轮，比 D7 型运输车的少 1 个，从而缩短了底盘的长度。主动轮在前，诱导轮在后，负重轮交错排列。履带为金属制造，每条履带由 38 块带橡胶垫的履带板组成，带宽 240 毫米。

　　SdKfz 250 半履带装甲车车内配备 2 名乘员，即驾驶员和车长，还可容纳 4 名载员。车上武器只有 1 挺 7.92 毫米机枪，安装在车体顶部前面。

基本参数	
长度	4.56 米
宽度	1.95 米
高度	1.66 米
重量	5.8 吨
最大速度	76 千米 / 时
最大行程	320 千米

德国 SdKfz 251 半履带装甲车

SdKfz 251 是德国二战时期研制的一款半履带装甲车，于 1939 年正式批量生产，一直生产到 1945 年德国战败，共生产 16 000 辆左右，几乎参加了二战中后期所有重大战斗。

性能解析

SdKfz 251 半履带装甲车采用了当时不多见的半履带驱动方式，以增强在恶劣地形下的越野能力，并能运载 12 名步兵。该车使用迈巴赫 HL42TUKRM 发动机，动力为 74 千瓦，前方装甲 14.5 毫米、侧面 8 毫米、底盘 6 毫米。

SdKfz 251 半履带装甲车的半履带结构使其维修和保养比较复杂，也大大增加了非战斗

基本参数	
长度	5.8 米
宽度	2.1 米
高度	1.75 米
重量	7.81 吨
最大速度	52.5 千米 / 时
最大行程	300 千米
乘员	12 人
发动机功率	75 千瓦

损耗。公路上的行进效果比不上轮式车辆，泥泞等复杂地形又不如坦克，而且其前轮不具备动力，也无刹车功能，只负责转向导向。而转向也严重依赖后履带的"转速差"。而同期美国的 M3A4 型半履带车前轮拥有动力和刹车，功率也比 SdKfz 251 大 40%，所以 SdKfz 251 在战争后期，尤其是东线战场不能满足战术要求。

该车在基本型基础上生产了指挥车、喷火车、反坦火炮车、通信车、迫击炮车、火箭炮车、红外线夜间装备照射车等多种用途的改进型。从 D 型开始，为了提高生产产量，同时增加防护能力，简化了外形，并增加了侧面的杂物箱。取消了外装甲上不必要的开口，后部装甲改用反向倾斜设计。

美国 M2 半履带车

M2 半履带车是美国在二战时期研制并投入使用的一款装甲车，其产量高达 13 500 辆。

性能解析

二战时期，美国为了弥补轮式车辆通过性差、履带式机动性不高的缺点，研发了 M2 半履带车。这款半履带车是怀特汽车公司以 M3 装甲侦察车的车体，加上雪铁龙公司的半履带车零部件组合而成，在提高车辆性能的同时造价却没有上涨多少。后来，美军发现半履带车其实没有预想的那么优秀，但是在路面通过性上确实比轮式车辆强多了。由于 M2 系列半履带车的通用性很高，所以在二战结束后还被不断的升级，以延长服役寿命。

基本参数	
长度	5.96 米
宽度	2.2 米
高度	2.26 米
重量	9 吨
最大速度	64 千米 / 时
最大行程	515 千米

服役情况

第一辆正式版本的 M2 半履带车于 1941 年投入战场，包括菲律宾、北非和欧洲战场的美国陆军及在太平洋沿岸战场的美国海军陆战队都大量装备该车。约 800 辆 M2 及 M9 通过租借法案被送往苏联。剩下的则交给盟军，主要是南美诸国装备。M2 系列因为通用性高，在二战及战后被不断升级以延长服役寿命。阿根廷陆军一直沿用升级版的 M9 半履带车至 2006 年，并把这批 M9 捐赠给玻利维亚。

美国 M3 装甲侦察车

M3 是由怀特汽车公司设计的一款装甲侦察车，是美国在二战时期的主要装甲车之一，主要用于巡逻、侦察、指挥、救护、火炮牵引等。

服役情况

M3A1 首次作战是在 1941—1942 年的菲律宾战场，也装备了位于北非战场及西西里岛的美国陆军骑兵部队，主要用于侦察、指挥和火力支援。直至 1943 年中期，由于 M3A1 采用开放式车壳令其防护能力降低，4 轮设计对山地及非平地的适应能力不足，美国陆军在 1943 年开始以M8 装甲车和 M20 通用装甲车作取代。只有少量的 M3A1 服役于诺曼底及太平洋战场的美国海军陆战队二线部队。

基本参数	
长度	5.63 米
宽度	2.1 米
高度	2 米
重量	5.67 吨
最大速度	81 千米 / 时
最大行程	403 千米
乘员	7 人
装甲厚度	6 ~ 13 毫米
发动机功率	81 千瓦

除了美国外，二战时的 M3A1 亦通过租借法案交给同盟国部队，苏联红军接收了 3034 辆，主要作用于侦察和作为 ZIS−3 榴弹炮的火炮牵引车 (一直服役至 1947 年)，而英国和自由法国部队则用于火炮观测、侦察和用作救护车。

美国 M8 装甲车

M8 轻型装甲又名"灰狗"，是美国福特公司在二战期间为美军研发的一款 6×6 装甲车，该装甲车在一些第三世界国家一直装备到 21 世纪。

性能解析

M8 装甲车的主武器为 M6 型 37 毫米火炮，并配有 M70D 望远式瞄准镜；副武器为 1 挺 7.62 毫米同轴机枪和 1 挺安装在开放式炮塔上的 M2 防空机枪。该车的车组成员为 4 名，包括车长、炮手兼装填手、无线电通信员及驾驶员。其中驾驶员和无线电通信员的座位在车体前端，并能够打开装甲板直接观察路面环境。车长则位于炮塔的右方，炮手在炮塔的正中间位置。

基本参数	
长度	5 米
宽度	2.54 米
高度	2.25 米
重量	7.8 吨
最大速度	90 千米 / 时
最大行程	563 千米

服役情况

M8 的首次作战是在 1943 年的意大利战场，后服役于欧洲和远东地区美国陆军部队。在亚洲战场时由于日军坦克及装甲车的装甲薄弱，M8 甚至成为反坦克武器。超过 1000 辆通过租借法案提供给英国、法国和巴西。

美军及英军的 M8 主要用于侦察、反步兵，而意大利和北欧战场因为山区较多，M8 的越野性能也受到车组成员的批评，指车辆应付地雷、泥浆、雪地和深坑的能力不足。他们认为 M8 更适合平地作战。英军甚至会在车内地板放置沙包以减低地雷所造成的伤害。还有其他批评指 M8 不适合承担火力支援任务。

　　美国陆军在 1943 年早期已开始提出取代 M8 装甲车，包括在 1944 年夏天推出的 Studebaker T27 和雪佛兰的 T28，两者皆比 M8 更为优秀，但当时已无须新型装甲车服役。二战后，美国陆军的 M8 主要用于占领区的巡逻和维持治安。后来的韩战只服役很短时间便退役了。一批退役的 M8 转交给美国警队作防暴装甲车，一直服役至 20 世纪 90 年代。法国在二战后至法越战争前也有采用。美国、英国和法国的 M8 大部分已交给北约部队及第三世界国家，直至 2002 年，非洲及南美仍然可见 M8 的踪影。

第 5 章
步兵重武器

　　步兵重武器通常指各种需要机械动力支持或者需要多人搬运的武器，主要作战用途为摧毁敌人重要军事设施、摧毁敌人的武器、大面积杀伤敌人有生力量等。二战中步兵重武器发挥的作用巨大，在战争中起着决定胜负的关键作用。

机 枪

机枪是步兵最重要的伴随火力。机枪的好坏往往直接影响一线士兵的战斗力。在二战中使用的机枪有德国 MG42 通用机枪、美国 M2 重机枪等。

美国 M1917 重机枪

M1917 是美国枪械设计师勃朗宁研发的水冷式 7.62 毫米重机枪，1917 年成为美军的制式武器。其原型最早于 1900 年研发，并获得专利。

▶ 性能解析

M1917 重机枪的瞄准装置为立框式表尺和可横向调整的片状准星。枪管使用水冷方式冷却，在枪管外套上有 1 个可以容纳 3.3 升水的套筒。机枪全长为 968 毫米，枪管长 607 毫米，机枪重 15 千克，另外有 1 副重达 30.5 千克的枪架。该枪体积不算太大，但是加上三脚架却有超过 45 千克的重量，显得非常笨重。M1917 采用短行程后坐作用式。

基本参数	
口径	7.62 毫米
枪长	968 毫米
枪管长	607 毫米
枪重	15 千克
枪口初速	854 米 / 秒
射速	450 发 / 分

当射击时，子弹弹出的反作用力令枪管及其延伸部分、枪柱同时后坐。当后坐了 16 毫米，枪管和枪管延伸部分会停止后退。这时枪柱会开锁而它会继续后退去完成退弹壳和拉弹链。之后它会被复进簧推向前从而把下一发子弹上膛。

美国 M1919 A4 重机枪

M1919 A4 是 M1917 重机枪的改进型，是美国陆军在二战期间最主要的连级机枪。

性能解析

M1919 A4 重机枪是美国军队的制式武器。它是 M1917 A1 勃朗宁重机枪 (水冷式) 的改进型，其主要改进是去掉水筒，改水冷为气冷。它的一大特点就是枪管外部有一散热筒，筒上有散热孔，散热筒前装有助退器。它发射 7.62 毫米 M1 式重尖弹和 M2 式尖弹，弹头初速为 860 米 / 秒，由 250 发弹带供弹，理论射速为 500 发 / 分，膛线右旋 4 条，缠距为 254 毫米，枪全长为 1044 毫米，枪管长为 610 毫米，瞄准基线长为 353 毫米，枪身重约为 14.1 千克，枪架重为 6.36 千克，枪全重为 20.46 千克，枪架高低射界为 –45°~ + 27°，枪架方向射界为 360°。

基本参数	
口径	7.62 毫米
枪长	1044 毫米
枪管长	610 毫米
枪重	14.1 千克
枪口初速	860 米 / 秒
射速	500 发 / 分

结构特点

M1919 A4 重机枪由 M1917 重机枪的水冷方式改进为气冷，全枪重量大为减轻，既可车载又可用于步兵携行作战。其外观上明显的特征是枪管外部有一散热筒，筒上有散热孔，散热筒前有助退器。二战时美军研制了可以同时携带枪身和三脚架的专用携行具，但由于单个士兵本身负重所限，想要迅速地转移机枪和所必备的弹药很困难。在实战中，很多情况下士兵只能依靠 M1919 A4 的枪身来进行概略射击，其作战效能大打折扣。

美国勃朗宁 M2 重机枪

勃朗宁 M2 是由约翰·勃朗宁在一战后设计的重机枪，从 1921 年服役至今。

性能解析

M2 重机枪采用的大口径 .50 BMG 弹药有高火力、弹道平稳、极远射程的优点，每分钟 450 ~ 550 发（二战时空用版本为每分钟 600 ~ 1200 发）的射速及后坐作用系统令其在全自动发射时十分稳定，命中率亦较高，但低射速也令其支援火力降低。

勃朗宁 M2 发射 M2 普通子弹时的最大射程可达 7.4 千米（4.55 英里），装在 M3 三脚架亦有 1.8 千米（1.2 英里）的有效射程。勃朗宁 M2 净重 38 千克 (84 磅)，其 M3 三脚架全重 20 千克 (44 磅)，V 字"蝴蝶形"扳机装在机匣尾部并附有 2 个握把，射手可通过闭锁或开放枪机来调节全自动或半自动发射。勃朗宁 M2 用途广泛，为了对应不同配备，它更可在短时间内改为机匣右方供弹而无需专用工具。

由于发射训练用途的空包弹时膛压较低，需要在枪管以 3 条特制金属管装上空包弹助退器以确保有足够燃气来保持自动循环作用。

基本参数	
口径	12.7 毫米
枪长	1650 毫米
枪管长	1140 毫米
枪重	38 千克
枪口初速	930 米 / 秒
射速	550 发 / 分

服役情况

勃朗宁 M2 自 1921 年起装备美军的飞机，步兵架设的火力阵地与军用车辆，如坦克、装甲运兵车等。

勃朗宁 M2 从 1921 年就开始使用服役至今，并经历了二战、朝鲜战争、越战、海湾战争、2001 年阿富汗战争、伊拉克战争，可说是极为成功的重机枪设计，也是美军轻武器中服役时间最长的一种。直到 21 世纪在各国服役皆有很好的评价。

美国 M1941 轻机枪

M1941 轻机枪是由美国梅尔文·约翰逊上尉于二战期间所设计的，由于具有质量轻、枪管容易拆卸、携行方便等特征，被美国海军陆战队选作制式武器，装备伞兵部队。

性能解析

美军在太平洋战争中装备了 M1941 轻机枪。但在使用中发现，该枪无法适应沙尘和泥水等环境。虽然后来又经过改良 (改良版为 M1944) 但还是没能解决核心问题，于是 1944 年该枪停产。二战结束后，美国有不少的枪械设计都使用了 M1941 轻机枪的设计理念，如 AR-10 自动步枪和 AR-15 自动步枪。

基本参数	
口径	7.62 毫米
枪长	1100 毫米
枪管长	560 毫米
枪重	5.9 千克
枪口初速	853.6 米 / 秒
射速	600 发 / 分

结构特点

M1941 约翰逊轻机枪是 M1941 半自动步枪的衍生型，设计者也是约翰逊上尉。两者也同样采用后坐作用式机械原理，也因此内部结构大同小异而且有很多零件可以通用。但由于 M1941 轻机枪要顾及全自动射击而有两种闭锁方式。当要半自动射击时枪机是关闭的以保证子弹的准确度，而当要全自动射击时枪机改为开放以便冷却。和步枪型相比，其上弹系统改成一个放在左侧的横置 20 发装弹匣，作为轻机枪，它也加上双脚架和手枪式把手。

德国 MG42 通用机枪

MG42 是德国于 20 世纪 30 年代研制的通用机枪，是二战中最著名的机枪之一。

性能解析

MG42 通用机枪的枪管更换装置结构特殊且更换迅速。该装置由盖环和卡笋组成。它们位于枪管套筒后侧，打开卡笋和盖环，盖环便迅速地将枪管托出。该枪采用机械瞄准具，瞄准具由弧形表尺和准星组成，准星与照门均可折叠。

基本参数	
口径	7.92 毫米
枪长	1220 毫米
枪管长	533 毫米
枪重	11.57 千克
枪口初速	755 米 / 秒
射速	1500 发 / 分

结构特点

MG42 采用反冲后坐操作滚轮式枪机进行枪支操作，并且采用短行程反冲后坐行程与枪口增压器加强枪机的运作速率。MG42 的枪机包括 1 个枪机头，1 对滚轴，1 个击槌套、枪机槽，以及 1 个粗大的复进簧。这些组件负责将枪机向前推进击发子弹后再向后进行退壳抛壳重新进弹的全自动程序，粗大的复进簧除了承受枪机的反冲后坐之外，也将待命的击槌向前推回。MG42 的枪机与药室的后缘相契合，亦即枪管后缘是分杈式，枪机头顶进开杈的部分就形成闭锁。MG42 的枪机采用开放式枪机；一般枪支为闭锁式枪机，上膛后枪机会先被拉柄带到复进端之后再被复进簧弹回药室端闭锁（手动枪机则靠射手自己），同时完成进弹的动作准备击发。开放式枪机例如大部分的冲锋枪或者机枪为上膛后被阻铁固定在复进端中，枪机同时压缩复进簧与击槌，等待射手扣下扳机。

德国 MG34 通用机枪

MG34 通用机枪是 20 世纪 30 年代德军步兵的主要机枪，也是其坦克及装甲车辆的主要防空武器之一。

性能解析

MG34 通用机枪可用弹链直接供弹，作轻机枪使用时的弹链容弹量为 50 发，作重机枪使用时用 50 发弹链彼此联结，容弹量为 250 发。该枪还可用 50 发弹链装入的单室弹鼓或 75 发非弹链的双室弹鼓挂于机匣左面供弹，但改装成 75 发双室弹鼓后无法直接改回弹链供弹。MG34 通用机枪使用的弹药和毛瑟步枪相同，均为 7.92×57 毫米子弹。

基本参数	
口径	7.92 毫米
枪长	1219 毫米
枪管长	627 毫米
枪重	12.1 千克
枪口初速	755 米 / 秒
射速	900 发 / 分

结构特点

MG34 的枪管可以快速更换，只需将机匣与枪管套间的固定锁打开，再将整个机匣旋转即可取出枪管套内的枪管。MG34 的扳机设计独特，扳机护环内有一个双半圆形扳机，上半圆形为半自动模式（印有 E 字母），而下半圆形设有按压式保险的扳机则为全自动模式（印有 D 字母）。

轻机枪模式时的 MG34 连两脚架重 12.1 千克，而中型及重机枪模式时可选重 6.75 千克的三脚架或较大型、重 23.6 千克名为 MG34 Laffette 的三脚架，除了一个可调式照门外，机匣左面有另一个翻开式的长程照门，也可增加望远式瞄准镜作长程射击用途，甚至加装潜望镜以保证射手在战壕中射击而无须暴露在火线范围内。

德国 MG13 轻机枪

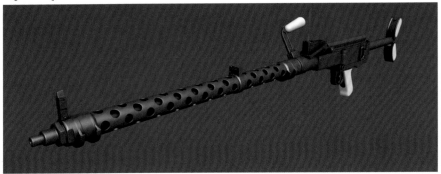

　　MG13 是由德莱赛 M1918 水冷式轻机枪改造而成的气冷式轻机枪，是德军在 20 世纪 30 年代的主要武器装备之一，并在二战中使用。

性能解析

　　MG13 轻机枪的气冷式枪管可迅速更换，发射机构可进行连发射击，也可单发射击。该枪设有空仓挂机，即最后一发子弹射出后，使枪机停留在弹仓后方。MG13 轻机枪使用 25 发弧形弹匣供弹，也可使用 75 发弹鼓，所用弹药为德国毛瑟 98 式 7.92 毫米子弹，弹壳为无底缘瓶颈式。另外，该枪使用机械瞄准具，配有弧形表尺，折叠式片状准星和 U 形缺口式照门。

基本参数	
口径	7.92 毫米
枪长	1448 毫米
枪管长	718 毫米
枪重	12 千克
射程	2000 米
射速	750 发 / 分

结构特点

　　MG13 的枪管被包藏在布满小洞的风冷枪管套中。此套备有把手，不但可以快速更换枪管也便于持枪。25 发弹匣在左侧横置。此枪采用短冲程后坐作用式，双杠杆后闭锁系统。开火时把子弹弹出的反作用力令枪管节套和杠杆一起后退，从而令开锁斜面转动开锁。开锁后枪管令加速凸轮转动，加速凸轮又令枪机加速后退，从而退出弹壳，然后枪机又在复进簧的推动下前进，把下一发子弹上膛。

苏联捷格加廖夫 DP/DPM 轻机枪

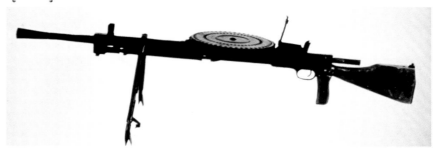

DP 轻机枪是由武器设计师瓦西里·捷格加廖夫主持设计的，1928 年装备苏联红军。DPM 轻机枪是 1944 年研制的改进型。该系列轻机枪是苏联在二战中装备的主要轻机枪之一。

性能解析

DP 轻机枪结构比较简单，一共只有 65 个零件，制造工艺要求不高，适合大量生产。这也是它被苏军广泛采用的原因之一。弹盘圆状是该枪最大的特征，它平放在枪身的上方，由上下两盘合拢构成，上盘靠弹簧使其回转，不断将子弹送至进弹口。发射机构只能进行连发射击，有手动保险。枪管与机匣采用固定式连接，不能随时更换。枪管外有护筒，下方有活塞筒，内装活塞和复进簧。枪身的前下方装有两脚架。

基本参数	
口径	7.62 毫米
枪长	1270 毫米
枪管长	604 毫米
枪重	9.12 千克
射程	800 米
射速	600 发 / 分

结构特点

DP 轻机枪的零件多为切削加工。采用导气式，其闭锁方式被称为鱼鳃式，特点是用两个左右设置的闭锁挡片。当撞针向前时强迫挡片向外伸出卡在机匣内侧的闭锁面以形成闭锁，当枪机框向后运动时，上边的开槽与闭锁挡片相互作用使其收回使枪机框能带动枪机向后运动开锁。此种闭锁方式由瑞典人发明，由于类似鱼类呼吸故名鱼鳃式。优点是没有一般旋转闭锁枪机的"旋转"过程，也不需要在枪管 / 枪管节套末端加工闭锁需要的凸起和开槽，比较方便生产。缺点是如果在组装武器时遗漏闭锁挡片，武器仍然有可能上膛并击发而导致故障甚至事故。其复进簧套在活塞杆上，虽然减小了机匣长度，但长期使用后，复进簧受热，弹力会逐渐减弱最终引发故障，必须更换。

苏联 RPD 轻机枪

RPD 轻机枪是苏联于二战末期所研发，由于性能优越，至今仍在俄罗斯在内的许多国家军队中服役。

性能解析

RPD 轻机枪采用导气式工作原理。闭锁机构基本由 DP 轻机枪改进而成，属中间零件型闭锁卡铁撑开式，借助枪机框击铁的闭锁斜面撞开闭锁片实现闭锁。该枪采用弹链供弹，供弹机构由大、小杠杆、拨弹滑板、拨弹机、阻弹板和受弹器座等组成，弹链装在弹链盒内，弹链盒挂在机枪的下方。

基本参数	
口径	7.62 毫米
枪长	1037 毫米
枪管长	521 毫米
枪重	7.5 千克
枪口初速	735 米 / 秒
射速	650 发 / 分

该枪击发机构属平移击锤式，机框复进到位时由击铁撞击击针。该枪的瞄准装置由圆柱形准星和弧形表尺组成。准星可上下左右调整，两侧有护翼。表尺有 U 形缺口照门，表尺板上刻有 10 个分划，每个分划代表 100 米距离。另外，该枪还设有横表尺用以修正方向，转动移动螺杆可使照门左右移动。

结构特点

RPD 轻机枪拥有 2 根可以叠起来的两脚架。其子弹从弹鼓中透过 1 条 100 发子弹的金属弹链输送。弹鼓装在机匣下方，弹链从左边进入机匣。RPD 轻机枪使用 7.62×39 毫米子弹，但因使用专门的金属弹链来供弹，并无法直接使用一般步枪的弹匣。枪托和手柄是木质的，其余部分是钢质的。在制动机制方面，RPD 轻机枪采用瓦斯气压传动式，在枪机左右两侧各有 1 个突耳，利用这 2 个突耳，使枪机与枪机容纳部完成闭合，属于典型的狄格帖诺夫设计。

苏联 SG-43 重机枪

SG-43 是由古尔约诺夫在二战期间研制成功的重机枪，用以取代 M1910 式马克沁重机枪，增强 DP/DPM 轻机枪的火力，在二战期间发挥了很大作用。

性能解析

虽然 SG-43 重机枪有结构简单、动作可靠、威力大、精度好等优点，但也存在重量较大、携行不便的弊端，所以无法适应低强度条件的军事行动。该枪采用导气式工作原理，闭锁机构为枪机偏转式，机框上的靴形击铁与枪机上的靴形槽相互作用，使枪机偏转，进行闭锁。该枪瞄准装置由圆柱形准星和立框式表尺组成，照门为方形缺口式，上有横表尺，可进行风偏修正。表尺框左边刻度为发射重弹用的分划，右边刻度为发射轻弹用的分划。

基本参数	
口径	7.62 毫米
枪长	1150 毫米
枪管长	720 毫米
枪重	13.8 千克
枪口初速	800 米 / 秒
射速	700 发 / 分

结构特点

SG-43 重机枪配用捷格加廖夫轮式枪架，而改进后的 SGM 重机枪配用西多连科·马利诺夫斯基框形三脚架，两种枪架都可以变换成高射状态射击。该枪瞄准装置由圆柱形准星和立框式表尺组成。照门为方形缺口式，上有横表尺，可进行风偏修正。表尺框左边刻度为发射重弹用的分划，右边刻度为发射轻弹用的分划。准星可上下左右调整，准星两侧有护翼。

日本九六式轻机枪

九六式轻机枪是日本在昭和天皇十一年（公元 1936 年）研发的一款轻型机枪。因当年为日本神武纪元 2596 年，所以该机枪被命名为"九六式"。

性能解析

九六式的瞄准装置为机械式瞄准具，由刀锋状前准星和叶片形后准星组成，可以对风偏进行修正。而且该枪还可以在机匣上方安装瞄准镜。枪管末端有一个提把，枪托为鱼尾形，拉机柄在枪机左侧，在上方有退壳装置。此外，该枪还可以在活塞筒前面安装刺刀。虽然九六式采用的是和"捷克"式相同的上方供弹，但是九六式的弹匣容量为 30 发，而"捷克"式的弹匣容量为 20 发，所以在火力持续性上，九六式更胜一筹。而且该枪相比"歪把子"而言在重量上要轻 1.1 千克，大大增强了机枪的机动性。但是，由于该枪的口径仅为 6.5 毫米，所以在杀伤力和侵彻力上有所不足。

基本参数	
口径	6.5 毫米
枪长	1070 毫米
枪管长	550 毫米
枪重	9 千克
枪口初速	735 米 / 秒
射速	500 发 / 分

结构特点

九六式轻机枪由于在建造上采用了以法国制的 Hotchkiss 轻机枪为基础的气冷式、气动式设计，几乎可说与十一式轻机枪相同。虽然较强大的 7.7 毫米有坂子弹已被采纳并开始送往前线使用，但九六式轻机枪仍与十一式轻机枪一样，采用三八式步枪的 6.5×50 毫米有坂子弹。

与十一式最大的差异在于装在上方，容纳 30 发子弹的曲型可卸式盒状弹匣。这设计些许增强了可靠性，也减轻了此枪的重量。其拥有侧翼的枪管也可快速替换，以避免过热。九六式拥有刀锋状前准星以及叶片状后准星，上有 200 ～ 1500 米的刻度以及风向修正。在枪的右侧可安装 1 支有 10 度角视野的 2.5 倍放大望远瞄准镜。

九六式有着装在下方的折叠式双脚架，也可在枪管下的气动装置接上标准的步兵刺刀。此枪只能全自动射击，不过也可经由短暂地扣动扳机而发射单发。

英国马克沁重机枪

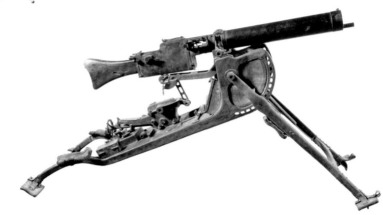

马克沁重机枪是由海勒姆·史蒂文斯·马克沁于 1883 年发明的，并在同年进行了原理性试验，之后于 1884 年获得专利。

性能解析

让马克沁重机枪光芒四射的是一战。当时德军装备了马克沁 MG08 重机枪，在索姆河战役中，一天的工夫就打死数万名英军。从那以后，各国军队相继装备马克沁重机枪，马克沁重机枪由此成为闻名的"杀人利器"。在二战中，马克沁重机枪已经落伍了，但仍有许多国家的军队在使用。虽然德军一线部队开发了 MG34 通用机枪和 MG42 通用机枪，但德军二线部队仍在使用马克沁 MG08 重机枪。

基本参数	
口径	7.69 毫米
枪长	1079 毫米
枪管长	673 毫米
枪重	27.2 千克
枪口初速	740 米 / 秒
射速	500 发 / 分

结构特点

马克沁重机枪是水冷式机枪，只要冷却水筒中有水，枪管的温度就不会超过 100℃。在射击时，枪管两端会漏一些水；所用的冷却水也不是循环的，射击前装满，作战时随时要往冷却水筒中加水。实际射击时，要打上两三个弹带，才会有蒸汽泄出。为了保证有足够子弹满足这种快速发射的需要，马克沁发明了帆布子弹带，带长 6.4 米，容量 333 发。弹带端还有锁扣装置，可以连接更多子弹带，以便长时间发射。

英国布伦式轻机枪

布伦式轻机枪是英国在二战中装备的主要轻机枪之一，也是二战中最好的轻机枪之一。

性能解析

布伦式轻机枪的枪管口装有喇叭状消焰器，在导气管前端有气体调节器，并设有 4 个调节挡。每一挡对应不同直径的通气孔，可以调整子弹发射时进入导气装置的火药气体量。其拉机柄可折叠，并在拉机柄 / 供弹口、抛壳口等机匣开口处设有防尘盖。布伦式轻机枪不但英军装备，也被保加利亚、印度、尼泊尔、荷兰、波兰、斯里兰卡、印度尼西亚、希腊等国大量采用。自 1938 年英军装备以来，布伦式轻机枪在世界多场战争和武装冲突中亮相，其中包括二战、第一次中东战争、第二次中东战争、印巴战争等。

基本参数	
口径	7.7 毫米
枪长	1156 毫米
枪管长	635 毫米
枪重	14 千克
枪口初速	743.7 米 / 秒
射速	520 发 / 分

结构特点

布伦式轻机枪最初是由捷克斯洛伐克布尔诺兵工厂所设计的 ZB vz.26 参加英国新型轻机枪选型。1933 年被英国军方选中，之后英国取得 ZB vz.26 的生产执照，并根据英国军方的要求改进而来。它同 ZB vz.26 轻机枪一样采用导气式工作原理，枪管下方备有瓦斯汽缸及瓦斯活塞，枪机采偏转式闭锁方式，即利用枪机后端的上下摆动来完成闭锁。弹匣位于机匣的上方供弹，从机匣正下方抛壳。与 ZB vz.26 明显的区别是布伦式轻机枪将枪管口径改为 7.7 毫米，发射英国军队的标准步枪子弹。为了适应英国军队使用的有底缘步枪子弹改成 29 发容量的弧形弹匣，缩短了枪管与导气管，并取消了枪管散热片。

布伦式轻机枪在导气管前端有气体调节器，设 4 挡调节，每一挡对应不同直径的导气孔，可调整子弹发射时进入导气装置的火药气体量。供弹口、抛壳口、拉机柄等机匣开口处均装有防尘盖。提把与枪管固定栓可快速更换枪管。装有两脚架，也可以装在三脚架上以增强射击稳定性。

英国刘易斯轻机枪

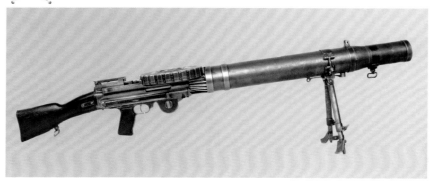

一战时期，除了英国军队装备刘易斯轻机枪之外，还有许多国家也装备了该机枪，比如澳大利亚、法国、挪威、俄国、加拿大和敌对的德国等。

性能解析

刘易斯轻机枪散热设计非常独特，枪管外包有又粗又大的圆柱形散热套管，里面装有铝质的散热薄片。射击时，火药燃气向前高速喷出，在枪口处形成低压区，使空气从后方进入套管，并沿套管内散热薄片形成的沟槽前进，带走热量。这种独创的抽风式冷却系统，比当时机枪普遍采用的水冷装置更为轻便实用。

基本参数	
口径	7.7 毫米
枪长	1283 毫米
枪管长	666 毫米
枪重	11.8 千克
枪口初速	745 米 / 秒
射速	750 发 / 分

1938 年，英军用布伦式轻机枪取代了刘易斯轻机枪。但是敦刻尔克撤退后，英国面临着火力不足的尴尬局面。"走投无路"的英国军队，不得不把已经"下岗"的刘易斯轻机枪再次搬出来。

英国贝莎重机枪

贝莎重机枪是英国在二战初期以捷克斯洛伐克的 ZB Vz.37 授权改进而成的重型机枪，由英国伯明翰轻兵器公司生产，因此以其名字缩写而命名。

性能解析

贝莎重机枪被用来当成坦克辅助武器使用，安装于"玛蒂尔达"步兵坦克和"丘吉尔"步兵坦克等装甲车辆上。另外英国还将其口径放大到15 毫米，用来装备给轻型装甲车辆，用于提升对地攻击能力。

基本参数	
口径	7.92 毫米
枪长	1100 毫米
枪管长度	740 毫米
枪重	21 千克
枪口初速	823 米 / 秒
射速	850 发 / 分

结构特点

贝莎重机枪采用气动式原理，气冷，机匣右则弹链供弹，所发射的弹药为有缘缩口瓶式 7.92 x 57 毫米步枪弹，而当时的英军普遍采用凸缘式 7.7 x 56 毫米作制式步枪弹，但生产版本并没有做出修改，而军需部解释称保留原本口径的原因是修改口径所需的技术、时间、资金太多，此举令当时广泛采用贝莎机枪作车辆副武器的皇家装甲军的后勤出现更大压力。

英国维克斯机枪

　　维克斯机枪是一战与二战期间英国军队所使用的中型机枪。基于维克斯机枪优异的设计，使它成为世界上著名的战争武器之一。

性能解析

　　维克斯机枪是马克沁重机枪的衍生产品，而且是衍生产品中最优秀的一款。基于马克沁机枪成功的设计，维克斯机枪做了一系列的改进。与前者相比，它具有重量较轻、体形较小、供弹良好等特点。一般来说，维克斯机枪连续发射约3000发子弹后，水桶中的水就会达到沸点；此后，

基本参数	
口径	7.7 毫米
枪长	1120 毫米
枪管长度	720 毫米
枪重	23 千克
枪口初速	744 米 / 秒
射速	600 发 / 分

每发射约1000发子弹，就会蒸发约1升的水。但是如果用一根橡胶管把水桶与冷凝罐连接起来，就可以把部分蒸气回收，使水可以循环使用。

　　这种水冷式的维克斯机枪能够长时间保持600发/分的射速，在多数情况下都有很强的可靠性。并大量安装于车辆、飞机、船只与防御工事。

结构特点

　　维克斯机枪的瞄准具十分特别。它使用金属瞄准具，可以用于近距离或远距离的射击；构造是一种管形装置，使用时，可用表尺对距离与风速进行判断来辅助使用。此外，维克斯机枪还可用来锁定某一射击区域。它的扳机是拇指推压装置，位于机匣后侧的两只握把末端。

捷克斯洛伐克 ZB-26 轻机枪

　　ZB-26 轻机枪是由捷克斯洛伐克 ZB 公司的哈力克兄弟于 1924 年主持研制的，是二战中最著名的轻机枪之一。

性能解析

　　ZB-26 的工作方式为长行程活塞导气式，闭锁方式为枪机偏转式，即靠枪机尾端上抬卡入机匣顶部的闭锁卡槽实现闭锁。该枪枪管外部加工有圆环形的散热槽，枪口装有喇叭状消焰器，膛口装置上四周钻有小孔，因没有气体调节器，所以不能进行火药气体能量调节。枪托后部有托肩板和托底套，内有缓冲簧以减少后坐力，两脚架可根据要求伸缩。枪管上靠近全枪中部有提把，方便携带和快速更换枪管。

基本参数	
口径	7.92 毫米
枪长	1150 毫米
枪管长	672 毫米
枪重	10.5 千克
枪口初速	744 米 / 秒
射速	500 发 / 分

结构特点

　　ZB-26 轻机枪结构简单，动作可靠，在激烈的战争中和恶劣的自然环境下也不易损坏，除使用维护方便。除射击精确以外，只要更换枪管就可以持续的射击。2 人机枪组，大大增强了机枪实战性能。经过简单的射击训练就可以使用该枪作战。

　　当时的轻机枪，多半使用弹匣供弹，装弹量有限，不像德国的 MG34/MG42 及美国的 M1919 系列，使用弹链供弹。因此，其提供持续火力的能力仍有限制，换弹匣的间隙会造成火力中断。客观来说，当时轻机枪的设计思路也并不要求长期持续射击，至于持续不断的射击，或者对集团敌军进行火力压制都是重机枪的任务。弹匣装弹量小在当时也是可以接受的。

瑞士富雷尔 M25 轻机枪

富雷尔 M25 轻机枪是二战期间瑞士军队的制式武器，以高射击精准度著称。即使在今天，它保证射击精准度的结构设计仍值得设计者借鉴。

性能解析

富雷尔 M25 轻机枪采用枪管短后坐式自动方式，而没有像当时的很多机枪那样采用导气式自动方式，因此降低了机件间的猛烈碰撞，使得抵肩射击变得容易控制，从而提高了射击精度。单发射击时，富雷尔 M25 轻机枪的射击精准度相当于狙击步枪。由于该枪的生产成本非常高，加上

基本参数	
口径	7.5 毫米
枪长	1163 毫米
枪管长	585 毫米
枪重	8.65 千克
枪口初速	800 米 / 秒
射速	450 发 / 分

瑞士中立国的国策，不允许武器向外出口，导致了该枪的生产数量极少，让其他对该轻机枪有兴趣的国家也无法进一步了解。

富雷尔 M25 轻机枪是一款枪管短后坐式轻机枪，由瑞士兵工厂的富雷尔上校在 20 世纪 20 年代设计，并于 1925 年进行批量生产。它使用 7.5 毫米瑞士标准步子弹，容弹 30 发，有着 450 发 / 分的射速。它有着刀片状准星，可调整的标尺照门。在两脚架有依托的射击时，可射击 800 米的目标。

日本大正十一式轻机枪

大正十一式轻机枪是日本在二战中使用较多的一款机枪。为了便于贴腮瞄准，该枪枪托向右弯曲，故在中国俗称"歪把子"机枪。

性能解析

十一式轻机枪是世界上"个性鲜明"的轻机枪，供弹方式是该机枪的最大特色。此外，该枪在结构设计上还有着两个非常突出的特点：第一，最大限度地遵从并且创造性地实现军方对武器性能的要求；第二，最大限度地吸收并且创造性地运用当时世界上先进的枪械原理。虽然十一式轻机枪在使用中暴露出了许多问题，并且在 1936 年被九六式轻

基本参数	
口径	6.5 毫米
枪长	1100 毫米
枪管长	443 毫米
枪重	10.2 千克
枪口初速	730 米 / 秒
射速	500 发 / 分

机枪替代；但是由于日本持续扩军的原因，十一式轻机枪并没有就此退役，而是转用于各个扩编师团。

丹麦麦德森轻机枪

麦德森机枪是世界上第一款大规模生产的实用轻机枪。1905—1950 年，有不少于 36 个国家装备过，并在世界各地的武装冲突中被广泛使用，直到 21 世纪，仍然可以看到其身影。

性能解析

在战场上，军方一般会选择能大批量生产的机枪，显然麦德森轻机枪不具备量产特性，因为该枪零部件公差要求小、结构复杂，导致生产成本较高。该枪之所以在当时备受欢迎，是因为它射击精度高、性能可靠和重量轻（当然这只是相对当时而言的）。

基本参数	
口径	6.5 毫米
枪长	1143 毫米
枪管长	584 毫米
枪重	9.07 千克
枪口初速	870 米 / 秒
射速	450 发 / 分

结构特点

麦德森轻机枪具有一个相当复杂而独特的操作循环。该枪使用混合了后坐作用的闭锁系统，加上以皮博马提尼后膛闭膛块系统作为杠杆式枪机方面的图形化所形成的铰链式枪机原理以完成闭锁。后坐作用操作分为短一节部分和长行程后坐一节部分。每当发射 1 发子弹以后，最初的后坐脉冲驱动枪管、枪管延伸部以及枪机向后运动。枪机右侧的 1 根插销在向后运动时会进入安装在机匣右侧的操作凸轮板以上的凸轮槽以内。经过 12.7 毫米 (0.5 英寸) 的行程以后，枪机被凸轮推向上，从后膛脱离 (后坐系统的 "短" 一节)。枪管和枪管延伸部继续向后移动到一个比弹壳和子弹相加起来的总长度还多些的点 (后坐系统的 "长" 一节，负责降低武器的射击速率)。

便携式反坦克武器

二战时期，参战各国的装甲力量飞速发展。与之相对，各种反装甲武器也随着战争的进程不断涌现，包括火箭筒、反坦克枪、反坦克榴弹、反坦克地雷等。这些"四两拨千斤"的武器在战争中起到了极大的作用。

美国"巴祖卡"火箭筒

"巴祖卡"是二战中美军使用的单兵肩扛式火箭发射器的绰号，也称Stovepipe，因其管状外形类似于一种名叫巴祖卡的喇叭状乐器而得名。它是第一代实战用的单兵反坦克装备。

性能解析

"巴祖卡"火箭筒配用破甲火箭弹，破甲弹由战斗部、机械触发引信、火箭发动机、电点火具、运输保险、后向折叠式尾翼等组成。战斗部由风帽、弹体、药型罩、空心装药、起爆药柱等组成。风帽、弹体用薄钢板制成，装有TNT和黑索金混合炸药288克。发动机燃烧室、喷管用钢材制成，装药结构为5根单孔双基药柱，电点火具位于中间，部分主动段裸于筒外。

基本参数	
口径	60 毫米
长度	1524 毫米
重量	5.05 千克
枪口初速	91 米 / 秒
直射距离	100 米
有效射程	270 米

德国 Panzerschreck 反坦克火箭发射器

Panzerschreck 是德国在二战中研制的一款可重复使用的 88 毫米口径反坦克火箭发射器。

性能解析

Panzerschreck 在 1943 年开始投放部队使用，被用来增强步兵的反坦克能力。虽然它有更强的威力和更远的射程，却比后期诞生的另一款划时代轻型反坦克武器"装甲拳"的生产量要小很多。据统计，各种型号的 Panzerschrek 共生产了 289 151 门。

基本参数	
口径	88 毫米
长度	1640 毫米
重量	11 千克
枪口初速	110 米 / 秒
有效射程	150 米

Panzerschreck 发射时会从前端和后端产生大量烟雾，因此得到了"烟囱"这个绰号。这也使得 Panzerschreck 小组在发射后会被立即发现，必须迅速更换位置以免成为敌人目标。

虽然如此，比起它的原型，美军的巴祖卡，Panzerschreck 还是有巨大的优点。早期的巴祖卡很难穿透当时德国坦克的 100 毫米装甲，更别说后期的虎 II 坦克。相比较起来，虽然更重，但是 Panzerschreck 在 0°的入射角可以穿透 200 毫米的装甲，30°偏射角的穿透力也可达到 160 毫米，在当时没有任何坦克可以对抗。

其 1 发足以击毁任何盟军坦克的威力，如果再加上经验丰富的战斗小队，就足以成为盟军装甲车辆的噩梦。有鉴于此，盟军尽量采取一些措施来对抗威力强大的 Panzerschreck，如在装甲上堆放沙包、实心木板或备用履带等措施，但是实际起到的效果不大。

德国"铁拳"无后坐力炮

"铁拳"（Panzerfaust）无后坐力炮是二战期间德国研发与制造的火药推进无后坐力反坦克武器。它是较早研发完成的"拳弹"（Faustpatrone）发射器的改良型，而"铁拳"无后坐力炮众多的型号也一直存在至战争结束。

性能解析

"铁拳"无后坐力炮的第一种型号是"铁拳30"（Panzerfaust 30）。它在身管的尾部上方标注有红色的警告字样"注意！火焰喷气！"（德语："Achtung! Feuerstrahl!"）以防止士兵被尾焰烧伤。身管在发射后即被抛弃，这也是世界上第一种单次

基本参数	
口径	44 毫米
长度	1000 毫米
重量	5.22 千克
枪口初速	30 米/秒
有效射程	30 米

使用的反坦克武器。"铁拳30"通常以手臂夹在腋下发射，它的锥形装药可以击穿 200 毫米厚、倾斜 30°的轧压均质装甲，能从正面击毁大部分的盟军坦克。"铁拳30"于 1943 年 7 月开始送往东线进行实战测试，德军士兵发现它的构造简单轻巧，威力却大到足以击毁苏军重型坦克。于是德国陆军下令在 1943 年 10 月开始量产"铁拳"系列无后坐力炮。。

结构特点

"铁拳30"的身管由便宜的低等钢材制造，长约 1 米，内部预装少量的黑火药作为发射药。身管上方装有简单的瞄准表尺和发射装置。由于没有前准星，士兵通常利用战斗部的轮廓来瞄准。战斗部内装 800 克的 TNT/RDX 混合炸药，前端为平头金属整流罩，战斗部后部以钢制弹簧夹紧扣装有折叠尾翼的木质尾管，再插入身管管口，整颗战斗部总重约 3 千克。"铁拳"系列无后坐力炮的其他型号包括"铁拳60"、"铁拳100"、"铁拳150"、"铁拳250"等，它们的基本构造相似，但在尺寸、重量、射程、命中率、机械可靠度等方面存在差异。

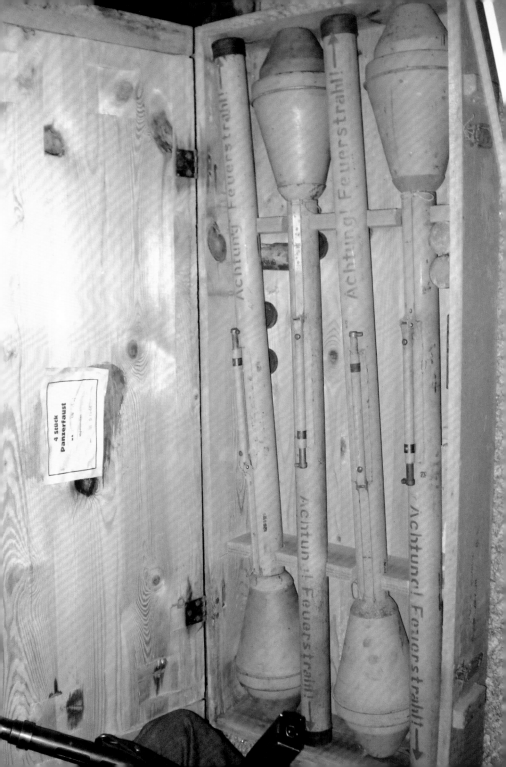

德国 HHL 磁性吸附雷

HHL(德语 Hafthohlladung 的缩写，意为 "附着承装定量炸药") 磁性吸附雷是二战时德国国防军的单兵标准配备反坦克武器。在 "飞拳" 地对空火箭筒出现后，该雷不再生产，但仍作为后备军需。

基本参数	
总重	3 千克
载药量	1.5 千克
高度	275 毫米
附着力	45 千克
引信延迟	4.5 秒

性能解析

该雷的结构相当于一般成型装药高爆弹与手榴弹的结合体；漏斗状的弹体内部结构为铜罩杯 (杯口朝向目标) 与杯底的高爆炸药。炸药后方 (漏斗嘴的部分) 就是引信。这个结构与 M24 手榴弹相同，都是一个内部表面粗糙的铁管盛装引信。单兵只要抽拉引信，内部表面粗糙的部分就会跟引信形成强烈摩擦而引燃，然后在单位时间内迅速升温到引爆炸药为止。

该雷的底部有 3 对磁铁，这个设计就是要方便让单兵直接将该雷以磁力吸附的方式置于敌方坦克的装甲上。在装置之前得先将该雷后端的点火器抽拉点燃炸药。这意味着坦克装甲的倾斜角就失去以倾斜角提升装甲厚度对抗成型装药弹头的优势，当然也就不足以抵挡此炸药的威力，因为装置的方式是使此炸药以垂直的角度将喷流集于坦克装甲上。该雷对坦克的破坏力量强大到它可以摧毁厚达 140 毫米的轧压均质装甲 (Rolled homogeneous armour，简称 RHA，军事装甲车辆之钢板厚度对照单位)。早期之该雷呈半圆球状，之后的改良器才出现倒漏斗状。

苏联 PTRS-41 反坦克枪

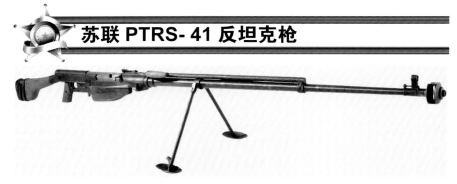

PTRS-41 是苏联在二战期间研制的反坦克枪，其用途非常广泛。除了坦克和装甲车辆之外，迫击炮和机枪阵地也常常成为它们的目标。

性能解析

PTRS-41 的主要缺点是经常卡壳，并且不适用于寒冷天气，因为极度寒冷的条件下无法自动装弹。此外，枪管中的排气孔也经常堵塞。不过，PTRS-41 仍然被苏军认为是一款难得的好枪，并被德军缴获后投入使用。

基本参数	
口径	14.5 毫米
长度	2020 毫米
枪管长	1219 毫米
枪重	20.3 千克
枪口初速	1015 米 / 秒
有效射程	400 米

结构特点

PTRS-41 以气动式退膛原理运作，内部弹匣可载入 5 发 14.5×114 毫米子弹。当步枪子弹用尽时，其枪机会卡住，以提醒射手重新装填，此谓空仓挂机作用。该枪使用的 14.5 毫米穿甲弹的初速约为 1015 米 / 秒，并能够在 100 米内贯穿 40 毫米厚的装甲。故此，此枪无疑为苏军提供了强大的火力，然而它的可靠性并不是那么好。例如：当有污染物进了枪机的话就会很容易卡弹，加上 14.5 毫米子弹在发射后会遗下显著的弹药残余物，它们也会妨碍枪机正常运作。另外，由于反坦克步枪早已过时，开始无法贯穿较厚的装甲，而且携带和使用起来显得非常笨重，所以 PTRS-41 对较新的坦克并不是十分有效。

而西蒙诺夫在 1943 年设计的 SKS 半自动步枪上也采用了类似于 PTRS-41 的内部结构，并把口径缩小为 7.62×39 毫米。

苏联 PTRD- 41 反坦克枪

PTRD-41 是苏联在二战时期研制的另一款反坦克枪。它被苏军广泛用于各种不同的场合，甚至可以用来射击低空飞行的战斗机。

性能解析

PTRD-41 是枪管长后坐式武器，发射后枪管后坐，然后枪机开锁，之后手动拉枪机换下一发子弹。该枪的零部件极少，身管长达 1.227 米，枪口装有 1 个大方孔枪口制退器和准星，枪尾上有 1 个很小的枪托，击发手柄和夹板位于机匣后端，提把固定在身管上，紧靠提把的前方固定有 1 个双脚架。枪托内装有 1 根弹簧，用于吸收后坐力。为了防止机械装置伤害射手，枪管左侧有 1 块平板，用于保护射手的面部。PTRD-41 反坦克枪威力巨大，穿甲性能在当时名列前茅，可以击穿突击炮和坦克歼击车的装甲，对人则一击致命。不过，该枪的后坐力过大，单兵往往很难在不展开两脚架的情况下进行射击。

基本参数	
口径	14.5 毫米
长度	2000 毫米
枪管长	1227 毫米
枪重	17.3 千克
枪口初速	1010 米 / 秒
有效射程	500 米

PTRD-41 具有很多缺陷，其中最显著的问题是无法有效地击穿敌方车辆以及即使有瞄准镜也不能精确地瞄准目标。而其巨大的枪身与过高的重量也限制了它的机动性与部署。另外，就如上所述，当射手开火时其枪口制退器会产生巨大的震动，并迫使射手放弃其原本的射击位置。因此在战后，苏联已经以更有效的火箭推进榴弹取代了早已过时的反坦克步枪。

英国步兵反坦克发射器 I 型

步兵反坦克发射器 I 型是英国在二战期间研制的反坦克武器，通常简称为PIAT。

性能解析

在 1943 年 7 月的西西里战役中，加拿大军队首次使用了 PIAT。但是由于引信设计上的缺陷，破甲弹只有在垂直命中目标时才会爆炸。英国军械局不得不对引信进行紧急修改。诺曼底战役时，英联邦军队均换装了使用新型引信的 PIAT 破甲弹。当时，英国和加拿大军队的每个步兵排中都装备有 1 支 PIAT。在"市场花园"行动中，孤军奋战的英国伞兵就是用这种武器击退了德军坦克的多次进攻。他们甚至还组成小分队携带 PIAT 主动出击，摧毁了数辆"虎"式坦克。

基本参数	
口径	83 毫米
长度	990 毫米
重量	14.4 千克
射程	110 米
穿甲性能	100 毫米

结构特点

PIAT 是用来配合英军当时所需的便携反坦克武器。它由 1 根钢管、触发机制及弹簧组成，有别于其他直接使用炸药来发射的反坦克武器。当启动触发机制时，弹簧释放出位能，推动撞针引爆炸弹中的推进剂，再推动炸弹前进。它拥有约 115 码 (110 米) 的正面有效射程。

PIAT 系统的设置有一些好处，包括其无枪口烟雾 (减少暴露的位置的可能性)、可于建筑物中发射和低廉的成本。但这也造成了巨大反冲力与微弱穿透力的问题。

日本九七式反坦克枪

九七式反坦克枪是日本在二战期间主要的反坦克武器之一，其口径已经达到了步兵能够携带的身管武器的极限。

性能解析

九七式反坦克枪使用专门设计的 20×124 毫米弹药，常用的有九七式穿甲曳光弹、九八式高爆曳光榴弹、一零零式穿甲曳光弹、一零零式高爆自炸曳光榴弹以及空包弹、训练用惰性弹等辅助弹种。其中九七式穿甲曳光弹和九八式高爆曳光榴弹是早期弹种，前者主要用于射击装甲和有防护目标，后者主要对付无防护或低防护目标。

基本参数	
口径	20 毫米
全长	1250 毫米
重量	59 千克
射程	1000 米
枪口初速	750 米 / 秒
射速	12 发 / 分

服役情况

此装备的第一次实战为 1939 年的诺门罕战役，它取得了相当不错的战果，以至苏军误认为日军使用了当时不存在的 20 毫米机关炮。九七式反坦克枪的威力面对日后更强的美军装甲部队早已落伍，但比起反坦克炮而言此装备在搬运上比较容易，而且对付坦克以外的装甲车辆还算给力，因此仍然在各部队中持续使用。另外，由于在枪机设计上与高射炮共通，因此前线部队常在当地直接改装让九七式反坦克枪拥有全自动射击能力，然后将这些改装枪拿来防空（这种使用方式芬兰的 Lahti m39 也有进行同样的改装，不过 Lahti m39 会使用专用脚架）。

二战结束前九七式反坦克枪的总生产量为 1200 挺。虽然原先设计是作为半自动枪支，但是非常多的记录显示这把武器可以进行全自动射击，这点至今仍然被作为讨论的议题。

步兵用火炮

火炮是二战中各国陆军的重要组成部分，是主要的火力突击力量。步兵使用的火炮大多比较轻便，主要包括轻型迫击炮、步兵炮、无后坐力炮等。

 ## 美国 M2 迫击炮

M2 迫击炮是美国于 20 世纪 40 年代制造的 60 毫米滑膛前装式迫击炮。

性能解析

M2 迫击炮曾大量使用于二战。美军标准编制为 1 个步兵团下辖 27 门 M2 迫击炮。使用单位除了团直属迫击炮连之外，各步兵排也有直属迫击炮班，配发 3 门 M2 迫击炮提供火力支援。

基本参数	
口径	60 毫米
重量	19.05 千克
射程	91 米
枪口初速	158 米 / 秒
射速	18 发 / 分

服役情况

1940 年 1 月第一批 1500 门迫击炮交付美军服役。由于这是美国陆军第二种采用的迫击炮，因此其正式代号为 M2 迫击炮。到 1945 年二战结束时，M2 迫击炮总产量达 60 000 门左右。二战中，M2 迫击炮的地位为步兵排级支援武器，介于 81 迫击炮与手榴弹间的火力空白地带。二战后 M19 迫击炮开始换装，不过美军认为 M19 迫击炮的弹着精度不如 M2 迫击炮。因此，M2 迫击炮一直被留用，到 20 世纪 80 年代后才由 M224 迫击炮取代。

美国 M59 "长脚汤姆" 加农炮

M59 是美国在二战期间制造的加农炮，旧名 (M1/M2/M2A2)155 毫米野战炮，昵称为 "长脚汤姆" 加农炮。

性能解析

二战中，M59 一共部署了 49 个野战炮营，其中 40 个营在欧洲，7 个营在太平洋。M59 第一次参加战役是在北非战场，由 34 野战炮营使用，该炮凭借其长射程以及精确的炮击精度获得了美军的信赖。除了美军以外，英国和法国借由租借法案也获得了少量的 M59(英国 184 门，法国 25 门)。

基本参数	
口径	155 毫米
全长	11.02 米
重量	13 880 千克
射程	17 000 米
枪口初速	853 米 / 秒
射速	2 发 / 分

M59 服役后第一次参加的战役是北非战场的第 34 野战炮营。初期服役时 M59 的拖曳是运用麦克货车所制造的 6 轮驱动型 7.5 吨载重车，后期使用履带驱动的 M4 高速牵引车进行拖曳。二战后除了美军重炮兵部队以外，美国海外盟国也接收了部分 M59 直到 20 世纪 70 年代才被欧美的 M198 榴弹炮以及 FH-70 榴弹炮所取代。

美国 T34 希神多管火箭炮

T34 希神多管火箭炮是二战时期美军装在 M4 "谢尔曼" 坦克上的多管火箭炮。美军在 1943 年开始装备。1944 年 8 月，法国战场上的美军第 2 装甲师也曾装备。

性能解析

T34 所发射火箭弹的口径为 114.3 毫米，发射筒长度为 2286 毫米，发射总重量为 834.6 千克。发射 M8 型火箭弹时的最大射程为 3840 米，到了二战后期改用旋转稳定式的 M16 火箭弹，最大射程达到 4800

基本参数	
口径	114.3 毫米
总重量	834.6 千克
最大射程	4800 千米
射程	17 000 米
炮管数量	36 ～ 60 支

米。在诺曼底登陆战役后，这种自行火箭炮广泛用于战场，取得相当大的战果。

T34 的火箭口径为 153 毫米，有 36 ～ 60 支炮管，主要有 3 种型号。

型 号	说 明
T34 希神	153 毫米火箭，36 管在炮架顶部，12 管在炮架底部
T34E1 希神	与 T34 相同，但炮架底部由 12 管改为 14 管
T34E2 希神	在 1944—1945 年出现，改为 240 毫米火箭，增至 60 管

美国 M7 "牧师" 自行火炮

M7 是美国在二战时研发的一款自行榴弹炮。当英国经"租借法案"从美国引进这种火炮后，因为它有一个很像教坛的机枪手位置，以及沿袭英军"主教式"自行火炮的名字，英国人便给它起了"牧师"的称号。

性能解析

M7 自行火炮最初以美国 M3 中型坦克为底盘，后来改用美国 M4 坦克为底盘，称为 M7B1 自行榴弹炮。其战斗全重近 23 吨，乘员 7 人，主要武器为 1 门 M2 型 105 毫米榴弹炮，最大射程约 11 千米；辅助武器是 1 挺 12.7 毫米机枪。

基本参数	
全长	6.02 米
宽度	2.87 米
全高	2.05 米
重量	22.97 吨
速度	40 千米/时
最大行程	193 千米

服役情况

虽然最早期的 M7 自行火炮是为了美军作战而制造，但根据美国提出的"租借法案"，美国承诺为盟国提供战争物资，所以首批 90 辆的 M7 自行火炮在 1942 年夏季急忙运往北非，协助英军第八集团军作战。该批自行火炮在 1942 年 9 月运到开罗。经过短暂的换装训练后，英国部队在 1942 年 11 月的第二次阿拉曼战役中开始让这批自行火炮参战，而且来自部队的评价都相当正面。后来，M7 自行火炮在北非战场中取得极大成功。英国更因此希望美国在 1943 年前满足他们 5500 辆订单，但这个数字直到战争结束都没有达成。

二战后，美军部队中仍持续运用这型武器。不过在 20 世纪 50 年代中期后，该火炮地位逐渐被 M52 自行火炮与 M108 自行火炮取代，并且经由军援途径提供给美国盟国使用。直到 2010 年，巴西陆军仍然在使用此型自行火炮。

美国 M8 自行火炮

M8 自行火炮是美国在二战中研发的一款自行榴弹炮。它使用 M5 轻型坦克的底盘，并以顶部开放型炮塔取代 M5 轻型坦克的炮塔。该自行火炮在 1942 年 4 月投入生产，从 1942 年 9 月至 1944 年 1 月共生产 1778 辆。

性能解析

M8 使用的 75 毫米榴弹炮被安装在一个可以 360°回旋的敞口炮塔上。火炮的俯角、仰角分别可达 –20°、+40°。全车共携带 46 发主炮的炮弹。炮手和车长位于在敞口炮塔中——这使得他们很容易受到敌军的攻击。他们登上坦克的方法是爬上炮塔后进入坦克内部。而驾驶员和副驾驶则可以通过车体前部的舱门出入。M8 一般会配备 SCR–510 或 SCR–210 无线电台。

基本参数	
全长	4.98 米
宽度	2.32 米
全高	2.72 米
重量	16.33 吨
速度	58 千米 / 时
最大行程	160 千米

美国 M12 自行火炮

M12 是美国在二战期间研发的自行火炮。它以 M3 坦克的底盘为基础，加装 155 毫米 M1917 榴弹炮。M12 有 1 个装甲驾驶室，但炮手在一个开放的区域，位于车身后部。M12 只生产了 100 辆，60 辆于 1942 年完成生产，另有 40 辆于 1943 年完成生产。

服役情况

1943 年时，M12 主要用于训练。在诺曼底登陆前夕，有 74 辆 M12 被翻修以为入侵行动做准备。这些 M12 在西北部欧洲的战役中取得了不错的战果。虽然原先是被设计来提供间接火力支援，但是有时在攻击加固防御工事时，M12 也会被用于直

基本参数	
全长	6.73 米
宽度	2.67 米
全高	2.7 米
重量	26 吨
速度	38 千米/时
最大行程	220 千米

射火力以扫除障碍。例如，在对齐格菲防线的联合攻势中，M12 的 155 毫米火炮便以其于 2000 码（约 1830 米）外一炮击穿 7 英尺（213.36 厘米）厚的水泥掩体的优秀能力获得了"破门者"的绰号。

美国 M10 自行火炮

M10 自行火炮是美军在二战期间所使用的一款装甲战斗车辆，其官方名称为3in GMC M10s。英国在"租借法案"下也装备了大量的 M10，被称为"狼獾"。

性能解析

M10 自行火炮使用了 M4 中型坦克的底盘，再配上开放式炮塔及 1 挺勃朗宁 M2 重机枪，以加强支援步兵攻击的效果。此外，M10 自行火炮的主炮为 M1918 火炮，它比起同期 M4 中型坦克的 75 毫米主炮更具打击威力。之后，美军还为其配备了 M93 高初速穿甲弹，使 M10 自行火炮的威力更胜德国四号坦克。

由于这门炮的末端比较重，加上炮弹放置位置、M2 勃朗宁机枪位置以及其他部件出现设计失误，让车身出现不平衡的情况。因此，为其车身后部添加负重，以平衡车身。不仅车身重量分布出现问题，它的炮塔部分也出现一些问题。由于它的炮塔和 M4 中型坦克并不匹配，造成需要手动回转炮塔的不便。

基本参数	
全长	6.83 米
宽度	3.05 米
全高	2.57 米
重量	29.6 吨
速度	51 千米 / 时
最大行程	300 千米

服役情况

M10 自行火炮为美军在二战中最著名的自行火炮。在北非战役中，它赢得了莫大的成功。它的 M7 主炮能够在远距离贯穿德国坦克的装甲。但是，它沉重的底盘无法为它带来高速的行动。因此在 1944 年年初，美国研发了 M18 "地狱猫"式自行火炮，以弥补 M10 自行火炮的不足。在战争后期的诺曼底登陆战役中，由于 M10 自行火炮的主炮无法击穿德国"豹"式坦克的前甲，所以 M10 的位置逐渐由 M36 "杰克逊"自行火炮所取代。虽然如此，M10 自行火炮仍然有一定的重要性，因此它仍然在部队中服役，直至战争结束。而在对日本的太平洋战争中，M10 自行火炮仍然负责执行传统的步兵支援任务。

美国 M18 自行火炮

M18 是美国陆军在二战期间开发的一款坦克歼击车，是美军在二战时所有履带装甲战斗车辆中行走速度最快的一款，故有"地狱猫"的称号。

性能解析

装甲及火力上的失衡，就是 M18 追求高速的代价。M18 只安装了一层薄弱的装甲，而主炮威力也稍显不足。薄弱的装甲使车身及乘员很容易受到伤害，主炮在远距离无法贯穿德国"虎"式及"豹"式坦克的装甲。后来，美军采用高速穿甲弹 (HVAP)，使 M18 的主炮得到更大的贯穿力，但是，这种炮弹无法大量补给。

基本参数	
全长	6.66 米
宽度	2.87 米
全高	2.58 米
重量	18 吨
速度	88 千米 / 时
最大行程	169 千米

服役情况

M18 自行火炮曾经在意大利的安齐澳战役中进行实战试验。后来投入生产的正式型号 M18 则投入在西欧及意大利的战场中。起初的 M18"地狱猫"是作为一般装甲车使用。但是，随着后来美军重型坦克的开发及生产，M18 开始作为步兵的火力支援。然而，M18 更出现了一种衍生型号"M39 装甲多用途车辆"。M39 装甲多用途车辆是由 M18 拆除炮塔而成，主力用于运输兵员及辎重，也是唯一一种正式投入生产的 M18 衍生型号。M18 直至 1944 年 10 月才停产，此时已经接近战争的尾声。战后，它就被美国政府停止采用。但一些多余的就被售至其他国家使用，如南斯拉夫就一直使用这批战车，直至 20 世纪 90 年代。

苏联 SU-85 自行火炮

　　SU-85 是苏联研制的一款自行火炮。二战期间它一直在东线服役于苏联、波兰和捷克斯洛伐克的军队，直至战争结束。

▶ 性能解析

　　SU-85 相比 SU-122 自行火炮而言，前者主要是更换了后者的 122 毫米 M-30S 榴弹炮，改装 D-5T 高速 85 毫米反坦克火炮。这种火炮能在长距离有效对付"虎"式重型坦克。此外，它的车体也有所缩小，能有效地提高机动性能。

　　该自行火炮有 2 种版本，基本型有固定的指挥塔和可旋转的观测仪；而改良过的 SU-85M 则有与 SU-100 自行火炮相同的车顶盖和与 T-34 中型坦克相同的车长指挥塔。

基本参数	
长度	8.15 米
宽度	3 米
高度	2.45 米
重量	29.6 吨
最大速度	55 千米 / 时
最大行程	400 千米
乘员	5 人
装甲厚度	20 ~ 55 毫米
爬坡度	29 度
过直墙高	0.76 米
越壕宽	2.49 米
涉水深	0.9 米

▶ 服役情况

　　1943 年 9 月，在强渡第聂伯河战役中首次使用了 SU-85。良好的性能使其在苏军中十分受欢迎。1944 年夏季攻势中，苏军装备 SU-85 的第 1021 自行火炮团摧毁了 100 多辆德军坦克。近卫第 1 坦克集团军的一名指挥官在报告中说："新的坦克歼击车在整个战役中对我们的装甲部队进攻起到了关键性的作用，对敌军坦克构成了巨大的威胁。它们拥有良好的装甲防护，装备的火炮可以远距离杀伤目标。同时，新的坦克歼击车在防御中也表现出色。"

苏联 SU-100 自行火炮

SU-100 是苏联研制的一款自行火炮，主要活跃在二战末期，战后还参与了数次局部战争，各方面性能都是值得信赖的。

性能解析

SU-100 自行火炮的火力相比德军"虎王"重型坦克有所逊色，但比起其他同类武器来说，绝对是有过之而无不及。它拥有 1 门 100 毫米的火炮，可在 1000 米、仰角 30°下贯穿 160 毫米的装甲。

SU-100 参与了二战末期苏军的每一场战役。最辉煌的战果是在 1945 年 3 月，苏军在匈牙利的巴拉顿湖战役将大量的 SU-100 投入作战，德军装甲部队被 SU-100 全面击溃。尽管这次胜利对战事大局并无影响，但是充分表现了 SU-100 对德军的压制能力。

基本参数	
长度	9.45 米
宽度	3 米
高度	2.25 米
重量	31.6 吨
最大速度	48 千米/时
最大行程	320 千米
乘员	4 人
装甲厚度	20～65 毫米
爬坡度	30 度
过直墙高	0.63 米
越壕宽	3 米
涉水深	0.9 米

服役情况

1944 年 12 月，一些苏军的自行火炮团和旅开始装备 SU-100。每个团装备 4 组，每组 5 辆，其中 1 辆 SU-100/T-34 为指挥车。而一个自行火炮旅则装备有 65 辆 SU-100。1945 年 1 月 8 日，SU-100 首次在匈牙利参加战斗。1945 年 3 月在德军臭名昭著的巴拉顿湖反击中 SU-100 被苏军大量使用。在 SU-100 在苏军中服役一直到 20 世纪 70 年代，华约组织以及亚洲（包括中国），非洲和拉丁美洲的很多国家军队都装备过 SU-100。二战后，SU-100 在中东战争，安哥拉冲突中都被使用过。目前，在越南陆军中仍有 SU-100 在服役。

德国三号自行火炮

三号自行火炮是德国二战期间使用的一款装甲武器，直至战争完结，德国一共生产了 10 500 辆。

性能解析

三号自行火炮以轻型的钢材结构、StuK 37 L/24 火炮为特色，德军将其配备给步兵，充当近距离支援战斗的角色。该车在对法作战、巴尔干战役、1941 年的巴巴罗萨行动与随后的冬季防御战中获得前线士兵的好评。

芬兰陆军在 1944 年从德国接收了 59 辆三号自行火炮，并以之抗击苏联。这些自行火炮至少击毁了 87 辆苏联坦克，而它们自己只损失了 8 辆。即使在战后，芬兰陆军也继续以三号自行火炮为主力战车直至 20 世纪 60 年代初。

服役情况

依照原始设计，早期的三号自行火炮被配置于步兵师或机械化步兵师协助步兵作战，并在对法作战、巴尔干战役、1941 年的侵俄之役与随后的冬季防御战中获得前线士兵的好评。而在这个时期，三号自行火炮的反坦克潜力已在少数战例中显露出来，其中最为著名的例子之一发生在 1941 年 9 月，日后闻名于世的"虎"式坦克王牌车长米歇尔·魏特曼，在一次支援任务中利用三号自行火炮低矮的车身对一队苏联 T—26 坦克进行了长达半小时的袭击，在自身毫发未伤的情况下摧毁了其中的 6 ~ 7 辆。

基本参数	
长度	6.85 米
宽度	2.95 米
高度	2.16 米
重量	23.9 吨
最大速度	40 千米 / 时
最大行程	155 千米
乘员	4 人
装甲厚度	80 毫米
发动机功率	520 千瓦

在装备了长倍径的反坦克炮后，三号自行火炮更成为前线倚重的全能性火力载台（主要仍着重在反装甲能力上）。斯大林格勒战役中的某个战例即可证明其优异的表现：军士长库特·普弗瑞德纳指挥的三号自行火炮 F 型，就曾经在 20 分钟内击毁 9 辆苏联坦克。因此，他在 1942 年 9 月 18 日被颁授"骑士铁十字"勋章，以表扬他这次的行动。而在 1943 年 1 月的 1 日至 4 日间，下级军官霍斯特·纽曼在德米扬斯克地区与苏军交战，并击毁苏联坦克 12 辆。

德国 "灰熊" 自行火炮

"灰熊"自行火炮是二战时期由德国以四号中型坦克的底盘为基础所研制出来的，主要用于对步兵的支援。

性能解析

　　"灰熊"自行火炮拥有较厚重的装甲，车内配有 MG34 机枪与 MP40 冲锋枪。与四号中型坦克相比，"灰熊"自行火炮由于主炮的搭载位置与厚重的前面装甲而使得头重脚轻 (重心集中于前方)。此外，因为它没有炮塔，为了瞄准就必须让车体左右旋转，所以对其传动装置与变速箱的负荷较大，比较容易出现故障。

服役情况

　　1943 年 3 月到 1945 年 3 月，一共有 298 辆"灰熊"自行火炮被制造出来。这些车辆全部使用了翻新的或新建的 IV 式坦克底盘，许多家分包商提供的部件均在德国埃森工厂 Deutsche Eisenwerke 进行组装。

基本参数	
长度	5.93 米
宽度	2.87 米
高度	2.52 米
重量	28.2 吨
最大速度	24 千米 / 时
最大行程	210 千米
乘员	4 人
装甲厚度	10 ~ 100 毫米

　　"灰熊"自行火炮的第一次露面是在 1943 年夏季随第 216 突击炮营在库尔斯克作战。第 216 突击炮营后来活跃在意大利的安奇奥战线。后来另外 3 个突击炮营——第 217、218 和 219 突击炮营组建后分别在东线和西线活动，每营装备 46 辆 "灰熊" 和 85 辆其他车辆 (如 SdKfz.9 装甲车等)，他们在前线一直作战到战争结束。"灰熊"还装备了一个特殊单位——第 218 连级特遣队，出现在镇压华沙起义的德军部队中。"灰熊"在部队中还另有一个外号"斯图帕"。

德国"犀牛"式自行火炮

　　"犀牛"式自行火炮是德国二战时期研制的一款装甲武器，主要用于击溃敌方坦克装甲，使其步兵无法行进。

性能解析

　　"犀牛"式自行火炮的主炮是二战期间最有效的坦克炮之一。它的 Pzgr. 40/43 碳化钨包芯弹头可以贯穿1000 米距离外、倾斜30°的190 毫米轧压均质装甲。主炮强大的威力使得其可以在敌方坦克火炮射程外攻击对手。它的远程火炮攻击能力抵消了本身装甲薄弱、火炮外露部分过多以及过高车身暴露在俄国大草原平坦地形中的不利缺点。

基本参数	
长度	8.44 米
宽度	2.95 米
高度	2.65 米
重量	24 吨
最大速度	42 千米 / 时
最大行程	235 千米
乘员	4 人
发动机功率	223 千瓦
装甲厚度	20 ~ 30 毫米

服役情况

　　"犀牛"式自行火炮初次登场是在库尔斯克会战，表现不错。它的远程火炮攻击能力抵消了本身装甲薄弱、火炮外露部分过多以及过高车身暴露在俄国大草原平坦地形的不利缺点。如同德国其他装载 Pak 43 / KwK 43 坦克炮的装甲车辆，"犀牛"式自行火炮可以击穿任何盟军坦克的正面装甲。根据 1945 年年初的报告，"犀牛"式自行火炮可在 4600 米外击毁苏联的 IS-2 斯大林重型坦克，同时它也是德军唯一拥有击毁美国 M26 "潘兴"坦克勋绩的坦克。"潘兴"坦克只在欧洲战场战斗结束前几个月才有非常少的数量参战。

德国 sIG33 步兵炮

sIG33 是德国在二战时期的近战步兵支援火炮之一，实际口径为 149.1 毫米，发射标准德军步兵重炮弹。该系列步兵炮产量较大，1933—1945 年一直不间断地生产。

性能解析

sIG33 的主要问题是重量太大，高达 2 吨，作为德军步兵团的直瞄火炮，机动性欠佳。sIG33 最初并没有配置反坦克的穿甲炮弹，直到 1941—1942 年间德国新的穿甲弹技术出现，为了强化反坦克能力，sIG33 在炮口安装了炮口制推器。而且为

基本参数	
口径	149.1 毫米
全长	4.42 米
炮管长	1.65 米
重量	2 吨
射速	3 发 / 分
最大射程	4700 米

了容纳大的发射装药量，炮室也进行了强化，其反坦克穿甲弹的发射药重量为 30 千克。

首次以车载方式装上 sIG33 的坦克底盘是一号坦克 (即一号自走重步兵炮)。但很快发现车辆装载后难以平衡，发射时的后坐力甚至有翻车危险，其后改为装在二号坦克 (即二号自走重步兵炮)、缴获自捷克的 LT–38(即 "蟋蟀" 式自行火炮) 及退出前线的三号坦克 (即 33B 突击步兵炮) 底盘上。四号坦克底盘上更装有 sIG 33 的轻量化改进型 15 厘米 StuH 43 "灰熊" 式突击炮。

德国 sPzB41 反坦克炮

sPzB41 是德国于二战初期研制的反坦克炮，采用了锥膛炮设计。

性能解析

sPzB41 的整体尺寸较小，战斗全重仅有 229 千克，以这种小尺寸发挥出较佳的性能，殊为不易。但严格说来，sPzB41 的穿甲威力只比已经过时的 35/36 式 37 毫米反坦克炮略好一点。而在穿甲性能方面存在的缺陷并不能由所节省的重量加以补偿。

sPzB41 在 1943 年停止生产，主要原因是制造弹药的钨原料的缺乏，加上敌方坦克装甲越来越厚，sPzB41 已经无法对付那些有威胁的装甲目标。此外，反坦克火箭筒的快速发展也挤压了轻型反坦克炮的生存空间。

基本参数	
口径	28 毫米
全长	2.69 米
宽度	0.965 米
高度	0.838 米
重量	229 千克
枪口初速	1400 米 / 秒
射速	30 发 / 分

德国 Pak36 反坦克炮

Pak36 是二战时期德军使用的一款反坦克炮，由莱茵金属公司研制，该炮第一次使用是在西班牙内战时期。

性能解析

Pak36 反坦克炮的效能主要在于它的机动能力。它是一种轻型火炮，战斗全重仅为 432 千克，火炮放在两个装有充气轮胎的大型车轮上运行，依靠炮手班人力操作火炮并不费力。它可由轻型车辆牵引，并且将它放在卡车车厢上或铁路车厢上也非常容易。对于德国空军新组建的空降部队，以及山地作战部队，它也具有明显的吸引力。

基本参数	
口径	37 毫米
全长	1.66 米
宽度	1.65 米
高度	1.17 米
枪口初速	762 米 / 秒
射速	13 发 / 分

Pak36 反坦克炮可执行多种任务，而不仅只限于打装甲车辆的单一任务。它的弱点是穿甲能力相当差。在 1934 年时它的穿甲能力还被认为是令人满意的，但到了 1939 年就显得十分落后了。然而，它的这一缺陷却被西班牙内战和波兰战争中所面临的老式坦克所掩盖了。此外，坦克上所采用的倾斜甲板也很容易使 37 毫米反坦克炮的小型弹产生跳弹。

德国 Pak43 无后坐力炮

Pak43 是二战时期德国开发的威力最强大的无后坐力炮，1943 年开始在国防军中大量服役，主要用于北非战场。

作战历史

在北非战场上，德国非洲军团装备的 Pak43 得以大显神威，对盟军装甲车辆造成较大杀伤力。德军喜欢将 Pak43 改装在缴获的美军吉普车上，在装甲运动战中实施机动防御。尤其在突尼斯战役和卡塞林山口战役中，Pak43 被德军大量使用，效果不错，是一种有效的反坦克利器。

基本参数	
全重	146.2 千克
枪口初速	350 米 / 秒
射速	10 发 / 分
弹重	2.66 千克
有效射程	230 米
最大射程	700 米

性能解析

在苏德战场上，德军由于坦克数量处于劣势，故而十分重视反坦克武器的使用。Pak43 无后坐力炮一般装备德军的山地步兵师。它和另外一种小规模量产的 PAW43 无后坐力炮配合使用，来应付苏联潮水般的装甲攻势。为了适应东线恶劣的地形和天气，德军的 Pak43 普遍在炮架上安装了滑雪板，以方便在雪天的复杂地形机动。尽管 Pak43 性能不错，但总产量不高，加之德军认为其射程太小，不愿意装备，所以未能发挥大的作用。

英国布莱克尔迫击炮

布莱克尔迫击炮是英国在二战初期使用的一款步兵反坦克武器。

性能解析

布莱克尔迫击炮是一款 29 毫米杆式迫击炮，尽管由于射弹无法获得足够的速度，不可能击穿坦克的装甲，但其高爆弹头装药相当大，如果直接命中仍然可以重创敌军坦克。作为炮口装填的武器，布莱克尔迫击炮的射速较慢，平均每分钟射速只有 6 ~ 12 发，所以炮组必须很好地伪装武器并以第一发击中目标。

基本参数	
口径	29 毫米
重量	51 千克
有效射程	91 米
枪口初速	75 米 / 秒
射速	6~12 发 / 分

结构特点

整门布莱克尔迫击炮，拆分为炮身、底座、四根支腿、地桩、两个大锤和工具箱，可以被五个人搬运。该武器可以使用一种大型十字形炮架作为机动火炮，也可以被固定在不动的混凝土基座上。使用时布莱克尔迫击炮通常都放置在路障之类的防御工事附近用于伏击。英军似乎倾向于将布莱克尔迫击炮用于静态防御：整门火炮被布置在一个坑中，由皇家工兵建造额外的安装架，以提供可从中射击武器的替代位置。

火焰喷射器

现代意义上的火焰喷射器由德国人理查德·费德勒发明，并在一战中大显身手。二战期间，许多参战国都大量装备并使用了火焰喷射器，特别是德国和美国。

 美国 M2 火焰喷射器

M2 火焰喷射器是美国研制的单兵携带及背负式火焰喷射器，并首次于二战中使用。

性能解析

M2 火焰喷射器和其前代的 M1 火焰喷射器一样，分为两个部分：一是由士兵背在背部的 3 个罐子——其中 2 个大小相等的罐子装载着作为燃料的柴油和汽油，另外 1 个较小的则装载着作为推进剂的氮气。氮气罐位于两个燃料罐之间和

基本参数	
空重	19.5 千克
总重	30.84 千克
射速	1.9 升 / 秒
有效射程	19.96 米
最大射程	40.23 米

较顶端的位置。3 个罐子安装在一个支架上，并且大量使用帆布包覆，帆布也是背带的材料，射手在休息时仍然可以背在背部。二是火焰喷射器的握把及喷嘴，通过后端的 1 条软管连接到罐子。

服役情况

1944 年 7 月，M2 火焰喷射器在关岛战役之中首次投入使用。

M2 火焰喷射器在二战之中经常于欧洲战场和太平洋战场上使用，对于一些闭锁型阵地（如战壕或碉堡等防御工事）是非常有效的。特别是在太平洋战区的塞班岛战役、硫磺岛战役以及冲绳岛战役之中，M2 火焰喷射器对于坚守于洞窟阵地或是丛林之中的日本陆军是非常有效的。并使得火焰喷射器射手成为日本士兵最恐惧和憎恶的攻击对象。

而且据说一些火焰喷射器射手可以在不扣动推进装置时仅喷出一个小火苗，但是会发出同战斗状态时一样的声响（诺曼底登陆）。火焰喷射器射手是个很危险的岗位，经常是敌人优先射击的对象。

日本 100 式火焰喷射器

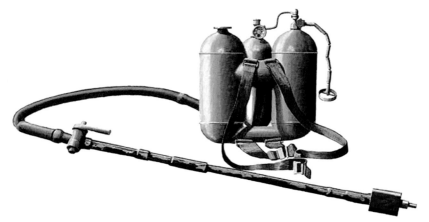

　　100 式火焰喷射器是日本在二战期间使用的两款便携式火焰喷射器之一。另一款是 93 式火焰喷射器。100 式火焰喷射器是在其基础上改进而来。两款火焰喷射器分别于 1933 年和 1940 年装备部队。

性能解析

　　100 式火焰喷射器的主要部件包括 3 个部分：燃料罐组、导油软管以及喷火枪。燃料罐组包括 2 个燃料罐和 1 个压力罐，每个燃料罐的直径为 152 毫米、高度为 821 毫米，底部呈半球形。2 个燃料罐通过罐体底部的管道连接在一起，使得 2 个燃料罐中的燃料能均匀流动，压力均匀传递，从而通过一个控制装置同时控制 2 个燃料罐。压力罐位于 2 个燃料罐后面中间的位置，其形状与燃料罐相同，只是外形更加小巧，用于储存高压气体（一般是氮气），其作用是将燃料从燃料罐推进喷火枪。

苏联 ROKS-3 火焰喷射器

二战中，苏联使用的火焰喷射器主要有 ROKS-2 型和 ROKS-3 型两款，ROKS-3 型是在 ROKS-2 型的基础上改进而来。

性能解析

ROKS-3 型火焰喷射器的结构由油瓶、压缩空气瓶、减压阀、输油管、喷枪和背具组成。其中喷枪类似于步枪，枪体较长并有枪托。ROKS-3 型的油瓶和压力瓶改成圆柱形，压力瓶较小。连接油瓶和喷枪的输油软管有时会破裂，是火焰喷射器的薄弱环节。

德国 Flammenwerfer 35 火焰喷射器

　　Flammenwerfer 35 火焰喷射器是德国在一战后研制并广泛使用的单兵火焰喷射器。在一战结束后的一段时间内，德国被禁止拥有火焰喷射器。不过从1933 年开始，德国重新展开了对火焰喷射器的研制工作。Flammenwerfer 35火焰喷射器在设计上借鉴了一战时期的经验，全重约 38 千克，储罐装有 11.8升 19 号燃烧剂和压缩氮气，其有效喷射距离为 25 米，最大喷射距离为 30 米。既可以一次喷射完所有的存油，也可以进行 15 次短点射。

　　Flammenwerfer 35 被称作中型火焰喷射器，全重 102 千克，30 升装燃剂和喷射剂混合罐被装在一辆小拖车上，该型号能够持续喷射 25 秒的火焰。该型号还有一个放大版，用轻型车辆拖曳。

德国 Flammenwerfer 40/41 火焰喷射器

　　Flammenwerfer 40 是 Flammenwerfer 35 火焰喷射器的后继型号，重量仅为 21.8 千克，燃烧剂存储量为 7.5 升，能点射 8 次，有效射程为 20 ～ 30 米。由于没有设计定型，所有该型火焰喷射器的产量很少。Flammenwerfer 41 火焰喷射器是在 Flammenwerfer 40 型火焰喷射器的基础上研制而成的，全重仅为 22 千克。燃剂罐和喷射剂罐采用分体双缸设计，配有背架和储罐固定架。可携带 7 升燃烧剂，喷射剂采用液氢，喷射剂罐容积 3 升，内容液氢 0.45 升，可进行 8 次短点射，射程为 20 ～ 30 米。

德国 Einstossflammenwerfer 46 冲锋火焰喷射器

　　Einstossflammenwerfer 46 冲锋火焰喷射器是一款为空降兵和进攻部队研制的火焰喷射器，绰号 Flammfaust(火拳)。Einstossflammenwerfer 46 进攻火焰喷射器重约 3.6 千克，射程为 30 米，产量约为 30 000 台，为一次性使用，外形酷似爆破筒，长度为 0.5 米，直径约 7 厘米。其管状燃剂罐可存储 1.7 升燃烧剂。在燃剂罐的前部有 1 个 10 厘米长的喷管，与燃剂罐的接口平时用橡皮塞塞住，喷管下方有 1 个喷射剂腔。

　　Einstossflammenwerfer 46 冲锋火焰喷射器采用摩擦点火器点火，在按下摩擦点火器的断裂杠杆后，喷射剂腔即会破裂，燃剂被喷出，点火器同时点火。

　　1944—1945 年间生产了 30 700 台 "火拳"，柏林战役时曾大量使用。

第6章
单兵轻武器

　　单兵轻武器通常指枪械及其他各种由单兵或班组携行战斗的武器，主要装备对象是步兵，也广泛装备于其他军种和兵种。其主要作战用途是杀伤有生力量（如步枪、冲锋枪等）、毁伤轻型装甲车辆（如手榴弹等）和破坏其他武器装备和军事设施（如机枪等）。本章的主要内容是来自一战结束后，并在二战战场上成为各国主力或者有着特别优势（如德国的 Kar98k 步枪、苏联的莫辛－纳甘步枪，可以说它们创造了无数个狙击神话）的单兵轻武器。

步 枪

步枪以其良好的射击精准度、优美的枪身外形、特有的射击节奏，散发着独特的魅力。二战中，虽然有着各种大威力、能速射且操作简单的单兵武器，如美国 M1917 重机枪、英国布伦式轻机枪和苏联捷格加廖夫 DP/DPM 轻机枪等，但是这些武器携带不便、射击精准度低，无法对稍远距离的敌人进行精准射击，所以在这种情况下步枪仍是二战主力武器之一。

美国 M1903 "斯普林菲尔德" 步枪

M1903 "斯普林菲尔德" 步枪，也被称为春田步枪，它是美军在一战时期装备的一款制式步枪，到二战时期仍然被广泛使用。直到其开始服役 100 年之后的现代，依然有部分 M1903 步枪在训练和检阅中被使用。

性能解析

1938 年，M1903 步枪逐渐被 M1 "加兰德" 步枪取代。但由于 M1 式步枪的产量不足，所以 M1903 步枪仍然是美国军队装备的主要步枪。在二战中，一些 M1903 步枪还被赋予了新的使命，包括作为狙击步枪，1943 年正式被命名为 "M1903A4，0.30 英寸狙击步枪"，也被称为 "斯普林菲尔德狙击步枪"。该枪在 M1903A3 的基础上改进，加装 2.5 倍光学瞄准镜，具有精度上的优势。瞄准镜座装在机匣正上方。为了不妨碍瞄准镜的使用，拆除了机械瞄具。

基本参数	
口径	7.62 毫米
枪长	1097 毫米
枪管长	610 毫米
枪重	3.94 千克
枪口初速	853 米 / 秒
弹容量	5 发

美国 M1 "加兰德" 步枪

M1 "加兰德" 步枪是美军在二战时期装备的一款制式半自动步枪，也是二战中最好的步枪之一。

性能解析

相对于同时代的非自动步枪，M1 "加兰德" 步枪的射击速度有了质的提高。在战场上，其火力优势可以有效压制非自动步枪。M1 "加兰德" 步枪投产之后，最初生产和装备军队的速度都十分缓慢。随着美国于 1941 年参加二战，M1 "加兰德" 步枪产量猛增。除了斯普林菲尔德兵工厂外，1940 年，美国政府增加了温彻斯特公司作为 M1 "加兰德" 步枪的生产承包商。1945 年 8 月 M1 步枪停产时，2 家公司共生产了超过 400 万支 M1 "加兰德" 步枪。

基本参数	
口径	7.62 毫米
枪长	1100 毫米
枪管长	610 毫米
枪重	4.37 千克
枪口初速	865 米 / 秒
弹容量	8 发

M1 "加兰德" 步枪可靠性强、射击精度高、易于分解和清洁。它被证明是一种可靠、耐用且有效的步枪。在太平洋岛屿、东南亚丛林、非洲沙漠、欧洲战场，M1 步枪在二战的多数战场上都有出色表现，被公认为是二战中最好的步枪之一。它在二战和朝鲜战争中是美国军队的主要步兵武器。

结构特点

M1 "加兰德" 步枪采用导气式工作原理，枪机回转式闭锁方式。导气管位于枪管下方。击锤打击击针使子弹击发后，部分火药气体由枪管下方靠近末端处一个导气孔进入一个小活塞筒内，推动活塞和机框向后运动。枪机上的导向凸起沿机框导槽滑动，机框后坐时带动枪机上的 2 个闭锁突笋从机匣的闭锁槽中解脱出来，回转实现解锁。枪机后坐过程中，完成抛弹壳动作，同时压倒击锤成待击状态。枪机框尾端撞击机匣后端面，由复进簧驱使开始复进。机框导槽导引枪机上的导向凸起带动枪机转动，直至 2 个闭锁突笋进入闭锁位置。复进过程中完成子弹上膛，枪机闭锁。机框继续复进到位，枪又成待击状态。

美国 M1941 "约翰逊" 步枪

M1941 "约翰逊" 步枪是美军二战期间所使用的一款半自动步枪,在战争期间曾是美国海军陆战队装备的制式步枪。

性能解析

1940 年 12 月, 美国陆军对约翰逊试制的半自动步枪进行了试验, 并得出了相比 M1 "加兰德" 步枪更差的结论。然而, 美国海军陆战队却对 "约翰逊" 半自动步枪产生了足够的兴趣。因为当时 M1 "加兰德" 步枪尚未大批量生产, 而且优先配发美国陆军,

基本参数	
口径	7.62 毫米
枪长	1156 毫米
枪管长	558 毫米
枪重	4.3 千克
枪口初速	865 米 / 秒
弹容量	10 发

而当时美国海军陆战队在太平洋战争爆发后才大量装备 M1903 式步枪, 自动火力严重不足。于是, "约翰逊" 步枪受到了海军陆战队的青睐。

结构特点

"约翰逊" 步枪采用在军用步枪中少见的枪管后坐式原理的自动方式, 枪机回转式闭锁, 射击方式为半自动, 采用弧形表尺。"约翰逊" 步枪发射 M1906 "斯普林菲尔德" 7.62×63 毫米步枪弹。枪管在子弹击发后因后坐力而后退, 应用这个所传递的能量来完成开锁、退壳、闭锁、上膛的动作。"约翰逊" 步枪的弹仓比较独特, 由鼓形弹仓供弹, 弹仓呈半圆形, 容弹量可达 10 发。枪管的后半截有套筒, 套筒上布满了圆孔, 拉机柄在枪的右侧, 其子弹亦由枪的右侧装入弹仓。"约翰逊" 步枪的枪管可轻易拆解, 具有质量轻、携行方便等特点, 这使它颇受伞兵和特种部队欢迎。不过整个设计不够坚固耐用而容易损坏。

美国 M1918 "勃朗宁" 步枪

M1918 "勃朗宁"（Browning Automatic Rifle，BAR）是美国著名轻武器设计师约翰·摩西·勃朗宁设计的一款能够半自动或全自动射击的步枪。

性能解析

M1918 勃朗宁自动步枪采用导气式原理，能够实施半自动和全自动射击。其工作原理为：在子弹击发之后，一部分火药燃气经导气孔进入活塞筒，推动活塞、活塞连杆及枪机框后退，枪栓离开闭锁槽，整个机体后退，以实现枪机开锁。

开锁后的枪机框带动枪机后退，并压缩复进簧，而拉壳钩将空弹壳从弹膛内抽出，弹壳底部碰撞退壳板而将弹壳抛出，直到枪机框与缓冲器相撞后退完全停止。在扣住扳机不放时，该枪的复进簧带动枪机框和枪机前进，枪机的推弹突笋从弹匣内推出 1 发子弹进入弹膛。而枪机复进到位，枪机框继续前进，枪机后部上抬进入机匣内的闭锁槽完成闭锁。在闭锁时，枪机框继续前进而撞击击针击发。如果继续扣住扳机，那么又会开始下一次循环。

基本参数	
口径	7.62 毫米
枪长	1214 毫米
枪管长	610 毫米
枪重	7.5 千克
枪口初速	805 米 / 秒
弹容量	20 发

结构特点

M1918 坚固耐用，所有金属部件均经过蓝化工艺处理。该枪机匣用一整块钢材加工而成，所以外观上显得粗壮结实。非往复式装弹（待击）拉柄位于机匣左侧。表尺为直立式。枪管长 24 英寸，枪管膛口安装圆柱形消焰器，枪管上端印有制造厂的首写字母及生产的时间，型号标志、制造厂及枪号则印刻在机匣顶部。枪托和刻有格子花纹的下护木由胡桃木制成。与其变型枪不同的是，最初 M1918 没有安装两脚架。M1918 也配备了 1 个特殊的子弹带，其右侧有一金属杯，可将枪托底部插入其中，以便使其能够在 M1918 设想的"行进间射击"的作战模式下使用。子弹带有 4 个口袋，每个口袋中可装入 2 个弹匣，还有 1 个弹药盒是为容纳 2 个 M1911.45 手枪弹匣而准备的。子弹带上的索环可加挂手枪套、水壶、急救包等物品。一种助理射手带也投入生产，其上有 4 个容纳弹匣的口袋及几个为步枪压弹夹准备的口袋。M1918 配备有与 M1907 步枪相似的皮质枪背带，但稍长一些，且有 3 个金属枪背带调整扣。M1918 重约 16 磅，看起来似乎有些重，但实际上与那个时代的自动步枪相比它还是轻量级的。

　　M1918"勃朗宁"自动步枪构造简单，分解、结合方便。原来设计是作为单兵自动步枪，可由单兵携行行进间射击，进行突击作战，压制敌方火力，为己方提供火力支援。但是由于高达 7.5 千克的重量，导致了既不方便携行，也不便于使用全自动射击模式时控制精度。

美国 M1 卡宾枪

M1 卡宾枪是美国在二战时期装备的一款短管半自动步枪，是美军在二战中使用最为广泛的武器之一。

性能解析

早期 M1 卡宾枪上的保险是横推式的开关。但在持续射击时，保险按钮很快会变得过热，从而影响更换弹匣，因此后来改为回转式的杠杆开关。早期 M1 卡宾枪采用翻转式 L 形表尺，照门的大觇孔射程设定为 137 米、小觇孔为 274 米。之后表尺改为滑动式，距离从 100 米到 300 米可调，并可调整风偏。早期 M1 卡宾枪上并不能配刺刀。后来根据部队提出的要求，在 1943 年 10 月开始试验 M1 卡宾枪的刺刀。最后在 1944 年 5 月选定了 T8 试制型刺刀，并正式被命名为 M4 刺刀，同时在枪管下方增加了方形的刺刀座。

基本参数	
口径	7.62 毫米
枪长	904 毫米
枪管长	458 毫米
枪重	2.36 千克
枪口初速	853 米 / 秒
弹容量	30 发

结构特点

M1 卡宾枪所使用的 0.30 英寸 M1 卡宾枪普通弹是由温彻斯特公司在 7.65 毫米步枪弹的基础上，将其外部尺寸略加修改而成的。M1 卡宾枪弹采用直筒形无凸缘弹壳，圆弧形弹头，弹头质量 7.1 克。M1 卡宾枪弹可算得上是"中间威力"步枪弹，但枪口动能太小且弹头形状欠佳，因此其有效射程只有大约 200 米。但无论如何，它的射程还是比手枪弹远得多，而且后坐力适中。除了 M1 普通弹外，还可使用 M16 和 M27 两种曳光弹及 M6 空包弹。M1 卡宾枪采用短行程活塞的导气自动原理，由大卫·威廉姆斯设计。导气孔位于枪管中部，距弹膛前端面 115 毫米，活塞在枪管下方，后坐距离仅 3.5 毫米。发射时，火药燃气通过导气孔进入导气室并推动活塞向后运动，活塞撞击枪机框，使之后坐。枪机框后坐约 8 毫米后，膛压下降至安全值，这段时间为开锁前的机械保险。然后，枪机框导槽的曲线段与枪机导向凸起相扣合，枪机开始旋转（同时起预抽壳的作用）开锁。在枪机后坐过程中，其上的抽壳钩拉着弹壳向后运动，弹壳被拉出弹膛后，由枪机上的弹性抛壳挺向右前方抛出。

德国 Gew98 步枪

Gew98 全称 Ge wehr 98，是 7.92 毫米 1898 年式毛瑟步枪，于 1898 年正式成为德国陆军的制式步枪。

性能解析

Gew98 步枪具有性能可靠和射击准确的优点，主要特征是固定式双排弹仓和旋转后拉式枪机。弹仓为双排、固定式，其底板可以拆卸。Gew98 步枪除了标准型外，还有一种很短的卡宾枪型，被德国军队命名为 Karbiner 1898(1898 型卡宾枪)，缩写成 Kar98 或 K98Gew 98 步枪，直到二战结束前都是德国军队步兵的制式步枪，而 Kar98 式卡宾枪主要装备炮兵部队和骑兵部队。

基本参数	
口径	7.92 毫米
枪长	1250 毫米
枪管长	740 毫米
枪重	4.2 千克
枪口初速	878 米 / 秒
弹容量	5 发

Gew88 步枪虽然被 Gew98 式毛瑟步枪所取代，但却确定了 8×57 J 子弹作为德国军队标准口径的地位，因此 98 式步枪仍然是发射 8×57 J 圆头步枪弹的。1905 年，德国研制出被命名为 "8×57 JS" 的轻尖弹，弹头直径从 8.1 毫米增加到 8.2 毫米，而且弹道也变得更平直。因此，许多已有的 Gew98 式步枪需要改造枪膛和瞄准具来适应新的尖头弹。

德国 Kar98k 步枪

Kar98k 的全称是 Karabiner 98k，也简称为 K98k，它是从 Gew98 步枪改进而成的，是二战时期德国装备的制式步枪。

性能解析

Kar98k 沿用了毛瑟 98 系列步枪经典的旋转后拉式枪机，这是一种简单而又坚固的整体式枪机，能使步枪获得更高的精准度。枪机有 2 个闭锁齿，都位于枪机顶部。枪机拉柄与枪机本身连接，Kar98k 将 Gew 98 的直形拉柄改成了下弯式拉柄，便于携行和安装瞄准镜。枪机尾部是保险装置。德军在二战期间广泛地装备了 Kar98k，在所有德军参战的战区如欧洲、北非、苏联、芬兰及挪威皆可见其踪影，当时德军士兵称其为 Kars。

Kar98k 射击精度高，在加装 4 倍、6 倍光学瞄准镜后，可作为一种优秀的狙击步枪投入使用。Kar98k 狙击步枪共生产了近 13 万支并装备于部队。还有相当多精度较高的 Kar98k 被挑选出来改装成狙击步枪，配备的瞄准镜和镜架形式有 ZF–39 4X 瞄准镜、ZF–41 1.5X 瞄准镜、ZF–42 4X 瞄准镜。Kar98k 更可以加装枪榴弹发射器以发射枪榴弹。

基本参数	
口径	7.92 毫米
枪长	1110 毫米
枪管长	600 毫米
枪重	4.1 千克
枪口初速	760 米 / 秒
弹容量	5 发

尽管 Kar98k 性能优异，但是随着战场上的对手装备半自动步枪 (苏军 SVT–40 步枪、美军 M1"加兰德"步枪)，德国人认识到这种手动步枪已经过时了，相继推出了 Gew 43 步枪、StG44 突击步枪。但是它们的产量及出现时间无法替代 Kar98k。Kar98k 一直生产到纳粹德国战败投降。

德国 Gew 43 步枪

Gew 43 步枪是二战期间由德国沃尔特公司设计并生产的一款半自动步枪，是二战中德国军队使用的主力步枪之一。

性能解析

Gew 43 步枪的闭锁系统的可靠性很强，一名有经验的士兵在使用它时可达到 50 ~ 60 发 / 分。从枪支内部设计上看，Gew 43 步枪在技术上并不输给 M1"加兰德"步枪。而且 Gew 43 步枪采用了大量冲焊熔铸工艺的零部件，非常适于机械加工厂的大规模生产。此外 Gew43 的零部件也与 G41 有着很强的通用性，但与 G41 不同的是，Gew43 从一开始就没有设定刺刀座。

Gew 43 的螺栓机制与 G41 大同小异，但它采用的导气系统是 SVT-40 的长行程活塞式导气系统，该系统久经实战检验。

基本参数	
口径	7.92 毫米
枪长	1130 毫米
枪管长	546 毫米
枪重	4.1 千克
枪口初速	775 米 / 秒
弹容量	10 发

德国 StG44 突击步枪

StG44 是德国在二战期间研制的突击步枪，也是第一款使用中间型威力子弹并大规模装备的自动步枪。

性能解析

StG44 由于使用中间型威力子弹，子弹初速和射程均不如步枪和轻机枪。但是 StG44 在 400 米射程上，连发射击时比较容易控制，射击精度比较高，可以连续射击而且火力非常猛烈。StG44 重量较轻，便于携带，是步枪与冲锋枪性能特点的结合。

基本参数	
口径	7.92 毫米
枪长	940 毫米
枪管长	419 毫米
枪重	5.22 千克
枪口初速	685 米 / 秒
弹容量	30 发

StG44 突击步枪是德军在 MP40 冲锋枪和 MG42 通用机枪之后的又一款划时代的经典之作。它使用的中间型威力子弹和突击步枪的概念，对轻武器的发展有着非常重要的影响。自该枪诞生之后，许多自动步枪都开始使用短药筒弹药，并逐渐取代老式步枪。StG44 突击步枪在二战中没有发挥太大作用。到二战结束之后，StG44 突击步枪由于自身性能的局限，很快就退出了历史舞台。

德国 FG42 步枪

FG42 是二战时期德国航空部专门为伞兵设计的一款兼顾半自动步枪和机枪功能的步枪。

性能解析

FG42 步枪采用的是导气式自动原理，弹药在击发后，火药气体由枪管下方导气管进入活塞筒，并带动 2 个闭锁突笋的旋转闭锁式枪机。它的击发装置单发射击时处于闭膛状态，这样能够让射击更为精准；在连发射击时，会处于开膛状态，以便冷却枪管。

基本参数	
口径	7.92 毫米
枪长	940 毫米
枪重	4.3 千克
枪口初速	900 米 / 秒
弹容量	10/20 发

该枪采用 10 发或 20 发弹匣供弹，弹匣由左侧水平插入机匣，弹壳从右侧抛出。由钢板冷锻成的中空直型枪托里容纳了枪机的尾部、后坐缓冲器及复进簧。它的直线型枪托结构和侧装弹匣的组合使得重心基本位于枪膛的中心线上，这为处于全自动状态下发射步枪弹提供了稳定的发射状态。

使用情况

FG42 步枪主要装备于德国空降部队，首次亮相是在 1943 年 9 月 12 日德国空降部队营救墨索里尼的行动中。1943 年以后，德国空降部队基本作为步兵部队使用，这种伞兵专用自动步枪需求也不再迫切。量产持续到 1944 年。至二战结束，德国仅生产了不到 7000 支 FG42 步枪。现在，FG42 伞兵步枪已成为枪械收藏家眼中的珍品。

德国 StG45 步枪

StG45 是德国毛瑟公司在二战末期生产的一款突击步枪，属于试验型，并没有量产。

▌▌▌▶ 性能解析

StG45 突击步枪和 StG44 突击步枪使用相同的弹药，即 7.92 x 33 毫米步枪弹，而且也可以配用 StG44 突击步枪 30 发弹匣。此外，还能够使用为俯伏射姿装配的 10 发弹匣。为了节省弹药和提高步枪的连发精准度，StG45 从 StG44 的 500 ~ 600 发 / 分的射

基本参数	
口径	7.92 毫米
枪长	940 毫米
枪管长度	502 毫米
枪重	5.22 千克
枪口初速	685 米 / 秒
弹容量	10/30 发

速降至 350 ~ 450 发 / 分。该枪虽然没有正式服役，但是该枪中采用的毛瑟设计的滚轴延迟反冲式技术却被后来的步枪和冲锋枪采用。

苏联莫辛 - 纳甘 1891/30 步枪

莫辛－纳甘 1891/30 步枪是苏联在二战时期使用的步枪之一，曾被当作狙击步枪使用。

性能解析

1891/30 步枪长度与"龙骑兵"步枪相同。由于 1891 式步兵步枪还有大量部件剩余，最初 1891/30 步枪仍采用旧的剖面呈六角形的机匣，称为第 1 型。1938 年后生产的 1891/30 步枪全部采用圆形剖面机匣，称为第 2 型。第 2 型安装了新的

基本参数	
口径	7.62 毫米
枪长	1306 毫米
枪管长度	800 毫米
枪重	4.22 千克
枪口初速	800 米 / 秒
弹容量	5 发

改用米制单位的表尺，准星增加护圈，新的刺刀用弹簧固定在步枪上。二战期间，苏联还为 1891/30 步枪加装 PU 瞄准镜并发放给士兵作为狙击步枪，又称为"PU M1891/30"或"莫辛－纳甘 PU"。1891/30 步枪的直式拉机柄改为下弯式设计，以避免运作时被瞄准镜阻碍。此外，还有简化生产工序的版本被命名为"PEM 瞄准镜"。

结构特点

莫辛－纳甘步枪是一种传统的旋转后拉式枪栓与弹仓式供弹的设计，枪机部分设计简单，细小零部件很少。整体弹仓位于枪托下扳机护圈前面，使用能携带 5 发子弹的弹夹。通过机匣顶部的抛壳口单发或用弹夹填装，弹仓口有一个隔断面器，用于子弹上膛时隔开第二发子弹。子弹为击针式击发。因拉机柄力臂较短，枪机操作时不太顺畅，所需力量较大。拉机柄为直式，狙击步枪采用下弯式拉机柄。手动保险为枪机尾部凸出的圆帽，上边有滚花，以提高摩擦力防止打滑；将其向后拉并向左旋转，会锁住击针使其无法向前运动以形成保险。早期的可拆卸刺刀通过管状插座套在枪口上，后期的 1944 型卡宾枪改为不可拆卸的折叠式刺刀。

苏联托卡列夫 SVT-40 步枪

SVT-40 是由苏联著名轻武器设计师费德洛·托卡列夫设计的半自动步枪，是二战期间苏联步兵的制式装备。

性能解析

SVT-40 步枪是一款采用导气式工作原理、弹匣供弹的自动装填步枪。短行程导气活塞位于枪管上方，后坐行程约 36 毫米。导气室连同准星座、刺刀卡笋和枪口制退器，构成一个完整的枪口延长段。这样的设计简化了枪管，但枪口延长段颇为复杂。

基本参数	
口径	7.62 毫米
枪长	1226 毫米
枪管长度	625 毫米
枪重	3.85 千克
弹容量	10 发

导气室前面凸出的是一个五角形的气体调节器，有 5 个不同的位置，分别标记为 1.1、1.2、1.3、1.5 和 1.7，可根据天气条件、弹药状况或污垢的积聚程度选择合适的导气量。枪口制退器两侧各有 6 个泄气孔，使部分火药燃气导向侧后方，从而起到降低后坐力和枪口消焰的作用。

使用情况

SVT-38 曾参加苏联和芬兰的冬季战争。在德苏战争爆发后，SVT-40 也用于战场，但在苏联陆军士兵给的评语却不太好，故障率较高；相反，在受教育程度较高的苏联海军步兵手上的评语却较佳。由于 SVT-40 是半自动步枪，其内部结构较为复杂，需要有较为专业的枪械保养知识，这正是苏联陆军士兵所欠缺的。因此，SVT-40 并没有大规模地列装部队，通常的苏联士兵仍然是较常使用莫辛－纳甘步枪及 PPSh-41 冲锋枪等武器。

德军和芬兰军也使用虏获的 SVT-40 去对付苏军，尤其是德军狙击兵，其短行程活塞的导气设计甚至被用于德军自己的 Gew 43 半自动步枪。

英国李·恩菲尔德步枪

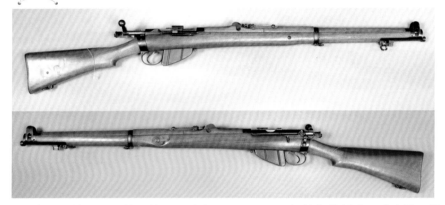

李·恩菲尔德步枪是英国军队在 1895—1956 年装备的制式手动步枪，并有大量衍生型号。

性能解析

李·恩菲尔德步枪采用了詹姆斯·帕里斯·李发明的旋转后拉式枪机和盒形的可卸式弹匣。这种后端闭锁的旋转后拉式枪机的子弹装填速度相对较快，其盒型弹匣可装 10 发子弹。不过，弹匣虽然可拆卸，但为了维护或损坏更换方便，在使用中弹匣通常不拆卸，子弹主要通过机匣顶部的抛壳口进行填装。李·恩菲尔德步枪的火力持续性较强，是实战中射速最快的旋转后拉式枪机步枪之一，而且具有枪机行程短、可靠性高、操作方便等优点。

基本参数	
口径	7.62 毫米
枪长	1257 毫米
枪管长度	767 毫米
枪重	4.19 千克
枪口初速	744 米 / 秒
弹容量	10 发

李·恩菲尔德步枪发射 7.62 毫米 British 口径弹药，取代了英军早期的 Martini-Henry 步枪、Martini-Enfield 步枪及 Lee-Metford 步枪，其后在 1956 年被 L1A1 SLR 步枪取代。但部分英联邦国家中仍有装备。李·恩菲尔德步枪共生产了逾 1700 万支。

李·恩菲尔德步枪在一战中的堑壕战中，迅猛的火力给敌人留下深刻的印象。曾有一个排的英军士兵用其射击时，火力密度让对面的德军以为受到了机枪压制。当时的恩菲尔德兵工厂甚至曾生产了可装 20 发子弹的弧形固定弹匣用于堑壕战。

日本三八式步枪

三八式步枪是日本在二战期间使用的主力步枪之一，是根据日本三十式步枪和三五式海军步枪研制而成的。

性能解析

三八式步枪最大的特点就是它的长度，加上刺刀后，其长度可达 1665 毫米。有人认为这是基于日军传统上强调的所谓"白刃战精神"的训练，是基于肉搏战所设计的步枪。不过，与它同时代的主流步枪相比较并不奇怪。三八式步枪枪机组件的设计

基本参数	
口径	6.5 毫米
枪长	1665 毫米
枪管长度	797 毫米
枪重	3.73 千克
枪口初速	765 米 / 秒
弹容量	5 发

较为出色，极大简化，其部件数量比毛瑟枪还少 3 个零件，仅有 5 个零件。它是当时旋转后拉式枪机步枪中结构最简单的，不过零件的外形复杂，也增加了加工的难度。

结构特点

三八式步枪的机匣制作公差小，表面经过防蚀处理。枪机在机匣内运行顺畅，机匣上面有 2 个排气小孔，保证射击时的安全。枪机上方是截面为随着枪机前后滑动的 n 形的防尘盖。防尘盖上有开口，供直式拉机柄伸出。枪机尾部有圆帽形的转动保险装置。三八式步枪的弹仓镶嵌在枪身内，容量为 5 发子弹。三八式步枪的弹仓还有空仓提示功能。当弹仓内最后一发子弹射出后，枪机后拉到位时托弹板就会顶住枪机头无法向前运动，提醒射手装弹。另外，三八式步枪的枪托加工方式与一般步枪的枪托用一整块木料切削而成不同，它是用两块木料拼接而成的。此种方式虽然日久容易开裂，但可节省木材。

冲锋枪

　　冲锋枪诞生于一战，但是一直到二战开始之前，它的发展并未被人们所重视，型号也不多，再加上产品存在的一些问题，使其使用范围受到限制。而到二战，冲锋枪开始辉煌，除日本外的各参战国都大量装备了多种冲锋枪，并在战争中发挥了重要作用。

美国汤普森冲锋枪

　　汤普森冲锋枪是美国在二战中最著名的冲锋枪。尽管它的重量及后坐力相对较大、瞄准也较难，但仍然是当时威力最大、最可靠的冲锋枪之一。

性能解析

　　汤普森冲锋枪使用开放式枪机，即枪机和相关工作部件都被卡在后方。当扣动扳机后，枪机被放开前进，将子弹由弹匣推上膛并且将子弹发射出去，再将枪机后推，弹出空弹壳，循环操作准备射击下一颗子弹。该枪采用鼓式弹夹。虽然这种弹夹能够提供持续射击的能力，但它太笨重，不便于携带。该枪射速最高可达1200发/分。

基本参数	
口径	11.43 毫米
枪长	852 毫米
枪管长度	270 毫米
枪重	4.9 千克
射速	1200 发/分
弹容量	50/100 发

此外，接触雨水、灰尘或泥浆后的表现比同时代其他冲锋枪要优秀。

　　汤普森冲锋枪弹鼓虽然提供了显著的火力，但在军队服役时被发现其过于笨重，尤其是当巡逻士兵挂在身上时。其弹鼓还相当脆弱，里面的子弹一直来回碰撞，产生不必要的噪声。基于这些原因，20发和30发直弹匣很快就成为最流行的M1928A1弹匣，往后的M1和M1A1设计也没有再兼容弹鼓。汤普森冲锋枪是其中一款最早采用双列进弹的冲锋枪，这增加了枪在可靠性方面的声誉。

美国 M3 冲锋枪

M3 冲锋枪是由美国兵器设计师乔治·海德和弗里德里克·桑普森总工程师根据 1941 年美国军工总署技术部轻武器研究发展局提出的指标共同研发设计，于 1942 年开始大批量生产，并交付美军使用。

性能解析

M3 冲锋枪由金属片冲压、点焊与焊接制造，以缩短装配工时。只有枪管枪机与发射组件需要精密加工。该枪的机匣是由 2 片冲压后的半圆筒状金属片焊接成一圆筒，其前端是一个有凸边的盖环固定枪管。枪管有 4 条右旋的膛线，量产之后又设计了可加在枪管上的防火帽。可伸缩的金属杆枪托附于枪身的后方。该枪的瞄准装置采用的是固定觇孔式照门和刀片式准星，其设定目标为 91 米。

结构特点

M3 是全自动、气冷、开放式枪机、由反冲作用操作的冲锋枪。枪机平时被机簧卡在后方开放的位置。扣扳机时，以复进弹簧的力量将子弹上膛。枪机的前方有一个退壳爪抓住弹壳，上膛同时击发，击发后以点燃发射药产生的高压气体后推退壳，经

基本参数	
口径	11.43 毫米
枪长	756.92 毫米
枪管长度	203.2 毫米
枪重	3.62 千克
射速	450 发 / 分
弹容量	30 发

退壳钩弹出弹壳。此时若扣扳机的手指尚未松开，则继续击发，一直到子弹打完为止；若是扣扳机的手指已松开，则枪机再度卡在后方开放的位置。若子弹打完而扣扳机的手指尚未松开，枪机则会向前顶住枪膛。此时上弹匣后，须将右侧拉柄向后拉，带动枪机后退压缩复进弹簧被机簧卡住，回复准备击发的位置。

枪机左右各钻通一孔，两孔各有一导杆，复进弹簧外包导杆随枪机前后移动而伸缩。这样设计可以容许使用廉价制造的较不精密的零件。由于 11.43 毫米口径的自动手枪子弹产生的压力不大，加上枪机很重，M3 冲锋枪不需要复杂的膛室闭锁机制或是延迟机制。M3 的保险在枪上方可以翻开的退壳盖内，一个凸起的铁片可以卡住枪机。M3 没有卡住扳机的机制，插入装有子弹的弹匣就等于上了子弹了。M3 弹匣的子弹是双排装弹、单发进弹的 30 发弹匣，类似于斯登冲锋枪的弹匣。

英国斯登冲锋枪

　　斯登 (STEN) 冲锋枪是英国在二战时期大量制造及装备的 9 毫米口径冲锋枪，英军一直采用至 20 世纪 60 年代。该枪是一种低成本、易于生产的武器，仅 20 世纪 40 年代就制造了 400 万支以上。

性能解析

　　斯登冲锋枪发射 9×19 毫米手枪子弹，采用简单的内部设计，横置式弹匣、开放式枪机、后坐作用原理。弹匣装上后可充当前握把。由于外形紧致、重量较轻，斯登冲锋枪在室内与壕沟战可以发挥持久火力，且灵活性强。另外，斯登冲锋枪的后坐力较低，在战场中移动

基本参数	
口径	9 毫米
枪长	760 毫米
枪管长度	196 毫米
枪重	3.18 千克
射速	500 发 / 分
弹容量	32 发

攻击时非常有利。斯登冲锋枪在近战中是一把优秀的武器，它是战争中许多突击队员的选择。另外，该枪在法国抵抗组织及其他地下部队中也十分流行。斯登冲锋枪的消声型版本还是英国皇家特种空勤团 (SAS) 在二战期间用来渗透敌方时所装备的特种武器。

英国斯特林冲锋枪

斯特林冲锋枪是由英国斯特林军备公司生产的一款冲锋枪。

性能解析

斯特林冲锋枪大量采用冲压件，同时广泛采用铆接、焊接工艺，只有少量零件需要机加工，制作工艺较简单。该枪采用自由枪机式工作原理，开膛待击，前冲击发。使用侧向安装的 34 发双排双进弧形弹匣供弹，可选择单、连发发射方式，枪托为金属冲压的下折式枪托，有独立的小握把。瞄准装置采用觇孔式照门和"L"形翻转表尺,瞄准基线比较长。

基本参数	
口径	9 毫米
枪长	686 毫米
枪管长度	196 毫米
枪重	2.7 千克
射速	550 发 / 分
弹容量	34 发

使用情况

由于性能优异，斯特林冲锋枪一直获多国的军队、保安部队、警队选择作为制式枪械使用。除了为英国军方所采用之外,加拿大也取得了执照而进行生产,并且加拿大军方也拿它作为制式武器并给予它"C1 冲锋枪"的制式名称。

苏联 PPSh-41 冲锋枪

PPSh-41 是苏联在二战期间研制的冲锋枪，是苏联在战争期间生产数量最多的武器，也是苏联红军在二战中的标志性装备之一。

性能解析

PPSh-41 冲锋枪的设计以适合大规模生产与结实耐用为首要目标，对成本则未提出过高要求。因此，PPSh-41 出现了木质枪托和枪身。沉重的木质枪托和枪身使 PPSh-41 的重心后移，从而保证枪身的平衡性，而且可以像步枪一样用于格斗，同时还特别适合在高寒环境下握持。PPSh-41 冲锋枪具有 1 个铰

基本参数	
口径	7.62 毫米
枪长	843 毫米
枪管长度	286 毫米
枪重	3.63 千克
射速	1000 发 / 分
弹容量	35/71 发

链式机匣，以便不完全分解和清洁武器。枪管和膛室内侧均进行了镀铬防锈处理。这个当时绝无仅有的设计赋予了 PPSh-41 惊人的耐用性与可靠性。该枪可以承受腐蚀性弹药，在各种恶劣环境下使用，以及延长其清洁间隔时间。由于较短的自动机行程，加上较好的精度，三发短点射基本能命中同一点。PPSh-41 在战场上是一件耐用、需要较少维护的武器，这种武器能够以 700 ~ 900 发 / 分的发射速率射击。PPSh-41 亦具有 1 个较粗的枪口制退器，以减少枪口上扬和铰链机匣在战场的环境下方便地不完全分解和清洁其枪膛。苏联常常整排地装备此枪，使他们在近距离上取得无可比拟的火力优势。数千支 PPSh-41 曾经空降至敌后战线，并且在大量游击队之中装备以切断德国的补给线和通信系统。由于有弹鼓过重的缺点（有苏联士兵回忆称他们宁愿选用 MP40），从 1942 年开始出现了 35 发可拆卸式弯形弹匣，但是大多数步兵仍然愿意保留一个较大子弹容量的弹鼓。PPSh-41 的弹鼓是仿制芬兰索米冲锋枪的 71 发可卸式弹鼓，但在实际使用中，如果装载的子弹数多于 65 发，可能会出现无法正常供弹的情况，所以一般只装填 65 发左右的子弹。一般步兵的标准携弹量是一个弹鼓加几个弹匣。

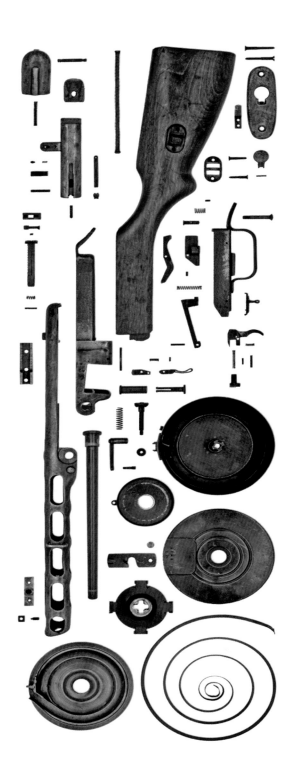

德国 MP18 冲锋枪

MP18 全称为 Maschinenpistole 18，是历史上第一支实用的冲锋枪，由德国在一战时期研发。该枪性能优良，于 1918—1945 年间在德国服役。

性能解析

MP18 冲锋枪采用自由枪机原理。为能有效散热，采用开膛待击方式，枪机通过机匣右侧的拉机柄拉到后方位置，卡在拉机柄槽尾端的卡槽内作为保险。这种保险方式并不安全，因为如果意外受到某种震动时，拉机柄会从卡槽中脱出，导致枪机向前运动，击发子弹发生走火。

基本参数	
口径	9 毫米
枪长	832 毫米
枪管长度	200 毫米
枪重	4.18 千克
射速	500 发 / 分
弹容量	32/50 发

结构特点

MP18 最醒目的特征是枪管上包裹套筒，套筒上布满散热孔，连续射击有利于散热。MP18 冲锋枪只能全自动射击。预见到会有大量的弹药消耗量，德军计划的暴风突击队包括配备 MP18 的枪手都配备运输弹药推车的弹药手。德军突击队的士兵把 MP18 冲锋枪称为 Kugelspritz，可译成"子弹喷射器"。

原本 MP18 冲锋枪是采用横插在枪身左侧的直型弹匣供弹，不过由于德国军方枪械委员坚持要使用容量 32 发蜗牛形弹鼓供弹，还要求枪身轴线和弹鼓供弹槽轴线的夹角成 55°，是与鲁格手枪相同的角度，原因是它最初是为鲁格 P08 手枪设计的。为此 MP18 的冲锋枪的弹匣插槽又做了些修改。但是后来因为装上蜗牛形弹鼓后枪身重心左移，在实战上使用笨拙，填装繁琐，结构复杂而且容易卡弹等缺点，之后在一战结束后 MP18 冲锋枪又改回容量 20 发直型的弹匣供弹，枪身轴线和弹鼓供弹槽轴线的夹角成 90°。

德国 MP40 冲锋枪

MP40 全称为 Maschinenpistole 40，也被称为施迈瑟冲锋枪，是为便于大量生产而设计的一款和传统枪械制造观念不同的冲锋枪，也是德国在二战期间使用最为广泛的冲锋枪。

性能解析

MP40 冲锋枪大量采用冲压、焊接工艺的零件，生产时零件在各工厂分头生产，然后在总装厂进行统一装配，这种模式非常利于大规模生产。MP40 冲锋枪结构简单、设计精良，采用开放式枪机原理，机匣为圆管状，握把和护木采用塑料制作而成，枪托为钢管制成。该枪采用直型弹匣供弹，发射 9 毫米鲁格弹，有效射程约 100 米。

基本参数	
口径	9 毫米
枪长	833 毫米
枪管长度	251 毫米
枪重	4 千克
射速	500 发 / 分
弹容量	32 发

结构特点

MP40 结构简单但设计精良，发射 9 毫米鲁格弹，以直型弹匣供弹，采用开放式枪机原理、圆管状机匣。移除枪身上传统的木质组件，握把及护木均为塑料，简单的折叠式枪托使用钢管制成，向前折叠到机匣下方，以便于携带。枪管底部的钩状座可由装甲车的射孔向外射击时固定在车体上。MP40 是受到德军作战部队欢迎的自动武器，在近身距离作战中可提供密集的火力，不但装备了装甲部队和伞兵部队，在步兵单位的装备比率也不断增加，也是优先配发给一线作战部队的武器。

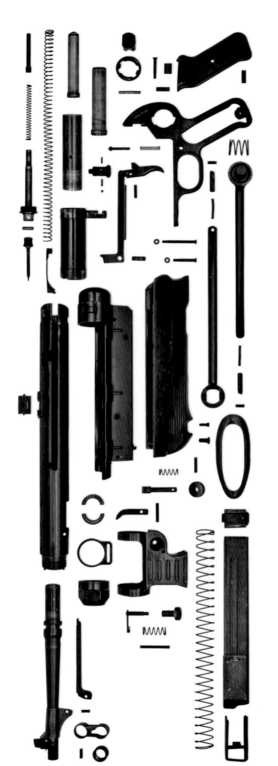

捷克斯洛伐克 ZK 383 冲锋枪

ZK 383 冲锋枪是由捷克斯洛伐克的约瑟夫和弗兰蒂斯克·库凯设计，1933 年获得专利，并由捷克斯洛伐克国营兵工厂生产，1948 年停止生产。二战期间，ZK 383 冲锋枪不仅供捷克斯洛伐克、德国军队使用，而且是比利时的制式冲锋枪，委内瑞拉、巴西等南美国家的军队也曾装备。

德国吞并捷克斯洛伐克之前，ZK 383 冲锋枪的出口对象主要是比利时陆军。1939 年，德国完全占领捷克斯洛伐克后，将该国的国营兵工厂置于自己的监管之下，并将其称为布尔诺兵工厂。进入德军装备后，该枪被改称为 MP383，主要提供给东线的武装党卫军使用，其他地区则很少见到。

基本参数	
口径	9 毫米
枪长	875 毫米
枪管长度	325 毫米
枪重	4.25 千克
射速	700 发 / 分
弹容量	30 发

▌▌▌▌★ 性能解析

ZK 383 冲锋枪可快速更换枪管。枪管通过其尾端的两个凸缘固定在机匣上，只要拉动准星座后方的枪管固定卡笋，并将准星转动 90°，即可从机匣内抽出枪管。该枪具有两种射速，枪机上有 1 个调节枪机质量件，带调节件的枪机重量为 700 克，不带调节件的枪机重量为 530 克，从而可使枪的射速从 500 发 / 分增加到 700 发 / 分。该枪有 ZK 383P 和 ZK 383H 两种变形枪。前者为警用型，其主要不同是取消了两脚架，采用较简单的 L 形翻转式表尺。后者是在 ZK 383 的基础上进行了一些结构改进。

ZK 383 冲锋枪采用自由枪机式工作原理，开膛待击。枪机为阶梯状圆柱体，其大端与连杆相接，枪机后坐时，连杆通过 1 个压套压缩枪托内的复进簧。快慢机柄设在机匣左侧，保险机前上方标有表示单发位置的 1 和表示连发位置的 30 两个数字符号。该枪的机匣和发射机座采用钢铸件精密加工而成，两脚架和托底板为冲压件。有的枪还有装刺刀的突笋。

芬兰 M1931 "索米"冲锋枪

M1931 "索米"是芬兰在二战前设计的冲锋枪，又称为索米 KP/–31(KP 即 Konepistooli，芬兰语"自动手枪"之意)、索米 KP 或索米 M/31。由于"索米"在芬兰语中意为"芬兰"，M1931 还被称为芬兰冲锋枪。

性能解析

M1931 由于枪管较长，做工精良，所以其射程和射击精准度比大批量生产的 PPSh–41 长出和高出很多，而射速和装弹量则与 PPSh–41 一样。它最大的弊端在于过高的生产成本，所采用的材料是瑞典的优质铬镍钢，并以狙击枪的标准生产，费工费时。

基本参数	
口径	9 毫米
枪长	870 毫米
枪管长度	314 毫米
枪重	4.6 千克
射速	900 发 / 分
弹容量	50/71 发

M1931 冲锋枪问世后，先后在玻利维亚和巴拉圭的局部战争 (1932—1935 年)、西班牙内战 (1936—1939 年) 中投入使用，但当时的表现并不出色。直到苏芬战争 (1939—1940 年) 爆发后，M1931 冲锋枪才得到世人的瞩目。苏芬战争开始时，芬兰国防军已经装备了大约 4000 支 M1931 冲锋枪，约每 44 名士兵装备 1 支。

结构特点

索米 M1931 的制动方式为传统的自由枪机、开膛待击。在射击中，传统的冲锋枪的枪栓会随着枪机往复运动，而索米 M1931 的特别之处在于其枪栓拉上之后即固定不动封闭枪膛，从而避免杂物进入枪膛造成故障。

澳大利亚欧文冲锋枪

欧文冲锋枪是澳大利亚设计并制造的第一款冲锋枪。

性能解析

欧文冲锋枪可选择单、连发射击，自由式枪机，开膛待击。固定式击针是枪机面的整体部分。机匣内部的独立式隔室，通过机匣中部内装有一个金属环型隔板与小直径枪机的拉机柄分隔开来。前室内容纳枪机和复进簧，复进簧导杆穿过金属环中央的孔，在后室与拉机柄连接在一起，而拉机柄槽在机

基本参数	
口径	9 毫米
枪长	813 毫米
枪管长度	250 毫米
枪重	4.23 千克
射速	700 发 / 分
弹容量	33 发

匣后部。这样就把枪机在机匣内的活动范围密封起来，防止灰尘或泥浆等外来的污物通过拉机柄槽渗入枪机内，使得欧文冲锋枪成为一件高度可靠的武器。欧文冲锋枪的整体结构坚固耐用，但尺寸和重量都显得过大。不过该枪在恶劣环境下的可靠性非常强。

使用情况

欧文冲锋枪在 1941 年至 1945 年间生产了约 50000 支。在 1941 年被澳大利亚军队采用时还不能安装刺刀，到了 1944 年，澳大利亚陆军才决定让欧文冲锋枪也能装上刺刀。由于欧文冲锋枪只在澳大利亚生产和使用，因此并不出名，但它在东南亚又热又潮湿的丛林战斗中非常有效，因而受到澳大利亚士兵的喜爱，是二战中最好的武器之一。

手 枪

　　手枪虽然威力小，但携带方便的特性，使其在战场上仍有着举足轻重的地位。二战中，各国的主力或者说具有代表性的手枪不是特别多，但它们绝对都是该类武器中的经典，如德国的鲁格 P08 手枪、毛瑟 C96 手枪、美国柯尔特 M1911 手枪等。这些手枪，不仅是士兵的防卫利器，更是高阶军官身份的象征。

德国鲁格 P08 手枪

　　鲁格 P08 手枪是两次世界大战里德军最具代表性的手枪之一。其停产以后，军队也不再装备，现在只在警察中还有人使用。由于该枪的知名度颇高，至今仍是世界著名手枪之一。

★ 性能解析

　　鲁格 P08 最大的特色是其肘节式闭锁机。它参考了马克沁重机枪及温彻斯特贡杆式步枪的工作原理。该枪有多种变形枪，其中，P08 炮兵型是该系列手枪中的佼佼者，射击精度较高，能够命中 200 米处的人像靶，由德国 DWM 公司于 1914—1918 年生产，仅 20 000 支。

结构特点

　　鲁格 P08 制造商名称 DWM 或 Erfurt 标于套环前端。序列号标于枪管延长部位左侧，最后 3 或 4 个数字几乎出现在每个可拆卸部件上。手动保险位于套筒座后部左侧，向上为保险，向下为射击。弹匣扣为按压式按钮，位于套筒左侧、扳机后方。

基本参数	
口径	9 毫米
枪长	222 毫米
枪管长度	98 毫米
枪重	871 克
枪口初速	350 ~ 400 米 / 秒
弹容量	8/32 发

使用情况

　　由于 P08 手枪的"蜗牛"式弹匣性能不佳，现已很少与这种枪配用。炮兵和海军型号握把底部有镂空，用于安装木质枪托。

德国瓦尔特 P38 手枪

瓦尔特 P38 是二战中德军使用最为广泛的手枪之一，具有外形美观、性能稳定、工艺先进等特点。

性能解析

P38 的自动方式为枪管短后坐式，击发后，火药气体将闭锁在一起的枪管和套筒后推。经过自由行程后，弹膛下方凸耳内的顶杆抵在套筒座上，并向前撞击闭锁卡铁后端斜面，迫使卡铁向下旋转，使上突笋离开套筒上的闭锁槽，实现开锁。该手枪还有一个安全可靠的双动系统，这样，即使膛内有子弹也不会发生意外。

基本参数	
口径	9 毫米
枪长	216 毫米
枪管长度	125 毫米
枪重	800 克
枪口初速	365 米 / 秒
弹容量	8 发

结构特点

同其他瓦尔特手枪一样，二战结束前后的型号在外形尺寸上有细微差别。战后的 P38 手枪，有一个铝合金框架，而不是原设计的钢架。

该枪是第一款采用双动发射机构的后膛闭锁手枪，可在子弹上膛且击锤向下时携带，此时只须扣动扳机即可发射第一发子弹。枪身的铭文内容标于套筒左侧，序列号标于套筒左侧以及套筒座左侧、扳机护圈前方。保险位于套筒后部左侧，弹匣扣位于握把左侧、扳机后方。

█║█▶ 使用情况

　　瓦尔特 P38 从 1938 年到 1963 年一直被生产制造。但是从 1945 年到 1957 年间，德国军队没有配备 P38。从 1957 年到 1963 年，P38 再次成为德国军警的标准手枪。之后瓦尔特 P38 手枪陆续衍生出其他的变种，部分被出口到欧洲各国。20 世纪 90 年代，德国军方开始更换 P38 手枪。2004 年，瓦尔特 P38 手枪 (又称 P1) 最终被淘汰。

德国瓦尔特 PP/PPK 手枪

瓦尔特 PP 是由德国卡尔·瓦尔特运动枪有限公司制造的半自动手枪。瓦尔特 PPK 是瓦尔特 PP 的派生型,尺寸略小。虽然两者都已经诞生 80 多个年头了,但仍是小型手枪的经典之作,至今仍在瓦尔特公司和其他武器制造厂生产。

性能解析

瓦尔特 PP/PPK 采用自由枪机式工作原理,枪管固定,结构简单,性能可靠;采用外露式击锤,配有机械瞄准具;套筒左右都有保险机柄,套筒座两侧加有塑料制握把护板;弹匣下部有一塑料延伸体,能让射手握得更牢固;两者都使用 7.65 毫米柯尔特自动手枪弹。此外,作为自动手枪,PP 系列首次使用了双动发射机构,对后来自动手枪的发展有着深远影响。

基本参数	
口径	7.65 毫米
枪长	170 毫米
枪管长度	98 毫米
枪重	665 克
枪口初速	256 米 / 秒
弹容量	8 发

使用情况

瓦尔特 PPK 手枪的变种 PPK/S 属于混合型,采用 PPK 的套筒和枪管以及 PP 的套筒座。这样做旨在增大尺寸以绕过 1968 年通过的美国枪支管理法的限制。该枪只销往美国。

1945 年 4 月,希特勒使用他的 PPK 手枪 (7.65 毫米) 在柏林元首地堡开枪自杀。此外,瓦尔特 PPK 手枪 (也是 7.65 毫米) 在许多电影和虚构的小说中也屡见不鲜,更是秘密特工 007——詹姆斯·邦德的代名词。

German Polizei u. Dienst Automatisch pistole Kal. 7.65-Mod PK.

德国毛瑟 HSC 手枪

毛瑟 HSC 手枪是德国毛瑟公司在 20 世纪 30 年代末设计的一款军警用手枪，该枪在二战期间曾被德国军警大量装备。

性能解析

HSC 手枪从口袋中快速出枪时不会发生钩挂现象，它的握把手感极佳，扳机力度适中。巧妙的设计是毛瑟手枪的长项，既可保证武器具有最少量的零件，而且不降低其功能。HSC 手枪充分地体现了这一点，它的很多活动件都具备 2 个或 2 个以上功能，例如，无弹匣保险也可起到空仓挂机和抛壳挺的作用。另一个巧妙设计是保险，当关上保险时，保险机将击针尾部上抬而锁定于套筒内。

基本参数	
口径	7.65 毫米
枪长	165 毫米
枪管长度	86 毫米
枪重	700 克
枪口初速	290 米 / 秒
弹容量	8 发

结构特点

HSC 手枪外形十分独特，可以说是当年少有的"漂亮"手枪之一。对比勃朗宁系列的各款手枪，其外形具有了三角形带来的"完整感"和"稳定感"。

HSC 手枪采用击锤回转击发，自动方式为自由枪机式，双动扳机设计。毛瑟 HSC 手枪的套筒造型非常别致，套筒前方下部带有一个斜面，与下方套筒座很好地结合在一起。套筒左侧刻有毛瑟商标与 Mauser–Werke A.G.Oberndorda N Mod Hsc Kal 7.65 毫米铭文。套筒右侧的抛壳窗后露出一个很短的抽壳钩。

套筒顶部带有一条很长的防反光纹，点状准星与凹型缺口照门分别在套筒两端。套筒后部左右两侧各带有 20 条纵向防滑纹。左侧防滑纹中间设有手动保险，该手动保险是一款针对击针的保险。保险向上扳动，露出下面的红色圆心表示解除保险状态，射手可以随时进行射击；保险向下扳动，挡住红色圆心，露出上方的 S 字样，说明处在保险位置，这时击针被保险卡住，确保手枪内的子弹无法击发。

使用情况

首批 1345 把 HSC 手枪在完成生产后交付德国海军使用。随后这款手枪的握把固定螺丝被向上移动，改到握把中部继续生产。很快国防军也开始订购并装备该枪。国防军订购版本在扳机护圈后部刻有纳粹鹰与 655、135 和 WaA135。第三帝国的警察部门也注意到了这款新型手枪，随后大量订购，警察版本的扳机护圈后部刻有纳粹鹰与 L 或 F。

最后商贸版本上市，起初被卖到美国和英国，不过很快就只能在德国和其他轴心国售卖了。商贸版本在右侧扳机护圈后部刻有一只纳粹鹰和 N 字样。当美军占领毛瑟工厂后，这款手枪才停止生产。此时毛瑟 HSC 半自动手枪的产量已经达到 251 939 把。

德国毛瑟 C96 手枪

毛瑟 C96 手枪是德国毛瑟公司在 1896 年推出的一款全自动手枪，是德军在两次世界大战期间使用的手枪之一。

性能解析

毛瑟 C96 在击发时，后坐力使得枪管兼滑套及枪机向后运动，此时枪膛仍然是在闭锁状态。由于闭锁榫前方钩在主弹簧上，因此有一小段自由行程。由于闭锁机组上方的凹槽，迫使得闭锁榫向后运动时，只能顺时针向下倾斜，因此脱出了枪机凹槽。

基本参数	
口径	9 毫米
枪长	288 毫米
枪管长度	140 毫米
枪重	1130 克
枪口初速	425 米 / 秒
弹容量	10/20/40 发

意大利伯莱塔 M1934 手枪

伯莱塔 M1934 手枪是意大利伯莱塔公司于 20 世纪 30 年代研制的一款半自动手枪，并在二战期间被意大利军队广泛使用。

性能解析

M1934 手枪具有结构简单、坚固、动作可靠、制造成本低等特点，1934 年装备意大利军队，其后欧洲各国均有使用。其扳机为单动式，扳机连杆兼作弹匣解脱钮，发射机构为半自动式，击锤为外露式。与德国同时期的 PP/PPK 手枪相比，M1934 在外部形态和保险机构上有很大不同。它的套筒座左侧设有手动保险，该保险兼作套筒止动器，置于

基本参数	
口径	9 毫米
枪长	149 毫米
枪管长度	94 毫米
枪重	660 克
枪口初速	240 米 / 秒
弹容量	8 发

前方 S 位置为保险状态，置于后方的 F 位置为射击状态，保险打开时仅锁住扳机，不涉及阻铁与击针。

结构特点

M1934 采用自由枪机后坐自动方式，枪身铭文标于套筒左侧，序列号标于套筒右侧和套筒座上。手动保险位于套筒座左侧、扳机上方。向前为保险，向后为射击。弹匣扣位于握把底部。

拆解后的 M1934 手枪

苏联托卡列夫 TT-30/33 手枪

TT-30/33 手枪是苏联研制的半自动手枪，主要用来替换纳甘 M1895 左轮手枪，于 1930 年定型。

性能解析

TT-30 手枪使用 7.62×25 毫米手枪子弹，在外观和内部机械结构方面，与 FN M1903 有异曲同工之妙。不过不同的是 TT-30 手枪发射子弹时枪机后坐距离较短。1954 年，苏联停止了 TT-33 的生产后，便把设备卖给多个友好国家，并允许它们进行仿制，有些国家至今仍在生产及采用仿制品。

基本参数	
口径	7.62 毫米
枪长	196 毫米
枪管长度	116 毫米
枪重	840 克
枪口初速	420 米 / 秒
弹容量	8 发

使用情况

TT-33 成为二战中广为苏军使用的手枪，但直至二战终结时也没有完全取代纳甘 M1895。二战开始，TT-33 开始被大量投入生产并装备部队。在 1941 年 6 月 22 日，苏联红军已收到大约 600 万支 TT-33。在战争期间，该枪的生产量再度增加。纳粹德军在二战时也使用过部分缴获的 TT-33 手枪，并把这些战利品命名为 Pistole 615(r)。1951 年，当苏军列装 9 毫米口径的马卡洛夫 PM 以后，TT-33 便渐渐地退出苏军前线装备。尽管如此，直到 20 世纪 70 年代，一些苏联警察部队仍然有装备。

美国柯尔特 M1911 手枪

M1911 是美国柯尔特公司于 20 世纪初研制的半自动手枪，1911 年开始在美军服役。它曾经是美军在战场上非常常见的武器，经历了两次世界大战和之后的多次局部战争。

基本参数	
口径	11.43 毫米
枪长	210 毫米
枪管长度	127 毫米
枪重	1105 克
枪口初速	251.46 米 / 秒
弹容量	7 发

性能解析

M1911 手枪使用起来非常安全，不容易出现走火等事故。它采用了双重保险设计，其中包括手动保险和握把式保险。手动保险在枪身左侧，处于保险状态时，击锤和阻铁都会被锁紧，套筒不能复进。握把式保险则需要用掌心保持按压力度才能保持战斗状态，松开保险后手枪就无法射击。

使用情况

在通过所有试验后，柯尔特的参选手枪在 1911 年 3 月 29 日正式成为美国陆军的制式手枪，定名为 M1911(Model of 1911)，并且在 1913 年成为美国海军、美国海军陆战队的制式手枪。在一战开始前，柯尔特已经进行大量生产以达到美军的要求，国营的春田兵工厂也参与生产。

一战的经验令军方提出要求对 M1911 进行一些外部改进，改进时间自 1920 年中开始。包括扳机稍微后移、加大扳机护弓、加阔准星、握把近扳机护弓的位置加上凹槽、加长握把式保险上方的突出部以避免射手虎口被击锤锤伤、加厚握把尾部 (后来版本又被简化了)、加长击锤以利于操作，简化了握把上的纹路等。这些改进在 1924 年完成，1926 年定案，新版本定名为 M1911A1。由于没有进行内部改进，因此内部零件仍可与 M1911 互换。

美国史密斯 - 韦森 1899 型手枪

史密斯－韦森 1899 是美国史密斯－韦森公司研制的 9 毫米左轮手枪。

性能解析

史密斯－韦森 1899 是专为军队及警队而设计。该枪有多种版本，部分版本曾在二战中使用。各版本都装有凹槽旋转弹膛、缺口式固定照门，枪管有 51 毫米、64 毫米、76 毫米、100 毫米、130 毫米、150 毫米等多种长度。由于结构简单、坚实耐用、使用灵活方便与价格便宜，多国警察及执法部门至今仍在使用史密斯－韦森 M1899 型左轮手枪。

基本参数	
口径	9 毫米
枪长	286 毫米
枪管长度	150 毫米
枪重	0.91 千克
枪口初速	300 米 / 秒
弹容量	6 发

使用情况

从 1942 年到 1944 年间生产的史密斯－韦森 M1899 左轮手枪，它们的生产序号均为 "V" 字开头。这些手枪被称为史密斯－韦森胜利型。胜利型为美国海军及美国海军陆战队飞行员在二战间的制式手枪，它也被在战争期间驻守在美国国内的工厂和国防设施的保安人员所使用。

美国 M1917 左轮手枪

M1917 左轮手枪是美国研制的六发式左轮手枪。

性能解析

　　M1917 左轮手枪有两种版本，一个来自柯尔特公司，而另一个来自史密斯 – 韦森公司。柯尔特 M1917 能在弹巢膛室部进行壳头间隙加工，采用较短的转轮，以便使用两个三发弹夹将 11.43 毫米的无底缘 ACP 枪弹装入弹巢，并让退壳杆能够退出弹壳。史密斯 – 韦森 M1917 采用缩短型弹巢并做出可使用半月夹的修改，并在底把的底部设有挂绳环。

基本参数	
口径	11.43 毫米
枪长	270 毫米
枪管长度	140 毫米
枪重	1.1 千克
枪口初速	232 米 / 秒
弹容量	6 发

史密斯 – 韦森 M1917 可在不使用半月夹情况下使用，虽然空弹壳都必须以人手方式通过弹巢面手动戳出，而原因也是星状抽壳钩无法与无缘底板式弹壳啮合。

使用情况

　　美军在二战中曾使用 M1917 左轮手枪，后来因为该枪的有效射程与美军的要求相去甚远，而改为美国警察专用枪械。此外，巴西军队也在 1937 年订购了 25000 支史密斯 – 韦森公司生产的 M1917 左轮手枪。

美国勃朗宁大威力手枪

勃朗宁大威力手枪是由美国著名枪械发明家约翰·勃朗宁设计的半自动手枪。

性能解析

勃朗宁大威力半自动手枪最初具有两款型号：一种是装有固定式瞄准具的"普通型"，另一种是具有可调节式切线式表尺的"照门可调型"。后者还配有开槽式握把以将木质枪托装在握把凹槽里。标准型大威力手枪使用的是单动操作式设计，而且装有手动保险。与现代的双动操作半自动手枪不同的是，大威力手枪的扳机与击锤并没有联动关系，因此不能实现扣扳机待击。如果一把双动操作手枪已经上膛，用户只需简单地扣动扳机即可击发。

基本参数	
口径	9 毫米
枪长	197 毫米
枪管长度	119 毫米
枪重	1 千克
枪口初速	335 米 / 秒
弹容量	13/15 发

使用情况

勃朗宁大威力半自动手枪在开始生产不久，二战爆发。其间，勃朗宁大威力半自动手枪被盟军和轴心国交战双方部队作为辅助武器所采用。直到今天，它仍然在世界各地服役。

英国韦伯利左轮手枪

韦伯利左轮手枪是由英国韦伯利斯科特公司生产的一款军用和警用左轮手枪。

性能解析

韦伯利左轮手枪采用中折式设计，当射手把枪管向下折开的同时，弹巢里的弹壳也会同时弹出，并有利于重新装填。该枪的所有版本皆采用双动式扳机，为了配合现代化需求而在20世纪开始改用了无烟火药。然而，该枪的弹速却相当慢，其枪口初速并未超过200米/秒；由于其使用的子弹重量超过17克，其后坐力相当大。由于该枪有着较高的加工标准，即使在最极端的战场环境下依然十分坚固、可靠和耐用。

基本参数	
口径	11.6 毫米
枪长	286 毫米
枪管长度	152 毫米
枪重	1.1 千克
枪口初速	190 米 / 秒
弹容量	6 发

使用情况

英国陆军于1887年正式采用韦伯利左轮手枪，并在第二次布尔战争中首次广泛使用。尽管于1935年已被较新的恩菲尔德MK I逐步取代，韦伯利手枪在二战期间仍然被广泛使用。由英国政府拥有的韦伯利手枪在战后仍然在军队中服役，直到于1954年被勃朗宁大威力半自动手枪取代为止。

英国恩菲尔德 No.2 左轮手枪

恩菲尔德 No.2 左轮手枪是二战期间被英国军队广泛使用的手枪。

性能解析

恩菲尔德 No.2 左轮手枪采用了中折式设计，其特征是在用户折开枪管的同时，弹巢内的弹壳便会自动弹出，并方便于重新装填。恩菲尔德 No.2 左轮手枪与韦伯利左轮手枪很像，内部结构设计也几乎是一致的，只是口径经过改小。因其轻巧且便于携带而备受欢迎。

基本参数	
口径	9.65 毫米
枪长	260 毫米
枪管长度	127 毫米
枪重	0.765 千克
枪口初速	189 米 / 秒
弹容量	6 发

使用情况

恩菲尔德 No.2 左轮手枪在二战时期被英国军队使用，该手枪一共装备了约 27 万把。 由于恩菲尔德兵工厂在二战期间无法生产足够的 No.2 左轮手枪以满足英军的需求，韦伯利 Mk IV 也被英国陆军所采用，以填补前者的空缺。二战过后，恩菲尔德 No.2 仍然是英国的制式手枪，并一直服役到 20 世纪 60 年代。

日本南部 14 式手枪

日本南部 14 式手枪是从原南部式手枪改进而来，由日本名古屋兵工厂制造。它从 1925 年开始被列为日本陆军制式武器，在二战期间主要装备于将校级军官。该枪俗称"王八盒子"。

性能解析

南部 14 式手枪充分考虑了手枪射击时的指向性这一重要人机工程学问题。手枪的握把和枪管轴线之间的夹角设计为 120°，在紧迫局面进行仓促的出枪射击时，可有效提高手枪的战斗反应时间和射击精度。

基本参数	
口径	8 毫米
枪长	230 毫米
枪管长度	117 毫米
枪重	910 克
枪口初速	325 米 / 秒
弹容量	8 发

南部 14 式手枪采用枪管短后坐自动方式，闭锁卡铁后端通过下落打开闭锁结构十分安全有效，其特征如德国毛瑟 M1896 半自动手枪以及瓦尔特 P38 半自动手枪的闭锁结构。

它的保险机构是类似勃朗宁手枪的那种空枪保险机构。当卸下弹匣之后，即使弹膛内仍顶着一发子弹，并且没有装定手动保险的情况下，也不会发生"走火"事故。据说在当时的日军中，手枪发生"走火"事故的主要原因，多是由于误以为取出弹匣、枪就"安全"了的错觉。南部 14 式手枪的空枪保险机构，就是针对日本军人多有上述错觉，常常误操作"走火"而设置的。空枪保险机构的特点是，当弹匣向下抽出一点后，扣动扳机也无法击发。

结构特点

南部 14 式手枪采用枪管短后坐式自动原理和枪机起落式闭锁机构。并采用普通型弹匣，在弹匣右侧有一导向钮，帮助安装最后几发弹时压缩弹匣簧。扳机护圈较大，允许戴手套射击。

手榴弹

手榴弹是一种小型手投弹药，有体积小、威力大的特点，是步兵的重要装备之一。二战时期著名的手榴弹有德国的24型柄式手榴弹、美国Mk 2手榴弹等。

 # 德国24型柄式手榴弹

24型柄式手榴弹在二战中被广泛使用，且衍生出了烟幕弹版本。此外，由于部分24型柄式手榴弹受寒冷环境影响出现不爆炸的现象，所以一些24型柄式手榴弹被填入特殊炸药，以适应寒冷环境。

性能解析

基本参数	
总重	595克
全长	365毫米
直径	70毫米

24型柄式手榴弹是进攻型手榴弹。它是在薄壁钢管中填入高爆炸药，依靠爆炸威力杀伤敌人，而非防御型手榴弹的破片式杀伤。1942年，又设计了一种有凹沟的破片套，它可套在手榴弹的爆炸头外部，使手榴弹在爆炸时产生大量破片，以增强对人员的杀伤力。在投掷距离上，由于柄状手榴弹的握柄提供了力臂，所以可比圆形手榴弹投掷得更远。24型柄式手榴弹的投掷距离约为27.4～36.58米。24型柄式手榴弹在1915年首次推出，而它的设计随着一战一同演进。此手榴弹使用摩擦点燃装置；此方法在其他国家的手榴弹上相当罕见，但在德制手榴弹却相当常见。

24型柄式手榴弹的操作方法是从爆炸头内部的引爆器垂出1条拉绳进入中空的握把，末端以1颗小陶瓷球为尾，并以1个可旋除的底盖固定。要使用手榴弹时，先旋下底部盖子使球与拉绳掉出。拉动拉绳会拉动1支表面粗糙的铁杆穿过引爆器，使它点燃并使5秒长的引信开始燃烧。这使得这种手榴弹能被挂在篱笆上，防止有人攀爬；只要触碰到这悬挂的手榴弹，就会导致它掉落并点燃引信。

德国 39 型柄式手榴弹

39 型柄式手榴弹是 20 世纪 30 年代末开始装备德军的制式手榴弹，是二战期间德军装备和使用的标准手榴弹之一。

性能解析

该手榴弹比较安全，使用时瓷球从木柄内掉出来时不会将拉毛铜丝拉出来引起发火，通常可以用拉线将手榴弹挂在树上或其他地方，作为挂雷使用。除用作杀伤手榴弹之外，在战场上还可以将几个手榴弹弹体绑在一起，用一个拉发火件发火，作为反坦克雷使用。

基本参数	
总重	624 克
全长	406 毫米
直径	70 毫米

德国 43 型柄式手榴弹

43 型柄式手榴弹是二战期间德国继 24 型、39 型柄式手榴弹之后的另一款新型手榴弹。

性能解析

43 型柄式手榴弹分早期型和晚期型。早期型有一个带坡度延伸的圆柱形弹体，这样的弹体使 43 型柄式手榴弹易于捆绑使用和运输。晚期型将弹体改回像 24 型那样的常规圆柱形，这样能使木柄更加牢固地固定在弹体上，并且能够降低生产成本和缩短生产时间。与 24 型一样，大战中 43 型柄式手榴弹使用过各种替代材料来生产。

基本参数	
总重	624 克
全长	356 毫米
直径	70 毫米

结构特点

43 型柄式手榴弹最显著的外观和结构特征就是把拉发装置移到了弹体底部，这样手柄就只是简单的一根实心的木柄，不需要像 24 型柄式手榴弹的手柄那样掏空，从而大大简化了生产工艺，缩短了生产周期。43 型柄式手榴弹的发火装置参照 39 型卵状手榴弹，一个外露的圆形金属帽，旋开后拉动金属环摩擦点燃导火索。这种设计使得 43 型柄式手榴弹不能像 24 型柄式手榴弹那样立放在地上，这是 43 型柄式手榴弹的一个小缺点。43 型柄式手榴弹的其他性能特征都与 24 型类似。

美国 Mk 2 手榴弹

Mk 2 手榴弹是美军在二战中所装备的破片手榴弹，由于外形与菠萝相似又名"菠萝"手榴弹。该手榴弹持续使用到 20 世纪 50 年代,后被 M61、M67 手榴弹取代。

性能解析

Mk 2 手榴弹的杀伤半径是 5 ~ 9 米。由于公认的投掷距离多为 32 ~ 37 米，所以要求士兵在投弹后卧倒或找掩体隐蔽直至手榴弹爆炸。除普通弹外，Mk 2 还有强装药弹、发烟弹、训练弹等弹种，外形和普通弹是一样的，靠不同的涂装区别，如强装药弹弹体为橙色、发烟弹弹颈涂黄色带、训练弹弹体为蓝色等。

基本参数	
总重	595 克
全长	111 毫米
直径	59 毫米

Mk 2 外部呈锯齿状，利于在爆炸后产生更多弹片。它内部以 TNT 为主填充物，但由于战争初期 TNT 短缺，内部多填充硝化淀粉复合物。

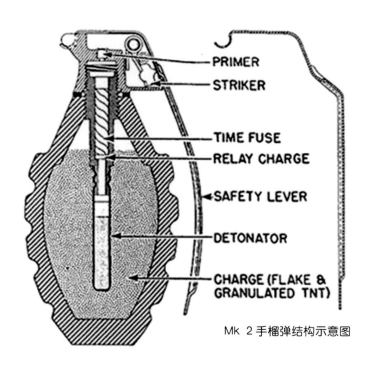

Mk 2 手榴弹结构示意图

苏联 F-1 手榴弹

F-1 手榴弹是苏联在二战中使用的一款著名破片手榴弹，绰号"柠檬"，主要用于摧毁有生力量。它的设计基于英国的"米尔斯"手榴弹。

F-1 手榴弹使用的是 UZRGM 引信，UZRGM 引信一般会在 3.5 ~ 4 秒内引爆手榴弹。F-1 的投掷距离可达 30 ~ 45 米，杀伤范围可达 30 米，威力颇强。装药约为 60 克 TNT 高爆炸药，连同引信总共重 600 克。

在苏德战争爆发后，苏联仍有不少 F-1 手榴弹在各个战场中被相当广泛地使用。不过在战争期间出现了不少性能更好的手榴弹，所以 F-1 手榴弹逐渐被淘汰。

基本参数	
总重	600 克
全长	130 毫米
直径	55 毫米

苏联 RGD-33 柄式手榴弹

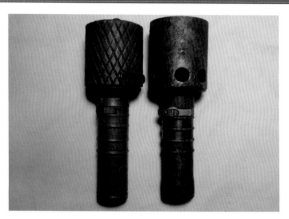

RGD-33 手榴弹是苏联在二战中所使用的一款著名的木柄手榴弹，于 1933 年开始研制，主要用于取代一战时期装备的 1914 型手榴弹。RGD-33 柄式手榴弹是一款很有效的人员杀伤武器，内含的高爆炸药将外壳的金属变为致命的高速飞行破片，可有效清除掩体内的步兵人员。RGD-33 柄式手榴弹的装药为 200 克 TNT 高爆炸药，并有一个手柄，总体长度达到 190 毫米。引信燃烧时间为 3.5 ~ 4 秒，投掷距离为 35 ~ 40 米，杀伤范围约 15 米。

结构特点

RGD-33 粗看起来似乎比较简单，可详细解剖这种手榴弹后，就会发现其结构复杂程度远远超过当时的同类产品。该弹的圆柱形弹体由薄铁皮卷制而成，

基本参数	
总重	750 克
全长	190 毫米
直径	54 毫米

上下分别有顶盖和底盖，与弹体采用卷边咬合工艺连接在一起。弹体中心位置有 1 个中心管，用于安装引信。为固定手榴弹的引信管，顶盖上还铆有一个引信管盖片，其对应的一侧铆接有固定引信管盖片的压片，引信管盖片可以旋转，以让出或封闭中心管。当处于封闭状态时，引信管盖片头部被压片压住，防止自动打开。

弹体内部装有 85 克 TNT 炸药，炸药与弹体之间还夹有 3 ~ 4 层由刻槽钢带构成的预制破片层，其钢带较薄，而且槽间距很小，以控制破片危险界限不致过大。外部破片套用厚钢板卷制而成，外表面刻有间距较大的菱形刻槽。

英国"米尔斯"手榴弹

　　"米尔斯"是英国工程师米尔斯于 1915 年开发的一款手榴弹，并被英国军队使用。它设计为炸弹中央弹簧式点火针和一针弹簧加载杆锁定。它的引信燃烧时间约 4 秒，爆炸后，手榴弹的金属外壳瞬间产生大量金属碎片。

基本参数	
总重	76 克
全长	95.2 毫米
直径	61 毫米

第 7 章
导弹及炸弹

二战中，德国开创了导弹时代。在二战末期，德国先后研发了数款导弹，其中包括 BV246"冰雹"反辐射导弹、X–7"小红帽"反坦克导弹和 HS–117"蝴蝶"地对空导弹等。虽然当时德国拥有如此先进的武器，但是这些武器的设计并不算完善，贴切地说是"不实用"。而且这些武器被研发出来时德国已经是强弩之末了，所以其没能利用这些武器来取得胜利。另外，美国在二战中使用的"高尖端"炸弹——原子弹，开辟了核武器时代。

德国 V2 火箭

V2 火箭是德国在二战中研制的一款中程弹道导弹，也是世界上最早投入实战的弹道导弹。

性能解析

V2 是单级液体火箭，采用当时较先进的程序和陀螺双重控制系统，推力方向由耐高温石墨舵片操纵执行。V2 在工程技术上实现了宇航先驱的技术设想，对现代大型火箭的发展起了承上启下的作用，是航天发展史上一个重要的里程碑。

基本参数	
全长	14 米
翼展	3.56 米
直径	1.65 米
总重	12 508 千克
最大射程	320 千米
最大速度	1600 米 / 秒

▶ 总体设计

　　V2 火箭以乙醇 (酒精) 与液态氧当作燃料，两种燃料则会以一定比例通过管线引入燃烧室点火推进。管线特别设置在燃烧室壁旁，目的在于冷却降温，以免发生燃烧室过热甚至融化的状况。在 V2 火箭的尾端，也安置了被称为燃气舵的金属板，主要是为了改变气流，诱导火箭朝正确的方向前进，也可以用来改变火箭前进的路线。

　　导引方式则是传统的惯性导引：当火箭点火后，液态燃料推进器将会把 V2 推送到一定高度与速度，待燃料烧完之后，导弹大多会在抛物线的顶点 (80 ~ 100 千米)。接着便会受惯性沿着抛物线继续射向目标。然而这也意味着命中精度常会因气流、气候不佳等因素而大减；虽然后期的 V2 引用了电波导引方式，然而误差仍然以高达千米计。

　　由于弹道导弹在终端速度极快 (约 4 马赫以上的超音速)，远超过当时同盟国空防的反应所需时速，因此防不胜防。基本上当时英军只能靠声音与雷达约略测量预估弹道后，在导弹尚未击中目标前，以高射炮发射高爆弹药射击弹道企图拦截之。另外，在二战中 V2 也广泛采用迷彩涂装，以避免遭到敌军空袭。它在二战末期更全面采用橄榄绿作为迷彩。不过在试验中，V2 则是用黑白相间的涂装作为辨识。

德国 BV246 "冰雹" 反辐射导弹

在二战中，德国的武器不仅性能好，外形优美霸气，而且有的还超越了当时所有参战国的科学技术，如 Me-262 喷气式战斗机、V2 火箭、BV246 "冰雹" 反辐射导弹等。

▌▌▌★ 性能解析

"冰雹" 外形十分简洁，雪茄形的机身，修长的双翼，正常布局的尾翼。让人诧异的是，它的 2 片长长的主翼是用钢筋混凝土浇筑而成。当

基本参数	
长度	353 米
翼展	64 米
最大速度	450 千米 / 时

然这样做也是有原因的，其目的是在投放时使炸弹和载机的分离干净利索，避免相互干扰引起危险。"冰雹" 滑翔性能很好，滑翔比为 1 ∶ 25，即在 7000 米高空投放，可打击 175 千米外的目标。如果载机投放高度更高，最大攻击距离可达 200 千米。

德国 X-7 "小红帽" 反坦克导弹

X–7 "小红帽"是世界上第一种反坦克导弹，是火箭和穿甲弹的结合，还配有制导装置。

性能解析

"小红帽"反坦克导弹的导弹弹体短而粗，呈流线型；鼻锥部为空心装药战斗部，内装炸药 2.5 千克，配有 DA 触发引信，穿甲厚度最大可达 200 毫米；弹上装有陀螺仪和双推力发动机。弹体两侧

基本参数	
长度	950 毫米
翼展	60 毫米
重量	15 千克
射程	1500 米

各有一翼，翼的后缘有襟翼，这样在导弹飞行中可产生 2 转 / 秒的转速，以保持飞行稳定性。翼梢装有线管，线管外有整流罩，线管上绕有漆包线以传递指令。

"小红帽"发射制导装置由发射架和控制箱组成。在导弹飞行时，射手用目视跟踪导弹和敌方坦克，通过操纵控制箱的 2 个操纵手柄发出控制指令，控制导弹航向，使发动机的尾部曳光处于瞄准线的上方。由于导弹飞行时慢慢旋转，当弹翼处于水平状态时，射手操纵高低手柄，给出高低修正指令；当弹翼处于垂直状态时，射手操纵方位手柄，给出方向修正指令，直到导弹命中目标。由于导弹飞行时旋转，所以 2 根 0.18 毫米的指令导线拧成一股，并放落在地上。

德国"瀑布"地对空导弹

　　"瀑布"是德国于二战时期所研制的一款地对空导弹，其前身是 V2 火箭，不过多处设计并不同于 V2。另外，"瀑布"还是地对空导弹的先驱者。

性能解析

　　"瀑布"地对空导弹的发射初期，其飞行速度慢，可由地面操纵手目视操纵，控制导弹的概略射向。飞行一段时间后，"瀑布"开始启动 2台 Rheinland 雷达，分别用于照射目标和导弹，

基本参数	
长度	7.45 米
翼展	2.88 米
重量	3500 千克
最大速度	2772 千米 / 时

并使用计算机解算方位差，再向导弹发出无线电波指令，使导弹沿目标照射雷达波束飞行。在"瀑布"地对空导弹抵达目标后，操作人员用无线电近炸引信和红外引导头控制导弹。

德国"莱茵女儿"地对空导弹

　　"莱茵女儿"是德国于二战期间研发的一款地对空导弹，有 R1 和 R3 两种型号。二战后，美、苏、英等国在其技术成果的基础上，研制出了第一代实用地对空导弹。

性能解析

　　"莱茵女儿"地对空导弹 R1 型的动力是 2 级固体燃料，R3 型则是液体燃料带固体助推器。其弹体最下端有 4 片尾翼，并安装有助推火箭发动机；中部有 6 片稳定翼 (R3 没有)；头部有 4 片操纵翼；最上部装巡航发动机，尾部装助推火箭发动机；采用无线电指令控制。

基本参数	
长度	5.74 米
翼展	2.65 米
重量	1748 千克
射程	12 千米
最大射高	6 千米

德国 HS-117 "蝴蝶" 地对空导弹

　　HS-117 "蝴蝶"是德国二战时期所研发的一款地对空导弹，是当时最接近实用阶段的地对空导弹，使用无线电指令、雷达跟踪的制导方式，除主发动机外，加装2枚固体燃料助推火箭，已进行过大量试验，未来得及装备部队。

性能解析

　　1944年5月23日，HS-117 "蝴蝶"地对空导弹试验成功，1944年12月开始部署，1945年3月开始批量生产。它的初级助推系统采用固体燃料，1750千克的推力使导弹4秒内达到1100千米的时速；次级主推系统采用液体燃料，发动机采用的是宝马 BMW 109-558 或者 Walter109-729。

基本参数	
长度	4.2 米
翼展	2 米
重量	420 千克
射程	32 千米
最大射高	10.7 千米

德国 HS-293 空对舰导弹

HS-293 是德国于二战时期所研发的一款空对舰导弹，是世界上第一款投入实战的空对舰导弹。它的出现在制导武器发展史上有着划时代的意义。

性能解析

HS-293 空对舰导弹使用 SC-500 型普通航空炸弹弹体，内含 294.84 千克 Trialen 105 炸药 (15% RDX、70% TNT、15% 铝粉)，配用撞击引信。弹体下方加装了沃尔特 HWK-109-507B 型火箭助推器，火箭燃料为 T-Stoff(过氧化氢)

基本参数	
长度	3.82 米
翼展	3.1 米
重量	1045 千克
射程	8.5 千米
最大射高	5 千米

和 Z-Stoff(高锰酸钙或高锰酸钾溶液)，使用压缩空气将燃料注入燃烧室。该导弹的制导系统包括 FuG-230b/E230 "斯特拉斯堡" 型无线信号接收器，在 48 ~ 50 兆赫间有 18 个预置频率可使用。

结构特点

HS-293 使用基本型弹体和制导系统，为铝质应力蒙皮、点焊式结构。弹翼位于弹体中部，略带上反角。助推器挂在弹体腹部的挂架上。

德国 HS-298 空对空导弹

HS-298 是世界上第一种空对空导弹，采用无线电指令控制（也曾发展过一种有线控制的改型），装 25 千克的战斗部，进行过 300 余次发射试验，但未进入批量生产。

性能解析

HS-298 空对空导弹弹体中端设计有后掠的机翼，以提高飞行速度和打击精准度，在其尾部有 1 个水平尾翼与双垂直尾翼，以保持导弹航向平衡、稳定和操纵。该导弹通常需要机载，并需要 2 名机组人员操纵，一人使用反射式瞄准镜瞄准目标，另一人使用操纵杆和其他相关按钮来操控导弹飞行轨迹。

基本参数	
长度	1.24 米
翼展	2.06 米
重量	120 千克
启动速度	938 千米 / 时
巡航速度	682 千米 / 时

德国 R4M 火箭炮

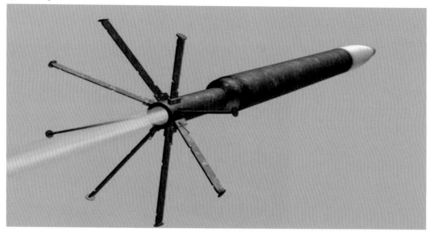

　　R4M 火箭炮是德国空军于二战后期研发的一款空对空武器，因其发射时会发出独特的烟雾轨迹，所以也称其为"飓风"。

▌▌▌▌▌▷　性能解析

　　R4M 火箭炮使用了 1 个 55 毫米的弹头，内含黑索金 (Hexogen，一种军用高能炸药，化学名环三亚甲基三硝胺)520 克，几乎保证能一击杀死。每个 R4M 火箭炮重达 3.2 千克，内含充足燃料，使战机能在距离敌方 1000 米的范围外就开火，即能在敌方轰炸机的防御机枪射程外发射。R4M 火箭炮的火箭主体由 1 个简单的钢管所组成，钢管有一些翻转出来的稳定翼，使其能自旋稳定。

基本参数	
长度	812 毫米
宽度	55 毫米
重量	3.2 千克
枪口初速	525 米 / 秒
有效射程	600 ~ 1000 米
最大射程	1500 米

德国 X-4 空对空导弹

X-4 是德国二战期间所研制的一款空对空导弹，是世界上第一种有实用价值的空对空导弹，拉开人类空战导弹化的序幕。

性能解析

X-4 空对空导弹结构很简单，易于大量生产，其后的设计中还将铝合金弹翼改为木胶合板制作，以进一步节省开支。X-4 空对空导弹有 1 个尖细的头部和雪茄状的弹体，有 4 片弹翼和 4 片更小的尾翼。在 2 片相对的弹翼顶端有 2 个控制导线的放线筒，另 2 片弹翼顶端则有 2 个曳光管，以便操纵者观察航迹。尾部有 1 个能操纵导弹俯仰、偏航的操纵机构。

基本参数	
长度	2.01 米
翼展	0.726 米
发射重量	60 千克
速度	325 米 / 秒

结构特点

X-4 尾端有能够控制导弹俯仰和偏转的操纵机构，动力装置为 1 台 BMW 109-548 火箭发动机。为了节省空间，燃料储藏于螺旋形油箱中，并取消了燃料泵而在油箱中安装活塞，在压缩空气的推动下活塞将燃料推入尾部燃烧室内，携带的 2 种燃料 R-Stoff(50% 二甲胺基苯和 50% 三乙胺的有机混合物，也称 Tonka 250) 和 S-Stoff(含 5% 三氯化铁的硝酸) 在互相接触后自行燃烧，产生 1.4 千牛的推力 (由于 S-Stoff 对金属有腐蚀性且难以控制，曾计划将引擎改为使用固体燃料)。

X-4 弹首的战斗部重 20 千克，破片杀伤半径 7.6 米，可由飞行员遥控引爆、撞击引爆或由声学近炸引信根据轰炸机发动机噪声的多普勒效应引爆。在释放后导弹以每秒约 1 周的速度旋转，以减小发动机推力不均和气动面不对称造成的影响。陀螺仪负责监控弹体姿态，这样即使在旋转中也能根据控制指令准确地修改航向。

美国"小男孩"原子弹

"小男孩"原子弹是二战期间美国研制的一款炸弹，是人类历史上首次在战争中使用核武器。美军原计划有 3 枚可用的原子弹，分别命名为"瘦子""胖子"和"小男孩"。不过由于"瘦子"太长，没办法用当时的轰炸机携带，所以它最终被取消了。

作战经历

1945 年 8 月 6 日，保罗·提贝兹驾驶 B-29"超级堡垒"轰炸机（美国波音飞机公司设计生产的 4 发动机重型螺旋桨轰炸机）在日本广岛上空 9000 米投下"小男孩"，这是原子弹首次应用于军事行动。"小男孩"爆炸后，造成了巨大的人员伤亡，广岛遭受极大的破坏。

基本参数	
长度	3 米
直径	0.71 米
重量	4400 千克

性能解析

"小男孩"原子弹使用枪式设计，将 1 块低于临界质量的铀 -235 以炸药射向 3 个同样处于低临界的环形铀 -235，造成整块超临界质量的铀，引发核子连锁反应。"小男孩"装有 60 千克的铀 -235，当中只有约 1 千克在爆炸中进行了核裂变，释放的能量约相等于 13 000 吨的 TNT 烈性炸药。

美国"胖子"原子弹

"胖子"原子弹是人类历史上在战争中第二次使用的核武器，也是至今为止最后一次在实战中使用的核武器。

▶ 作战经历

1945 年 8 月 6 日,在美军向日本广岛投放了"小男孩"原子弹后，同年 8 月 9 日，查尔斯·斯威尼驾驶 B-29"超级堡垒"轰炸机在长崎上空 9000 米投下另一颗原子弹，即"胖子"原子弹。相比广岛而言，长崎地势多山，所以"胖子"爆炸所造成的损伤比"小男孩"低。

基本参数	
长度	3.3 米
直径	1.5 米
重量	4700 千克

▶ 性能解析

"胖子"原子弹是内爆式钚弹。处于低临界的球形钚，被置放在空心的球状炸药内。周围接上了 32 枚同时起爆的雷管。雷管接通起爆后，产生强大的内推压力，挤压球形钚。当钚的密度增加至超临界状况，引发起核子连锁反应，造成核爆。"胖子"不能使用"小男孩"铀弹一类的"枪式"起爆，因为钚的自发中子比铀多很多，如果像枪式铀弹一样将数块钚结合，连锁反应会在裂变物料刚刚到达超临界时立即开始，产生的能量会把其余大量尚未进行裂变的材料炸开，造成释放能量大为下降的"提前起爆"。

参考文献

[1] 陈艳. 战斗机——青少年必知的武器系列 [M]. 北京：北京工业大学出版社，2013.

[2] 克里斯·查恩特. 轰炸机 [M]. 北京：国际文化出版公司，2003.

[3] 福特. 坦克 (世界武器手绘珍藏本)[M]. 北京：中国青年出版社，2006.

[4] Christopher F.Foss. 简氏坦克与装甲车鉴赏指南 (典藏版) [M]. 北京：人民邮电出版社，2012.

[5] 米舒卡. 二战德国坦克图览 [M]. 武汉：武汉大学出版社，2011.

[6] 哈钦森. 简氏军舰识别指南 [M]. 太原：希望出版社，2003.

[7] 约翰·基根. 二战史 [M]. 北京：北京大学出版社，2015.

世界武器鉴赏系列

现代舰船
鉴赏指南（珍藏版）
第3版

现代飞机
鉴赏指南（珍藏版）
第3版

现代战机
鉴赏指南（珍藏版）
第3版

单兵武器
鉴赏指南（珍藏版）
第3版

特种作战装备
鉴赏指南（珍藏版）
第3版

世界名枪
鉴赏指南（珍藏版）
第3版

坦克与装甲车
鉴赏（珍藏版）
第3版

二战尖端武器
鉴赏（珍藏版）

世界手枪
鉴赏指南（珍藏版）
第2版

早期经典战机
鉴赏指南（珍藏版）
第2版

美国海军武器
鉴赏指南（珍藏版）
第2版

空战武器
鉴赏（珍藏版）

陆战武器
鉴赏（珍藏版）

无人装备
鉴赏（珍藏版）

特殊武器
鉴赏指南（珍藏版）
第2版

海战武器
鉴赏（珍藏版）